BÜTÜNSEL TOPLUMUN PSİKOLOJİSİ

"Bütün dünyanın problemlerini çözmenin tek yolu dünyayı tek bir bütün olarak görmektir."

Dr. Michael Laitman
PhD

Dr. Anatoly ULIANOV
PhD

ISBN: 978-1-77228-089-0

© Laitman Kabbalah Publishers

YAZAR: Michael LAITMAN

www.kabala.info.tr

KAPAK: Laitman Kabbalah Publishers

BASIM TARİHİ: 2023

İçindekiler

Yazarlar Hakkında	4
Tanıtım	4
Tabiatın Birliğe Çağrısı	6
Bütünsel Bir Çevre Yaratmak	27
Kendinizi Tanımak	47
Sahne Yönetmeni Gibi Eğitimci	72
Oynayarak Büyürüz	95
Dünyanın Çok Yönlü Algısı	117
Bilginin Bütünsel Algısı	142
Bencillikle Savaş Aracı Olarak Tiyatro	165
Toplum İçin İyileştirici Bir Program	192
Yaz Okullarındaki Eğitim Programı	209
Bütünsel İnsan Yetiştirme Eğitmenleri	243
Bütünsel İnsan Yetiştirmenin Temelleri	267

Yazarlar Hakkında

Anatoly Ulianov, Avrupa Gestalt Terapisi Birliği (EAGT) tarafından sertifika verilmiş bir Geştalt-terapistidir ve Moskova'da Estetik Eğitim Enstitüsü'nde Psikoloji profesörüdür, Sn. Petersburg'daki Uluslararası Liderlik Akademisi'nde antrenör ve eğitmendir ve pek çok televizyon programlarının danışmanıdır.

Michael Laitman Ontoloji ve Bilgi Teorisi profesörü ve Felsefe ve Kabala doktoru ve Bio-Sibernetik uzmanıdır. Modern eğitim ve yetiştirme problemlerindeki sistematik problemleri çözmek için eğitim politikalarında yenilikçi fikirleri gerçekleştirmek için çalışan ticari olmayan bir kuruluş olan Ashlag Araştırma Enstitüsünün (ARI) kurucusudur. 17'den fazla dile çevrilmiş olan 40'tan fazla kitabın yazarıdır.

Tanıtım

Bugün içinde yaşadığımız dünya küresel ve bütünseldir.

Bunun anlamı, onun bütün bileşenleri ve sistemleri tamamen birbirine bağımlı demektir ve her bir öğe dünyadaki diğer öğelerin kaderini belirler. Bu durum gelişimin bir sonucudur ve içinde olduğumuz bu anı ve sonrasını biçimlendirir; bütünselliğe aykırı olan her şey gelişmeye, evrimleşmeye ve de en önemlisi Doğa kanunlarına aykırı olduğu için dünyanın farklı parçaları arasında uyumsuzluğa yol açtığından dünyada ona yer yoktur.

Dünyanın farklı parçaları arasındaki mutlak bağlantının gerçek bir olgu olduğunun hepimiz farkına varmalıyız.

Bu bütünselliği destekleyen kişi başarılı olacaktır çünkü hayatta kalmak için gerekli becerilere sahip olacaktır.

Bugün, en güçlü olan birey hayatta kalmayacaktır. Tersine, hayatta kalmak, kişinin bu bütünselliği, dayanışmayı ve karşılıklı bağımlılığı, karşılıklı sorumluluğu, ödün vermeyi anlamasına ve değer vermesine bağlı olacaktır ve birleşme Doğa'nın çağrısıdır. Doğa'nın amacı insanlığı kendisi ile eşdeğer duruma, tüm parçaları arasında en yüksek uyuma ve tam kusursuzluğa getirmektir.

Bütünsel Toplumun Psikolojisi   Dr. Michael Laitman

TABİATIN BİRLİĞE ÇAĞRISI

- Başka Bir Gezegenin Çocukları
- Yeni ve Birleştirici Bir İnternet Yaratmak
- Yeni Dünya İletişimde Ortaya Çıkacaktır
- İnternet, Fiziksel Temasın Ötesi
- Eğitmenin Yetiştirmedeki Rolü
- Bütünsel Yetiştirmede Ebeveynlerin Rolü
- Çocuklar ve Yetişkinler İçin Bir Yöntem
- Doğa'ya Ayrımsal, Bütünsel Yaklaşım
- İnsanın Çevresi İçindeki Uyumundaki Başarının Ölçütü
- Yetiştirmede Rol Oynama Becerisi

Başka Bir Gezegenin Çocukları

Bütünsel psikoloji üzerine söyleşilerimize başladığımızdan bu yana bir kaç ay geçti ve bu zaman süresinde sizin tanımladığınız yöntemi uygulamaya çalışmaktayız. Bu deneyime dayanarak, bugün sunacağım bazı gözlemlerim ve size yöneltmek istediğim bazı sorularım var.

- Ortaya çıktı ki, çocuklar bütünsel psikoloji yöntemini kabullenmeye ebeveynlerinden çok daha fazla hazırlar.

- Ve hatta belki de eğitmenlerin kendisinden bile daha fazla hazırlar; çocuklar herkesten öndeler.

- Ebeveynler, yalnızca çocukların gelişimine karışmamak üzere hazırlanmamalı ama aynı zamanda bu yöntemin onlara da yardımcı olacağını da anlamalıdırlar. Bu durumda ebeveynlerin bu yöntemdeki rolü nedir?

Dr. Anatoly ULIANOV

Bütünsel Toplumun Psikolojisi

- Bugünün çocukları tamamen farklıdır. Yeni Dünyanın tipik özelliklerinin ne olduğunu bilmiyoruz, böylece Bugünün çocukları bize yabancı ve acayip gibi görünüyor, çünkü onlar dünyanın bir sonraki sosyal durumu için önceden var olan temel beceriler ile doğdular, bugün Doğa'nın bize sunduğu meydan okumayla uyumlu olarak doğdular. Bize içten ve dıştan baskı yaparak, Doğa, aramızda yeni bir bağlantı biçimi edinmemiz için bizi zorluyor.

Ancak, bugünün çocukları zaten bütünsel algıya yatkınlık ile doğdular, bu nedenle yeni gerçeklik bize tuhaf görünebilir ama onlar için tamamen doğal ve hatta onu o kadar iyi anlıyorlar ki, sanki bize başka bir dünyadan gelmiş ve de bizim çocuklarımız değilmişler gibiler. Her şeyi doğal olarak algılarlar çünkü bütünsel algı gerçekten de doğaldır. Bugün giderek ortaya çıkmakta olan gerçekliğin doğasıdır.

Bu yüzden, sorunlu olanlar çocuklar değildir, ama insanlar arasında yeni bir bağlantı yöntemini - Doğa tarafından onlara sunulan bir yöntemi - uygulamaya çalışan ebeveynler ve öğretmenlerdir. Çocuklar onun için hazır olmalarına rağmen, yetişkinler hâlâ geçiş dönemindedirler.

Şu an, gerçekten de özel bir zamandır. Bizler bencil, mülkiyetçi, bireysel - orada birbirimiz arasındaki ilişkilerin herkesin kendine hizmet etmesi için olduğu - seviyeden özverisel, bütünsel ve küresel, orada herkesin karşılıklı olarak bağlı olmak zorunda olduğu, seviyeye dönüşümün ortasındayız.

Bu dönüşümü nasıl yapabiliriz? Yalnızca kitle iletişim araçları ile. Bu dönüşüm, ancak halk temsilcileri ve dünyanın etkili kişileri bu değişime olan ihtiyacı anlarlarsa

> **Bütünsel Toplumun Psikolojisi**   Dr. Michael Laitman

ve gelecek nesillerin korunmasını üstlerine alırlarsa mümkün olacaktır.

Ama her zaman olduğu gibi her şey, halen insan yetiştirmek üzerine değil ama öğretmek üzerine odaklanmış olan öğretmenlerin ve eğitim bakanlıklarının, üstüne düşer. Tüm eğitim sisteminin tamamen dağılmasının nedeni de budur.

Doğa'nın insanlığa bütünleşme çağrısının yanı sıra, bu çağrıyla birlikte gelişmekte olan internet sanırım, "Nasıl küresel bir eğitim ve yetiştirme sağlayabiliriz?" sorusunun cevabıdır. Bu, yalnızca internet yolu ile yapılabilir. İnternet en ucuz platformdur ve en iyi erişimi sağlar ve hiçbir sınır ile kısıtlanmayan yeni bir insanlığın yaratılışını kolaylaştırır. Böylece yalnızca yeni bir insanlığı değil ama onun içselinde gerçekleşecek olan tümden yeni bir dünyayı da biçimlendiriyor olacağız.

"Bu dünya" nasıl belirlenir? Bu dünya bizim algıladığımızdır. Gerçekte, eğer algımız bencillikten özvericiliğe geçerse, onu farklı algılayacağımız için bu dünya da değişecektir. Sonunda, bu dünyayı duyularımızla algılarız, bu da o bize tamamen farklı bir biçimde görünebilir anlamına gelir.

Bu bilinen maddesel, bilimsel olan yaklaşımdır. Algımızın veya gerçekliğe karşı olan tavrımızın, onu algılama biçimimize göre tamamen değiştiğini gördük. Çünkü gerçeklik görecelidir.

Engels, Einstein ve tüm yeni kuramlar, psikolojik olanlar da dâhil, bunun üzerinde anlaşırlar. Yeni bir şeyden söz etmiyoruz. Biz sadece dünyayı, bu küresel, bütünsel insanı yetiştirmeyi, bizim onunla gerçekten Einstein'ın görecelilik dünyasına - bir sonraki seviyedeki dünyaya -

girebileceğimiz yeni bir insanlık seviyesi olarak görmeye davet ediyoruz.

Bir sonraki seviyedeki bu dünyada uzaklıklar yoktur, çünkü uzaklıklar bizim kendi duyularımız ile ölçülür ve bizim duyularımız artık bir diğerini ret etmez ama onun yerine birbiri ile birleşir. Bu, birbirimiz arasındaki uzaklığın üstesinden gelme durumumuz gibidir. Bu durumda uzaklık, psikolojik olarak sıfıra iner çünkü "Komşunu kendin gibi sev," ilkesine erişiriz.

Böylece, zamanın sınırlandığı bir duruma erişiriz. Şu an, bencilliğimiz nedeniyle zaman aramızdadır. Ama eğer hepimiz tek bir istek küresinin içine dâhil olursak, gerçekten de zaman var olmayacaktır. Bu kürede var olarak, giderek zamanı hızlandırır, mekânı sıkıştırır ve fiziksel dünyayı hissetmekten sanal dünyayı hissetmeye geçeriz.

Bu, Doğa'nın birleşme Çağrısıdır. Bu çağrı yalnızca aramızdaki nefretin üstesinden gelmek için değil ama bizi, hayatı yeni bir seviyede algılamaya yükseltmek içindir.

Halen pek çok kişi bu dünyayı böyle görmeye başladı bile. Ve gençlerin de bu dünyaya erişmek ve girmek için nasıl can attığını görüyoruz.

Yeni ve Birleştirici Bir İnternet Yaratmak

- Çocuklar yeni gerçekliğe hazırlar, ama ebeveynler bundan korkuyorlar. Ebeveynlerle deneme yaptığımızda, bütünsel yönteme ilgi duymuş gibi göründüler, ancak uygulamada deneme şansları olur olmaz, alışkanlığın yasaklamaları devreye girdi. Aynı zamanda ebeveynler internet ve onun imkânlarından korkuyorlar ve çocuğun erişeceği bilgiyi denetlemeye çalışıyorlar ve gerçekten de pek çok internet sitesi olumsuz bilgiler içermekte. O zaman çocuğun internette dolaşmasına izin vermenin doğru yolu nedir?

- İnternetin tamamen özgür bir ortam olması onu iki yanı keskin bir kılıç yapmaktadır: Hayat veren bir iksir veya ölümcül bir zehir olabilir.

Doğal olarak gençler hormonsal dalgalanmaları, genelin fikirlerine karşı olan hassasiyetleri ve doğaları gereği olan psikolojik dengesizlikleri ile her türlü tehlikeye açıktırlar. Ancak sanıyorum ki genç insanlar iletişime ilgi duymaktalar. Bizim yerimizde, birbirleri ile gerçekten de özgürce kaynaşabiliyorlar ve bu sosyalizasyon onlara olumsuz etkileri "aşma" duygusu veriyor, internette olanlar dâhil.

Bu konuda gerçekte bir seçimiz yoktur: Zaten halen internette var olan rekabete katılmak zorundayız ve sanırım bu iyi olacaktır. Bundan öğreneceğiz, genç insanların arayışlarına daha iyi cevaplar temin ederek, bizi daha ilgi çekici kılacak biçimde engellerin üstesinden geleceğiz.

Çocuklarımıza onlara kâr sağlayan her şeyi satmak amacında olan çok güçlü rakiplere karşı mücadeledeyiz. Ve genellikle bunlar çocuklara zararlı şeyler. Ancak bu mücadele tam da yeni nesle erişmek için kendimizi ifade etmede doğru yolu bulabilmemizi sağlayacaktır.

Bu engeller öncelikle ve önemle çocuklarımız için değil ama bizim içindir, çünkü böylelikle çocuklarımızı anlamaya başlayacağız. Ebeveynlerin çocuklarına erişmek için bu - kolay erişimi, basitliği ve sergilemesi nedeniyle ilginç olan - farklı sitelerle ilişki kurması aracı ile yaratmaya çalıştığımız yeni toplumun doğasını öğrenecek ve anlayacağız. Biz yetişkinler Doğa'nın meydan okumasını anlamaya başladık.

Dr. Anatoly ULIANOV

Bütünsel Toplumun Psikolojisi

Çocuklarımız gelecek nesil iken biz bir önceki nesiliz. Geçmişten geleceğe doğru dönüşüm, tam da, insanlığın gerçekten birleşeceği bu yeni sanal alan üzerindeki mücadele yolu ile olacaktır.

Aynı zamanda, biz insanların bu çevrimiçi sekse maruz kalmalarına hiç de karşı değiliz. Gördüğüm tek sorun, siteler şiddeti de destekliyorlar. Gerçekte bunlar bile o kadar büyük problemler değil, çünkü bunlar yok olup gidecekler. Bu siteler kendi açgözlülüklerini, öfkelerini ve olumsuzluklarını sergiliyorlar ve insanlar bunu hissetmeye başlayacak ve artık ilgi duymayacaktır.

Sanırım artık giderek, biz kendi dünya görüşümüzü ve aynı zamanda bunun nasıl Doğa kanunu ile etkin hale geldiğini açıklamalıyız. Doğa kanununu değiştiremeyiz. Ancak insanlara gelişimin kanunlarını ve içinde var olduğumuz sınırlamaları ve öyle ya da böyle bunları uygulamak zorunda olduğumuzu açıklamamız gereklidir. Bunu ne kadar çabuk yaparsak herkes için o kadar iyidir, çünkü o zaman Doğa kanunları koşullarına bağlı kalmamız için bizi zorlayacak felaketleri beklemek zorunda kalmayacağız.

Yeni Dünya İletişimde Ortaya Çıkacaktır

- Yeni dünyada bu internetteki buluşma alanlarının nesi bu kadar özel? Ve şu anda var olanlardan temelde nasıl farklı olacak?

- Bunlar yeni insanlığa, çocuklara, gençlere, kendilerinin ve bu dünyanın aralıksız psikolojik analizine yönlendirecek biçimde, birbirleri ile bağlantı kurma imkânı verecektir. Bu bağlantının, dünyanın onların psikolojik algısına ne

Bütünsel Toplumun Psikolojisi — Dr. Michael Laitman

kadar bağımlı olduğunu onlara göstermesi gereklidir. Onların gelişimlerinin, kendilerinden çıkıp başkalarına girmeye yakınlaşması, yeni bir dünya hissetmelerine neden olacaktır. Buna çok fazla ihtiyaçları olacağı için bu iletişim biçimi onları büyüleyecektir.

Bu yeni dünyayı ortaya çıkartma oyunu gerçekten de hayranlık vericidir. Yetiştirmek için uygun yöntemleri ve dünyanın ona nasıl baktığımıza bağlı olarak nasıl değiştiğini gösteren farklı psikolojik eğitimler ve ilginç oyunlar yaratmalıyız. Dünya görecelidir, Doğa görecelidir ve uzaklık, mekân ve zaman da görecelidir. Her şey bizim duyumlarımız içinde ortaya çıkar. Herkese göstermemiz gereken işte budur.

Bugünkü dünyamız hareketsiz, kabuklu, esnek olmayan ve biçimseldir, çünkü onu iki paralel nitelik - bencillik ve özvericilik - yerine, tek bir nitelik - bencillik - ile hissederiz. Bu iki nitelik kişide sürekli olarak yer değiştirdiği ve farklı yollarla birbirine geçtiği zaman çok güçlü bir aşama ortaya çıkar, çünkü böylece kişi yeni bir sanal macerayı deneyimlemeye başlar.

Farklı zihniyetteki gençlerin ve yetişkinlerin, farklı diller konuşsalar bile (örneğin otomatik çeviricileri kullanarak) özgürce iletişim kurabileceği çevrimiçi alanlar yaratmamız gereklidir. Bunun zor olabileceğini anlıyorum, ancak erişmemiz gereken, insanlığın dil farkı engelinin ötesindeki noktaya yükselmesidir, hatta gerçekte her türlü farklılığın ötesine! Böylece bu tür iletişim ile insanlar var olmanın yeni durumlarını keşif edecekler.

Bu süreç herkese her türlü filmden bile daha heyecan verici hale gelecek, çünkü biz filmlere sadece izleyici olarak yaklaşır ve kendimizle biraz ilişkilendiririz. Yeni

tür iletişimde, insanlar yeni durumu kendi içlerinde deneyimleyecekler. İçsel maceralara girecekler ve başka hiçbir yerde denemeleri mümkün olmayan değişimler yaşayacaklar.

Doğal olarak, pek çok fiziksel dürtü kalacak, ancak bunlar, sadece bu deyime eklenecektir. Temel olarak, biz tamamen haz almak ve tatmin olmak arzusundan oluşuruz. Yoğun içsel, psikolojik durumlardan insanların hissedeceği doyum, yeni dünyanın ortaya çıkışı olacaktır! Bu o kadar güçlü olacaktır ki, eğer bizim fiziksel isteklerimizi baskılamazsa bile hiç değilse insanların dikkatini - hatta genç insanların bile - hormonlarından (ki bunlara karşı değiliz) yeni dünyaya ve onun içindeki kendime erişmeye çevirecektir.

İnternet, Fiziksel Temasın Ötesi

- Çevrimiçi alanlarda cinsiyet ve yaş ayrımı olması veya oradaki izleyicilerin tamamen farkı olması doğal durumlarda olduğu gibi her kişinin sadece kendine en yakın ve en ilginç gelen alanı bulması tavsiye edilebilir mi?

- Her şey interneti, bu sanal alanı hangi ölçüde bizim etkileyeceğimize bağlıdır. Bugün bu hâlâ gelişmesi devam eden bir durumdur. Orada iletişimin yeni, uygun biçimlerini yaratmak büyük bir çabayı gerektirecektir. Orada hâlâ binlerce insanın, sanki tek bir odada bulunuyormuşlar gibi bir oturuma aynı anda katılmasını, sosyalleşmesini sağlayabilen programlar yoktur. Bunun başarılması hâlâ çok zor.

- İnternet fiziksel mekân duygusunun ötesine yükselmelidir. Bir mekân hayali veya algısı, birinin diğerine dâhil olması duygusu yaratmalıdır. Henüz bu tür araçlarımız yok, ancak bunları geliştireceğimizi umuyorum.

Ne varsa onu kullanmalıyız. Biz Doğa'nın kusursuz olduğuna inanıyoruz, o bizi ileriye doğru yönlendiriyor, bize tam da ilerlememiz için gereken imkânları vererek. Giderek gelecek durumlarını hazırlamak için bir egzersiz olarak bu imkânları kullanmalıyız. Böylece bu durumlar gelecek ve onlara uygun teknolojilerin ortaya çıkmasına yol açacaktır.

- Bu sanal iletişim içinde, insanın kişisel yetenek ve becerilerine yer var mı?

- Sanırım ki bu farklılaşma kendi kendine olacak. İnsanlar normal toplumda olduğu gibi karakterlerine, ilgilerine ve bunun gibi şeylere göre bir araya gelecekler. Kadınlar ve erkekler arasında bir ayırım yapmaya gerek olmadığını düşünüyorum. İnsanlara sosyalleşme olanağı verdiğimizde, onları belli sınırlar içine koymamalıyız.

Ama erkeklerin daha çok erkeklerle ve kadınların daha çok kadınlarla sosyalleşmesi tabii ki daha iyidir. Ancak diğer yandan, kadınların yalnızca kadın ortamı içinde sosyalleşmesi çok zordur.

Erkekler fiziksel ilgiye dayanan değil ama daha yüksek seviyede bağlantılar geliştirmelidirler; hayvansal seviyede değil ama insan seviyesinde. Birbirleri ile iletişim kurmak, bağlanmak, dost olmak ve birleşmek için imkânları olmalıdır.

Bunu her toplumda görürüz; erkekler için bir erkekler bölümü ve kadınlar için bir kadın bölümü. Örneğin, Hollywood, ne kadar özgürlükçü olsa da, bazı filmleri öncelikle erkekler için bazılarını da kadınlar için yapar.

Bunu değiştirmek için hiçbir şey yapamazsın. Biz Doğa'nın parçasıyız ve doğal olarak bölünürüz. Cinsiyetler arasındaki bu ayrım en güçlü ve kesin olanıdır. Bu, her şeyi, Doğa'nın her seviyesinde - cansız, bitkisel, hayvansal ve insansal - en tepeden en dibe kadar ayırır.

Bu nedenle, sanırım bizim insan yetiştirmemiz de cinsiyete göre ayrılacaktır. Ancak bunun çözümlemesini kendi kendilerine yapmalılar ve kendileri için en iyi sosyalleşme yerini bulmalılar ve birliğe erişmek için, yani erkeklerin diğer erkeklerle birliğine, hangi ölçüde diğer cinsten kaçınmak zorunda olduklarına karar vermeliler. Belki kadınlar da, ama başka bir seviyede birleşebilirler, çünkü kadınlardan farklı olarak, erkeklerin birleşmesi onlara Doğa'dan gelir.

Eğitmenin Yetiştirmedeki Rolü

-Eğer 9 ile 12 yaş çocukları orada sosyalleşecek bir alan bulurlarsa, bu süreçte onlara yol gösterecek bir eğitmen de katılmalı mıdır?

- Eğitmen gereklidir çünkü yoksa herhangi bir yetiştirme gerçekleşmeyecektir. Yetiştirme, gençlerin gelecekte olacakları duruma şimdi ulaşmış daha büyük bir kişinin orada bulunması ve bu gelecek durumu şekillendirmesi ile olur. Ancak, eğitmen bunu adım adım yapmalıdır, fark ettirmeden, sanki onlara ipuçları veriyormuş gibi.

Öğretmen veya eğitimci tarafı saklı olmalıdır. Sanki onların seviyesinde gibi görünmelidir. Bunun nedeni; öğrencileri kendi seviyesine yükseltmek için kendi daha yüksek seviyesinden bu seviyeye inmiş olmasıdır. Onları yukarı çıkarmak için aşağı inmiş olan bir asansör gibidir. Eğitimcinin rolü işte budur.

Böylece, aşağı indiğinde çocuklarla aynı seviyededir. Çocuklar eğitimcinin özel biri veya büyük biri olduğunu hissetmezler. Onu orada onlara yardım etmek için bulunan biri olarak görürler. Özel bir şey yapmaz veya emirler vererek veya başka bir yolla onları yönetmeye çalışmaz. Onu "bizim olduğumuzdan daha fazla değil" diye algılamalıdırlar.

Onun ustalığı giderek onları etkilemesinde yatar, içsel olarak, çocuklar tarafından fark edilemeyen bir biçimde. Bu tutum içinde, onları bir araya getirir ve onları daha yükseğe çıkma kararına yönlendirir. Onların içinde bu ilgiyi uyandırır böylece içsel arzular, sorular ve çeşitli baskılar yavaşça birleşme arzusuna dönüşür ve bu bir sonraki seviyeye yükseltir onları. Onlara nasıl bir araya gelineceği konusunda ipuçları vermelidir. Kendi kendilerine, arzularının onları nereye götürdüğünden habersizdirler, ancak eğitmen, çocuklar onun ne yaptığını fark etmezken, göze çarpmadan çeşitli ipuçları ile onların yönünü izler. Sonra, birdenbire onlar, "Evet, işte bu tam bize gerekendir," derler ve bu ilerlemeye kendi kendilerine eriştiklerinden hiç şüphe duymazlar.

Bu yaklaşım "Çocuğu onun yoluna göre yetiştir," ilkesi ile uyumludur.

Bütünsel Yetiştirmede Ebeveynlerin Rolü

- Ebeveynler çocuklarını herhangi bir yolla izlemek istiyorlar ve bu sürece katılmak ve çocuklarının neyin peşinde olduğunu gözlemek için takma isimlerle bu iletişim ağlarına izinsiz girmeye çalışıyorlar. Bu uygun mudur?

- Çocuğunun sanal arkadaşı olmak mı?

- Evet! Bu, çocuğunuzun günlüğünü açmak ve o evde yokken okumak gibi. Ebeveynlerin hangi rolü oynaması gerektiğini ve bu sürece nasıl katılmaları gerektiğini anlamak çok önemlidir. Orada bir yeri var mı yok mu? Ebeveynler nasıl bilgi edinmeliler?

- Sanal alanda ebeveynlerin bir rolü olduğunu göremiyorum. Ebeveynler çocukları ile arkadaş olmalılar, ama çocuklarının onları görmek istemediği yerde değil. Artık o bir çocuk değildir. Burada neredeyse yetişkin kişi olmak üzere olan gençlerden söz ediyoruz.

Kişinin tüm geleceğinin temeli 6 ile 9 yaş arasında damıtılır. 9 yaşından sonra yalnızca halen damıtılmış olanı geliştiririz. 9 ile 13 yaşları, birisinin kişiliğinin artık zaten belirlenmiş olduğu bir dönemdir.

13 yaşını geçtikten sonra kişi için yapılacak fazla bir şey yoktur. Onda bir şeyi değiştirmek çok zordur. Ona zaten damıtılmış olan tüm bilgi ve değerler son biçimini edinir.

Bu, büyük bir sorundur. Ebeveynler onun hâlâ kendi küçük çocukları olduğunu düşünürler! Hatta çocuk 20'sine bile gelmiş olsa, ebeveynler onu her şeyden korumaya çalışarak, peşinde koşar ve ona emirler verirler. Ebeveynler basit bir kuralı anlamalıdırlar: Bizim sağladığımız yetiştirme sürecine müdahale edemezler. Dahası, ebeveynlerin de aynı yöntemi öğrenmeleri ve evde çocuklarını yetiştirmede uygulamaları gerekir. Bu, çocukla basit, samimi ve arkadaşça olmak ve yetiştirilmesi ile aynı fikirde olduğunuzu göstermek anlamına gelir. Ebeveynlerin çocuğun onayını kazanması böyle olur, böylece onları dinozorlar veya daha da kötüsü düşmanları olarak görmez. Ebeveynler, çocuğa değişik yollarla ona güvendiklerini göstermeli ve çocuğun yeni

dünya yolunda yürümesine saygı duyduklarını anlamasını sağlamaları gerekir.

Ona olan tutumunuzla çocukta uyandıracağınız kendine güven çok önemlidir! Olumlu etkisi olan televizyon veya internet programlarını ebeveynlerin çocukları ile birlikte izlemeleri çok yararlı olacaktır, yani doğru iletişim modelleri gösteren, her çeşit problemi çözümleri ile beraber gösterenler gibi, "babalar ve oğullar" yani nesil farkı gibi konuların altını çizen tüm aile için olan filmler gibi.

- Biz insanlara beraberce seyretmek için en ilginç gelenin, çocukların ebeveynleri hakkında, onları nasıl algıladıkları hakkında konuştukları bir program olduğunu bulduk. Bu çok ilginçti. Bu programda gösterilen çocuklar 12 yaşındaydı ve ebeveynler hayatlarında ilk defa çocukları tarafından nasıl görüldüklerini duydular.

Şöyle bir deyiş vardır: "Herkes insanları nasıl iyileştireceğini, devleti nasıl yöneteceğini ve nasıl çocuk yetiştireceğini bilir." Ebeveynlerin gerçekten de bu yöntemi düzeltmek için yeltendiklerini gördük. Müdahale ettiler ve tavsiyeler vermeye kalktılar.

Ebeveynlerle nasıl doğru bir etkileşim kurulabilir? Onlara yaratıcı olacakları bir alan nasıl verebiliriz?

Çocuklar ve Yetişkinler İçin Bir Yöntem

- Ben bütünsel yaklaşım ve birleşme sistemini öğrenmekte olan ebeveynlerle çalışıyorum. Bu sürece katılmayı ilginç buluyorlar. Yalnızca çocuklarındaki sonuçları görmeyi beklemekle ilgilenmiyorlar ama kendilerinin de yeni dünyaya doğduklarına ve onu hissetmeye hakları olduğuna inanıyorlar, bununla onlar

bütünsel, küresel insanlığa yükselmeyi hak ediyorlar. Böylece, çocuklar ve ebeveynler kendilerini Doğa'nın onlara sunduğu yeni ortama uygun olmak üzere dönüştüren, ortak bir ilgide buluşuyorlar. İşte bu nedenle bizim için çocuklar ve ebeveynler arasında ortak bir alan bulmak kolay, çünkü onların özlemleri aynı.

Çocuklar için kolay ama ebeveynler için zor olması durumu değiştirilemez, çünkü bu geçiş dönemidir. Geçiş dönemleri hiçbir zaman kolay değildir: Her türlü dürtüler, dalgalanmalar ve denge durumundan ayrılmalar vardır.

Ancak bu topluluk birleşmiş bir hareket içinde yaşar, tıpkı son derece ilginç bir macera veya bir ilgi alanında gidiyormuş gibi ve bu ebeveynler ve çocuklar için benzer olarak gider.

Sanırım, ebeveynleri, bu olumlu değişimden geçmek ve yeni dünyayı keşif etmek için olan fırsattan uzaklaştırmamalıyız. Yaşları bir engel değildir. Onları da işin içine sokarsak pasif seyirciler ve hatta rakipler olmak yerine, aktif katılımcılar haline geleceklerdir. Bizim amacımız da budur.

İşte bu nedenle, bütünsel, küresel yetiştirme yöntemini tüm yaş grupları için geliştirmek ve yaymak zorundayız.

- Bu yöntem yetişkinler ve çocuklar için hangi bakımlardan farklıdır?

- Uygulama yolu bakımından biraz farklıdır. Çocuklar için bu yöntem normal okul yerine onlarla pek çok saat birer birer çalışmayı gerektirir. Normal okul kısaltılır ve "öğrenim saati" ile değiştirilir, gerçekte tek bir saat değil ama her gün içinde pek çok değişik saatlerdir. Çocuklar tartışmalara, forumlara ve her çeşit sosyal aktiviteye ve oyunlara katılırlar.

> **Bütünsel Toplumun Psikolojisi** — Dr. Michael Laitman

Her şey kişiye, - sen yalnızca herkesle beraberce olumlu sonuçlar başarabilirsini - göstermeyi amaçlar. Hep beraber elde edilmeyen her şey olumsuzdur.

Bunun yetişkinlere gösterilmesi biraz daha zordur. Ancak yetişkinlere her şeyi hayattan örneklerle göstermek gerekmez. Yetişkinlerin Doğa'dan örnekleri kullanan mantıklı açıklamalara ihtiyacı vardır. Öte yandan çocuklar mantıktan etkilenmezler. Onların doğrudan açıklamalara ve örneklere ihtiyacı vardır. Böylece yöntemde farklılık vardır ancak yaş önemli değildir.

- Çocuklar aralarında bu yöntemi uygularken, onların sosyalleşmeleri, gördükleri ve öğrendikleri hakkında tartışmalar yapmaları gerekli mi?

Yetişkinler temel olarak içsel olarak, niyetleri üzerinde çalışırlar. Onların birbirleri ile iletişimleri ve farkındalık edinme çalışmaları görünür değildir. Ancak ebeveynler de fiziksel olarak çocuklar gibi bir daire etrafında oturup bir şeyler tartışmalı mıdırlar?

- Genç insanlar âşık olunca her yere birbirlerine yapışık ve kol kola giderler. Bir süre sonra ilişki, sadece bu sevdiğiniz kişi ile olduğunuz ve ikinizin birbirinizi anladığı sakin bir evreye girer. Aranızdaki fiziksel uzaklığı azaltmak için can atarsınız ama artık birbirinize dokunmak veya duygularınızdan söz etmek ihtiyacında değilsinizdir.

Bir anlamda, iletişiminizde "sanal" evreye geçersiniz. Artık birbirinizi uzaktan anlar ve hissedersiniz. İlişkiniz içinde yarattığınız beraberliği hissedersiniz, böylece daha sakin bir evre başlar.

Bu, artık birbirinizi sevmiyorsunuz veya birbirinizi fiziksel olarak hissetmek istemiyorsunuz demek değildir. Bu, aranızda ortaya çıkan bir bağlantıdır ve artık sürekli

olarak, fiziksel olarak tamamlanması, ifade edilmesi ve kanıtlanması gerekmez.

Elinizde, bu yöntemi özümsemeye çalışan bir grup çocuk varsa, onları şarkılar, danslar, oyunlarla ve iletişimle, forumlarla, tartışmalarla ve benzerleri ile etkilemek zorundasınız. Ama elinizde, zaten bu birleşmeye doğru giden, zaten bunu içlerinde biçimlendirmekte olan ve her gün bütünsel, küresel yetiştirme yöntemini çalışan bir grup insan varsa onlar böyle dışsal, fiziksel, gösterimsel davranışlara gereksinim duymazlar. Onlar, her şeyin içsel biçimlendirmede mevcut olduğunu ve bu işin sözler olmadan yapılacağını anlarlar. Bu, onların duygularında olur, birbirine yakın olan ve birbirini sözlere gerek olmadan anlayan insanlar gibi.

İnsanların giderek nasıl birleşeceği işte böyledir, yazıldığı üzere, "Tek bir insan ve tek bir yürek gibi." En sonunda insan kendi kendine konuşmaz. Her şey onun içinde otomatik olarak olur ve hatta bilinçsiz olarak. İnsanlar arasında ortaya çıkması gereken bağlantı, işte budur.

Doğa'ya Ayrımsal, Bütünsel Yaklaşım

Çocuklar için, hayatı öğrenme süreci aktif ve çok yönlüdür. Bankaların, hastanelerin, depoların nasıl çalıştığını öğrenmelidirler. Hayvanat bahçesini, tahılların büyüdüğü tarlaları, planetaryumu ve benzerlerini gezmelidirler.

Sonra, bunların nasıl birbirleri ile bağlantılı olduğunu tartışmalıdırlar. Dünyanın bu katı ve parçalar halindeki izlenimleri giderek birbiri ile bağlanarak, onlara dünyanın

bir bütün olarak izlenimini verecek olan tek bütünsel bir resme dönüşecektir.

Dünyayı, cansız, bitkisel, hayvansal ve insansal diye parçalara bölen biziz. Biz onu çeşitli bilimlere de böldük ancak hangi bilimler gerçekten olabilir? Bunun hepsi Doğa'dır. Doğa bir tanedir. Sınırlı algımız nedeni ile her şeyi bir defada kavrayamadığımız için onu, biyoloji, zooloji, botanik ve coğrafya gibi bilim dallarına bölen biziz.

İnsanlara bir ayrımsal ve bir de bütünsel yaklaşım olduğunu göstermeliyiz. Bu iki yaklaşımı apaçık yapmalıyız ve insanların dünyanın şimdi ayrımsal, bölgelere ve seviyelere bölünmüş olandan bütünsel ve tamamen bağlantılı olana dönüştüğünü anlatmalıyız.

Biz, fabrikaların ve bankaların nasıl çalıştığı veya planetaryum, depolar ve benzerleri hakkında parçasal izlenimler alsak bile her şeyi tek bir insanlık içinde birleştirmeliyiz. Bu yolla, çocuklar dünyadaki bir olguyu gördüklerinde bunu genel bütünün parçası olarak algılayabilecekler ve böylece asla yanlış karara varmayacaklardır.

Bugünün bütün krizleri dünyaya bütünsel yaklaşamadığımız için olmaktadır. Bu nedenle dünya aynı hataları tekrarlamaktadır. Tek bir problemi bile çözemeyiz, çünkü içsel olarak bütünsel değiliz. Bugün dünyanın problemlerini çözmenin tek yolu dünyayı tek bir bütün olarak görmektir. Çocuklara insanlar arasındaki birlikten söz etmeliyiz çünkü bu onun kanunu olduğu için böylece Doğa'ya ne kadar yaklaşacaklarını anlatmalıyız. Bunu yaparak Doğa'daki tek gücü uyandıracağız ve bu onları etkileyecektir. Biçimin eşdeğerliği kanununa göre, onlar

Dr. Anatoly ULIANOV

Bütünsel Toplumun Psikolojisi

üzerinde Doğa'nın üst güçlerinin etkisini, her şeyi birleştiren ve biz de dâhil her şeyi içeren gücünü uyandıracağız.

İnsanın Çevresi İçindeki Uyumundaki Başarının Ölçütü

- Her yöntembiliminin etkinliğini değerlendirecek bir kriteri vardır.

Günümüzün normal okulunda, çocuğun başarısı öğrendiği bilgi miktarı, çalışkanlığı ve rekabet gibi ve benzeri başka alanlardaki başarıları ile değerlendirilir.

Bütünsel yöntemdeki etkinliği ve başarıyı ölçen kriter nedir ve bu kriter nasıl uygulanır?

- Öncelikle, biz not ve değerlendirmeler vermeyiz. İnsanları kendi oldukları biçimde geliştiririz. Her kişinin kendi gelişme oranı vardır ve insanları birbiri ile karşılaştıramazsınız.

Bugünün çocukları için en önemli şey, onlarda gelişmekte olan yeni yetenekleri bastırmamaktır. Bu nedenle onlara notlar ve başka değerlendirme ölçüleri ile yaklaşmamalıyız. Tek kriter kişinin bütünsel çevresi ile bütünleşmesi olmalıdır.

Ancak bu bakışta da her şey görecelidir. Bunu yetişkinlerde de gördüm: Bazıları çok çabuk öğrenir ve hızla ilerler, ama belli bir noktada gelişimleri durur. Diğerleri, çalıştığımızın ne olduğunu ve kabul etmek ve anlamakta çok zorlanarak başlarlar. Doğa'nın ortak gücü gibi, başkaları ile tek, bütün bir arzu olarak birleşmeye olan çağrıyı duymaları çok uzun bir zaman, çoğunlukla yıllar alır.

Bütünsel Toplumun Psikolojisi

Dr. Michael Laitman

Bu biçimde yaratıldığımızı anlamalıyız ve bu nedenle insanlara not veremeyiz. Her birimiz tamamen benzersiziz.

Bir çocuk veya herhangi birisi bu sürece elinden gelenin en iyisi ile katıldığı zaman, bu tek başına övgüye değer ve bu kişinin tek notu olmalıdır. Her çeşit katılım değerlendirilmelidir, çünkü önemli olan kişinin başarısı değil ama katılımıdır!

- Varsayalım ki, bir grup çocukla 10 toplantı yapıldı. Bir çocuk 10 toplantıya katıldı ve ortak alana katkı yapmak için çaba harcadı ve diğer bir çocuk sadece 2 kere gözüktü ve pek de aktif değildi. Bu çalışmanın etkinliğini değerlendirmede bir kriter olabilir mi?

- Kesinlikle, çünkü bizler toplumun ürünleriyiz. Ben eğer uzun bir süre bu toplumun içinde isem, doğal olarak ona benzemek üzere ondan etkilenirim. Bu toplulukla 10 toplantıya katılmak beni, rastgele olarak iki kere katılmaktan çok daha fazla etkileyecektir.

Toplantı sayıları belirlenmelidir. Ve kişinin ilerleyişini buna göre gözden geçirmeliyiz.

Bununla beraber, bazı kişiler için bunu öğrenmek daha basit ve kolaydır, çünkü onların bencillikleri o kadar güçlü olarak ifade bulmamıştır. Zayıftır. Diğerleri ile iletişime o kadar katılmasalar bile hızla ilerleyebilirler.

Başarıya, ancak pek çok saat süren günlük çalışmalarla erişebileceğimizi anlamalıyız ve fiziksel oyunlar çeşitli tartışmalar, okumalar, geziler, keşif gezileri, seyahatler ve dünyayı tanımak için başka diğer yollar bu çalışmalara eklenmelidir.

Dr. Anatoly ULIANOV

Bütünsel Toplumun Psikolojisi

Yetiştirmede Rol Oynama Becerisi

Kendi kendini analiz edebilmek çok önemli bir şeydir. Bu nedenle, çocuğa rol oynama becerisini öğretmek çok önemlidir. Kendileri olmaktan çıkabilmeli, "kendilerini" bir kenara koyabilmeli ve başka bir rolü oynayabilmeliler. Bu kişiyi nasıl hayal edeceğim? Onu nasıl canlandıracağım? Ve "kendimi" nasıl alıp bir kenara koyacağım? İşte bu, rol oynama yeteneğidir ve bu bir çocuk için çok önemlidir. Bu, onun başkalarını taklit edebilmesi ve böylece başkalarını anlamasını mümkün kılar. Her çocuk bunu, psikoloji ve başka teknikleri de öğrenmelidir.

Kişinin geleceğinin temelleri 6 yaşında başlayıp 9 yaşında tamamlandığı için özellikle hayatın ilk yıllarında çok ciddi bir diyalektik hazırlık yer almalıdır. Ondan sonra yalnızca var olan gelişir.

- Rol yapma oyunlar şeklinde 6 yaşında bile kullanılabilir mi?

- Kesinlikle! Çocuklar bu oyunu oynamayı çok severler çünkü bununla kendilerini anlamaya başlarlar. Çocuk şunu anlamaya başlar: Ben değişirken dünyaya ve diğer insanlara nasıl farklı olarak bakarım? Bunu yaparak, çocuklar kendilerini niteliksel olarak yeni bir dünyayı algılamaya hazırlarlar.

- Sizin tavsiyenize dayanarak, biz "bencillik üzerine bir mahkeme davası" adlı bir oyun sürdürdük. Çocuklar burada yer almaktan hoşlandılar, ancak yetişkinlere de aynısını yapmayı önerdiğimizde, bu onları korkuttu ve reddettiler.

- Gördünüz işte! Bu nedenle çocuklarla çalışmalıyız. Mahkemede her türlü durumlardan geçmeliler, farklı rolleri denemeliler, böylece kendilerini farklı yönlerde denerler. Şimdi dava edileni oynuyorum, şimdi davacıyım, şimdi

onun avukatıyım ve şimdi sadece ona ne olduğunu anlamaya çalışıyorum ve benzeri. Bu şekilde, korkmayacaklardır. Ama biz yetişkinler bunu anlamayız. Kendi içimize kapanırız. Ama bizden bağımsız olan çocuklar yetiştirmek zorundayız.

BÜTÜNSEL BİR ÇEVRE YARATMAK

- Hiperaktiflik Çocukların Değil Yetişkinlerin Sorunudur
- Kaynakların Ortak Mülkiyeti
- Uygun Kitle İletişim Araçlarına Olan İhtiyaç
- Hayatın Bize Dayatarak Öğretmemesini Sağlamak
- Doğa'yla Benzer Olmak Güvende Olmanın Güvencesidir
- Yedi Milyar İnsan İçin Nasıl İş Bulunur ve Neyle Beslenir
- Hırsızlar ve Diğer Suçlulara Ne Olacak
- Yetişkinler Kötü Yetiştirilmiş Çocuklarla Aynı

Sizinle "sınır" konusunda konuşmak isterim. Günümüz çocukları bir araya geldikleri zaman, onlara çok ilginç bir şey olur: Kontrol dışı hayvanlara dönüşmüş gibi olurlar. Yetişkinler sürekli olarak çocukların kontrol dışı olduğundan ve hiçbir yetiştirme biçiminin sonuç vermediğinden şikâyet ederler. Bu olmakta olan nedir ve çocukların hiperaktivitesi ile nasıl bağlantı kurmalıyız?

- Hiperaktiflik zamanımızın sorunudur. Bir kaç on yıldır var ama başlangıçta bunu fark etmedik. Başlangıçta bunun bir çeşit hastalık veya rahatsızlık olduğunu düşündük, ancak sonra bunun doğal bir olgu olduğunu fark ettik ve bundan kısa bir süre sonra da bu bir standarda dönüştü. Yeni neslin farklı olduğundan zaten söz ettik: bencil, tamamen yeni nitelikte çok güçlü içsel güdülerle dürtülürler.

Bu nedenle, onların çizgiyi aşıp aşmadığına daha önceki standartlara göre yaklaşamayız, çünkü onların çizgisi yeni bir çizgidir. Gerçekte, onların içindeki her şey yenidir. Biz buna hiperaktiflik deriz ama onlar için bu normaldir.

Hiperaktiflik Çocukların Değil Yetişkinlerin Sorunudur

Bizim zaman aşımına uğramış sınırlarımıza uyamazlar ve bu onların değil ama bizim hatamızdır. Bu nedenle, derhal kendi davranışsal standartlarımızı tekrar gözden geçirmek ve çocuklarımıza karşı farklı bir tutum geliştirmek zorundayız ve böylece onları her zaman "hapis" tutmayız. Kendi davranış normlarımızı ve kendi sınırlamalarımızı onlara da uygulamaya çalışıyoruz. Ama onlar artık böyle yaşayamazlar.

Eskiden, insanların tüm hayatları boyunca hiç ayrılmadan aynı köyde yaşamakta bir sorunları yoktu. Bugün köylüler bile farklı: Seyahat etmeleri, pek çok şey görmeleri, pek çok şey öğrenmeleri gerektiğini hissediyorlar, böylece köylerine geri döndüklerinde bile hâlâ dünya ile bağlantıda olabilsinler diye. Bugünün insanları farklıdır!

Bu nedenle de çocuklar değil ama bizler kendimizi frenlemeliyiz.

- Ama bu çok zor, çünkü alışkanlıklarımız var.

- Pek doğru. Ve çocukları frenlemek daha kolaydır. Ama bundan bir şey çıkmaz, çünkü bu şekilde Doğa'yı frenliyoruz.

Doğa bize gelişmesinin yeni bir evresini gösteriyor. Bize, "İşte buradaki geleceğin insanoğludur. Halen düzeltilmedi, tamamlanmadı, biçimlendirilmedi, ancak burada onun doğru başlangıç nitelikleri, arzuları, davranışları ve güdüleri var" diyor. Bize sunulan meydan okuma budur, buna karşılık vermek zorundayız.

- Siz günümüz çocuğuna "geleceğin insanı" diyorsunuz. Ama pek çok ebeveyn ve öğretmen onların daha çok maymun gibi olduklarını söylüyor.

Tanıdığım bir hanımın evinde bir maymunu vardı ve beni de, bu hayvanın yolu üstündeki her şeyi kırıp döken, ne kadar kontrol dışı ve aptal olduğuna ikna eden ilk elden deneyimim oldu. Ve şimdi pek çok insan bu davranış modelini aynen kendi çocuklarına atfediyorlar.

- Eminim ki birisi bu maymuna doğru bakıcılık yapmış olsa idi, çatal ve bıçak ile yemeye başlar ve boynuna da peçete bağlardı. Ve yemek masasında da pek güzel görünürdü.

Eğer kişi eğitim almazsa, ormandan şimdi gelmiş gibi davranacaktır. Her şey bulunduğu çevreye bağlıdır. Bu nedenle, çocuklar için bir çevre oluşturmalıyız, günümüzün gereklerine uygun bir çevre.

"Bize benzemedikleri için onlar için bir şey yapamayız," diyemeyiz. O zaman ne! Çocuklarımıza, en kıymetli varlıklarımıza böyle davranabilir miyiz? Bu kadar bencil olmamız hayret vericidir.

Bir insan yetiştirme sistemimiz yoktur. Çocuklarımızı sırtımızdan atmak, onlara bir meslek verip, kendi yolarına göndermek istediğimiz için eğitim sistemi vardır. Onları insan yapmıyoruz. Çocuklar için bir şey yaptığımızda onların rahatını düşünmüyoruz ve davranışlarımızın onların doğası ile uyumlu olmasını amaç edinmiyoruz.

Bugün, çok büyük arzular, dürtüler, huzursuzluk ve dikkatsizlik çocuklarımızda ifade buluyor. İçsel olarak, çok büyük bir hızla çalışıyorlar. Onlar için her şeyi nasıl daha basit ve kolay yaparız, böylece kendilerini iyi ve özgür hissedebilsinler?

Bütünsel Toplumun Psikolojisi
Dr. Michael Laitman

Ne çeşit bir dünya kurmak istediğimiz ne fark eder? Çocuklar mutlu olduğu sürece o her çeşit olabilir. İşte çocuklara karşı herkesin tutumu bu olmalıdır. Peki, neden böyle hissetmiyoruz? Biz yetişkinler bencilleriz, bize uygun olduğunda onları durdurmak isteriz, kendimiz için, işte burada söz konusu olan budur.

Kaynakların Ortak Mülkiyeti

- Psikolojide, bir "sınır", benim çıkarlarımın etrafımdaki insanların çıkarları ile ters düştüğü yer olarak belirlenir. Çoğunlukla olduğu gibi, arzu edilen kaynaklar sınırlıdır. Bu durumda, iki ayrı senaryo gelişebilir: Ya ben bu kaynağı diğer kişiye bırakırım veya bu kaynağa sahip olmak için savaşırım. Bütünsel toplum kavramında, geleceğin insanoğlunda, bu bırakmaya mı yoksa savaşmaya mı dayanır?

- Hiçbirine. Paylaşılmış olarak belirlenir ve yalnızca paylaşılmış olarak var olur. "Benim" veya "senin" yoktur. Sen ve ben kaynağa beraberce sahip oluruz ve bu her birimizin kendi yarımı var anlamına da gelmez ama kaynak paylaşılır. Bütünsel insan yetiştirmenin amacı budur.

- Amerikalılar Kızılderilileri medenileştirmeye çalıştıkları zaman, bir sorunla karşılaştılar: Kızılderililerde özel mülkiyet yoktu. "Çalma"nın veya başka birisinin malını almanın anlamını bilmiyorlardı, çünkü onların toplumunda her şey paylaşılmıştı.

-Şimdi siz buna benzer bir şey tanımlıyorsunuz. Yani bu özel mülk olmayacak demek mi oluyor?

-Evet doğru. Bencillik ortaya çıkmadan önce Kızılderililerde özel mülkiyet yoktu. Bugün bile pek çok

Bütünsel Toplumun Psikolojisi

yerde onların bencillikleri çok düşük bir gelişim seviyesinde. Bu insanların bazılarını tanıyorum ve hatta Kanada'da bazılarını gözleme şansım oldu.

Ancak biz bugün ben merkezli gelişimin en üst seviyesindeyiz. Sürekli olarak tatmin talep eden bencilliğimiz, hiç kimseyi göz önüne almamak ve hatta onlara zarar vermek uğrunadır ve çok büyüktür. Herkesten üstün olmaktan keyif alırım. Başkası daha kötü hissederse ben daha iyi hissederim.

Bizim şimdiki evremize, her şeyin herkese ait olduğunu hissedeceğim, buna kendim de dâhil olmak üzere, yani kendime değil ama herkese ait hissedeceğim bir toplum yaratmak zorundayız. Benim içimde benim kişisel "kendim" diye adlandıracağım hiçbir şey kalmamalıdır, ancak "biz" ve "bizim" olmalıdır.

Kızıldereliler değil ama bizler bugün bunu başarmak zorundayız. Bu iş çok büyük bir çabayı, insan yetiştirmeyi ve öğretimi gerektirir, ama bu gerçekleştiği zaman, insan doğasında çok önemli bir düzelme olacaktır. Bu, düzeltilmiş olan bencillik ile tamamen farklı bir gerçeklik, başka bir dünya hissedeceğiz!

- Daha belirgin bir örnek verelim. Farz edin ki beş tane çocuk ve üç tane sandalye var ve beşinin hepsi de oturmak istiyorlar. Bu durum nasıl idare edilecek?

- Öyle yetiştirilmiş olacaklar ki, eğer yeterli sandalye yoksa sandalyeye oturmak istemeyecekler, ama yere oturmayı tercih edecekler veya en azından her biri bir diğerine sandalyeye oturması için ısrar edecek. Eğer başka birisi yararlanırsa bundan ben de yararlanırım anlayışını onların içine işlemeliyiz.

Bu kolay değildir ancak çocuklar bunu doğal olarak kabul ederler, özellikle 9 veya 10 yaşlarındayken. Bunu, 12 yaşındaki gençlerden veya 17 veya 18 yaşındaki genç yetişkinlerden çok daha doğallıkla kaparlar. Bu yaşta, "benim," "senin" ve "bizim" sorunlarını çözmek için önceden gerekli olanakları yaratmak mümkündür.

Uygun Kitle İletişim Araçlarına Olan İhtiyaç

- Günümüz Batı toplumunu inceleyen sosyal psikologiler, bu toplumun değiş tokuş kanununa göre işleğini söylerler: "Sen bana bir şey ver, ben de sana bir şey veririm." Hatta arkadaşlığın bile bu "Sen bana ver, ben de veririm" anlayışına göre tanımlandığını söylerler, ancak bu durumda takas zamana yayılıdır. Bu da günümüz insanına tamamen bu takas fikri aşılanmıştır demektir ve sizin söylediğiniz temel olarak çok farklı bir model, farklı bir dünya görüşü.

Takas kanunu, bencillik ile birlikte biz insanlara o kadar sinmiştir ki, başka bir modeli benimsemek ve onu çocuklarımıza geçirmek nasıl mümkün olacak?

- İnsanları etkilemek için uygun kitle iletişim ortamı malzemesi yaratmalıyız. Rusya'da komünistler bunu hayal etmişlerdi. Bu nedenle Sovyetler Birliği'nde sosyalist sistemi kurdular, ama hiçbir yere varamadılar, çünkü dünya görüşlerini zorla kabul ettirmek istediler.

Biz fikirlerimizi hiç kimseye zorla kabul ettirmek istemeyiz. Biz insanlara yalnızca dünyanın ve Doğa'nın durumunu gösteriyoruz, Doğa'nın bize sunduğu meydan okumayı ve Doğa'nın küresel ve bütünselliğini gösteriyoruz.

Bu bizi, şu anda onun tam tersi iken, onunla benzer duruma gelmek zorunda bırakır.

Dünyada olmakta olan her şeyin çevremize benzer veya benzemez olmamızın sonucu olduğunu açıklamaktan başka hiçbir seçimimiz yok. Çevre ile uyumsuz olanlar yalnızca bizleriz ve bununla da Doğa'daki tüm bu problemlere ve krizlere sebep oluyoruz.

Her an, kitaplarla, filmlerle, internetle ve televizyon ile bize daima olumlu örnekler veren bir yetiştirme sistemi yaratmalıyız. Gördüğümüz her şey hiçbir şüpheye yer bırakmaksızın neyin bizim için iyi ve neyin kötü olduğunu, ne ölçüde Doğa'ya benzer olduğumuzu ve ne ölçüde olmadığımızı ve bu karşılıklı bağlantının nasıl işlediğini göstermelidir.

Doğa merhamet etmez ve kılıç zaten başımızın üstünde asılı ve kesmeye hazır. Yerçekimi kanunu değişmezdir. Onunla konuşup merhamet dileyebilirsiniz, ancak iyi bir insan da olsanız, kötü bir insan da olsanız on katlı bir binanın çatısından atlarsanız, 10. kattan düşüyor olursunuz.

Herkesin tek bir bütün olarak bağlı olduğu bir toplumda, nasıl davrandığından bağımsız olarak, herkes tek bir kanunun etkisindedir. "Karşılıklı sorumluluk" denen bir durum vardır ve bununla herkes diğer herkese bağımlıdır, her kişi diğer herkesten sorumludur ve hiç kimsenin ayrı bir varlık olarak başka bir zorunluluğu yoktur.

Sürekli olarak nerede olduğumuzu ve ne çeşit bir tuzağa düştüğümüzü açıklayarak, insanlara bütün seçimlerimizi tükettiğimizi göstererek, onları değiştirecek bir yetiştirme sistemi yaratacağız. Ve bunu gönüllü olarak mı yoksa gönülsüz olarak mı yaratacağımız bizim kaçınılmaz zorunluluğu algılamamıza bağlıdır.

Varlığımızı sürdürmek için, bütünsel küresel olarak birbirimizle ve Doğa ile tıpkı Doğa'nın diğer parçaları gibi bağlanarak bu sisteme benzer hale gelmek zorundayız, çünkü biz Doğa'nın bir parçasıyız, onu yönetmiyoruz.

- Şimdi ifade ettikleriniz, yalnızca Doğa'yı derinlemesine çalışan araştırmacılar için apaçık ortadadır.

- Böylece onlar bize gereken bütün bilgiyi sunabilirler. Ve sanatçılar bu kanunları öğrendiği zaman, bunları çeşitli biçimlerde kitle iletişim araçları ile ve diğer araçlarla ifade edeceklerdir. Bu kanunlara dayanan oyunlar ve filmler yaratacaklar ve bunlar halen gösterilmekte olan ve insanlığın korkunç sonunu betimleyenlerin yanı sıra gösterilebilir. Bu, insanların, her şeyin neden böyle olmakta olduğunu ve her şeyi nasıl düzeltebileceğimizi tam olarak anlamalarına yardım edebilir. Bu, onlara Doğa'nın bu düzeltme gücüne zaten sahip olduğunu görmelerine yardım edecektir.

Hayatın Bize Dayatarak Öğretmemesini Sağlamak

- Siz dediniz ki, çocuk erken yaştan dünyayı bütünsel olarak algılayacak biçimde yetiştirilmelidir.

- Evet, ancak böyle. En sonunda, küresel bir dünyadayız. Bu halen pek çok insan için açık. Sonunda, biz de çocuklara bu dünyaya uyum sağlamayı öğretiyoruz.

- 3 yaşındaki bir çocuğun önüne bir dünya koyup döndürmek iyi bir fikir midir?

- Kesinlikle, hatta 3 yaşından bile önce. Bu kürenin ne olduğunu anlamasa bile bırakın onunla oynasın. Çocuk onun bir izlenimini edinecektir.

Siz farkında olmasanız bile bilinçaltınızda resimler, çok erken yaştan hatırlamalar vardır; neredeyse 0 yaş ile 1 yaş arasından gelen. Bunlar uyandırılabilir: İşte orada yatıyorsunuz, altınız bağlanmış, beslenmişsiniz, yıkanmışsınız. Kendinizi ve dünyayı henüz görmezsiniz ancak bir şey gene de oradadır. Her bebeğin içinde, bebek hâlâ küçükken içerden bakan bir yetişkin vardır. Buna dikkat etmeyiz çünkü bizim için yalnız beden önemlidir.

Çocuğun 9 veya 10 yaş öncesi yakaladığı bu görüntüler ve fikirler onun gelişiminin temelidir. Bundan sonra sadece bunları biçimlendirir ve gerçekleştirir, artık bir şey değiştirmek mümkün değildir.

Eğer çocuğun içinde doğru temeli inşa etmezsek, eğer bu yıllarda ona doğru yetiştirmeyi vermezsek, daha sonra onu eğitmemiz mümkün olmaz. Onun zaten başka fikirleri, davranış ve ilişki biçimleri için başka örnekleri vardır. Böylece, bu 0 yaşından veya en azından 3 yaşından başlayarak yapılmalıdır.

- Öğretmenler ve ebeveynler çocukla iletişimde, çocuk çok istikrarsız olduğu için onunla çalışmanın çok zor olduğu problemi ile karşılaşırlar. Bir an koşuyordur, sonraki an bağırıyordur, yere düşüyordur ve orada yuvarlanıyordur. Veya odayı terk ediyordur, çünkü birden canı öyle istemiştir. Onu sınırlamalı mı yoksa bir şekilde bu hareketliliği kullanmalı mıyız?

- Ona hiçbir şey yapmamalısınız. Onun etrafında özellikle bütünsel bir ortam yaratmalısınız. Hepsi bu. Bunun anlamı bu çevrede o herkese bağımlıdır ve herkes de ona bağımlıdır. Bunu açıklamasız anlamalıdır ama gerekirse bunu ona dünyayı göstererek açıklayabilirsiniz.

Bütünsel Toplumun Psikolojisi

Dr. Michael Laitman

Siz kimsiniz? Kendisini içinde bulduğu dünya için bir yol gösterici misiniz? Bunun anlamı ona bu dünyayı göstermek ve nasıl çalıştığını örneklerle açıklamak zorundasınız. Ona başkalarına nasıl davrandığınızı gösterin, başkalarının size nasıl davrandığını gösterin ve başkaları ile nasıl paylaştığınızı ve onlar için neler yaptığınızı gösterin. Bunların hepsini görmelidir.

Ve giderek, bu çok incelikli bağlantılara dayanarak, ona eğer herkesle olan her şeye katılmazsa ve başkalarını dikkate almazsa, eğer onlarla bütünsel olarak bağlı olmayı arzu etmezse, diğerleri de ona onun istediği gibi davranmayacaklardır. Ve bu da onun acı çekmesinin nedenidir.

Böylece çocuk bu sistemi içsel olarak, hayatı yaşayarak anlamaya başlayacaktır. Sonunda hayat da bize döve döve, küçük hayal kırıklıkları ile öğretiyor: Bu, sana nasıl davranıldığı, bu, annenin veya bakıcının veya senin etrafındaki çocukların yaptığı şeyleri kapsar. Ceza görmelidir ama bütünsel çevreye doğru davranışı da uygun şekilde ödüllendirilmelidir.

- Farz edin ki, ortak bir faaliyet sırasında, bir çocuk gelir ve öğretmene tekme atar. Bu, gerçekte olur.

- Eğer hazırlıksız bir çocuğu sokaktan alır ve bu tür bir sisteme getirirseniz, doğal olarak o bu korkunç şeyleri deneyecektir, çünkü hiçbir şey anlamayacaktır.

Biz doğuştan itibaren doğru yetiştirme alan çocuklardan söz ediyoruz. Hayatımızı bir şekilde daha kolaylaştırmalıyız. Halen bencil olarak biçimlenmiş çocukları düzeltemeyiz, ancak hazırlanmış olan çocuklarla başlamalıyız.

Bundan sonra, bu ortama giderek düzeltilmemiş çocukları, yani düzeltilmemiş ortamda büyümüş olanları,

kabul etmeye başlamak mümkün olabilir. Bir kere güçlü bir çevremiz olunca, başkalarını bunun içine alabilir ve onları düzeltebiliriz. Bunun nedeni şudur: düzelme yalnızca başkalarının örneğinin etkisi altında olur.

Doğa'yla Benzer Olmak Güvende Olmanın Güvencesidir

- Ebeveynler bu tür bir toplulukta büyüyen çocuğun başkalarının fikirlerine aşırı bağımlı olacağından ve bağımsızlığını kaybedeceğinden endişe duyarlar.

- Sanırım bu saçmadır. Bu dünyadaki her şeyi sağlayan en büyük güç Doğa'nın gücüdür. Ben eğer onun benzeri olursam, o zaman korkacak hiçbir şey olamaz. Sürekli olarak kendimi koruyan, korku içinde yaşayan ve felaketler bekleyen aciz birisi olmayacağım. Bu tür bir hayat ölümden beterdir. Tam tersine, güçlü, bağımsız, duyarlı ve dengeli olacağım.

Ayrıca, çocuğuna "Güçlü ol, silahlan. Biri senin bir metre yakınında ise tükürük at, git onu öldür. Arkanda biri küfretti ise onu vur!" diyen bir ebeveyni hayal edemem. Biz çocukları etraflarındakilere nazik olmaya yönlendiririz, çünkü bu, çocuk için en güvenlisidir. Biz "Cevap verme," "Başka bir yere git," "Bu insanların yakınında olma," "Başkalarına doğru ve nazik davran" deriz. Bu, çocuğun etrafında en uygun ortamı yaratır ve birisinin ona zarar vermesi olasılığını azaltır.

Ebeveynler daima çocuklarına nazik olmaları, zararlı ve kötü şeylerden uzaklaşmaları ve iyi şeylere yaklaşmaları için talimat verirler. Bu, her toplumda böyledir, özellikle de içinde olduğumuz küresel ve bütünsel toplumda.

Böyle bir kişi atletik yapılı ve güçlü bile olsa gücünü olumsuz olarak kullanmayacaktır. Baştan saldırgan bir düşünceye girmeksizin güvende olmak istediği için bedenini geliştirir.

- Bu yöntemi uygulamaya başladığımızda, atölye ve çalışma alanları sorusu ortaya çıkar, yani çocuğun, şarkı söylemek, müzik aletlerini çalmak, matematik ve fen bilimleri ve benzerlerini öğreneceği, özel kabiliyetlerini geliştireceği mekânlar.

Aynı zamanda, belli bir yaşta çocuklarda bir çeşit dövüş sanatı öğrenmek ihtiyacı da başlıyor. Buna benzer bir ders oluşturmakta bir anlam var mı?

- Biz bütün oyunlar ekipler halinde oynanmalı diye düşünüyoruz. Eğer tüm ekip kazanırsa, ben de diğerleri ile beraber kazanmış hissederim, ama asla ileriye çıkmış hissetmemeliyim. Oyunlar eğitimin parçası olmalı. Ama eğer bir kişiyi başka birine karşıt olarak yerleştirirsem, bu Doğa'nın talebine karşıdır.

Belki bu beceri bazı koşullarda yararlı olabilir. Ama doğrusu, dövüşme becerileri olan birilerinin nasıl başarılı olacaklarını, bu yolla nasıl kendilerini ve başkalarını savunacaklarını göremiyorum.

Sanırım bunların hepsi sadece bu kulüpleri işletenlerin yaptıkları reklamlardır. Fiziksel olarak güçlü olmak veya diğerlerinden üstün gelmek gerektiğine dair Doğa'da hiç görülür bir delil yoktur. Yalnızca bireysel olarak kişiler birbirinden farklı değil uluslar da birbirlerinden farklılıklar gösterirler: Bazıları fiziksel olarak daha dayanıklı ve kuvvetli diğerleri ise daha zayıftır. Ama bu, hiçbir şeyi etkilemez.

Yalnızca kişinin Doğa'ya benzemesi herkese ve her ulusa tam bir rahat durum sağlar.

Dr. Anatoly ULIANOV

Bütünsel Toplumun Psikolojisi

Yedi Milyar İnsan İçin Nasıl İş Bulunur ve Neyle Beslenir

- Farklı toplumlarda insanlar "benim" kavramını farklı olarak algılarlar. Bazıları sadece sahip oldukları apartmanı kendilerinin olarak kabul ederler ve otobüste veya metroda ne olduğuna aldırmazlar ve çöplerini orada yere atarlar. Ama başka birisi tüm şehri kendisinin olarak kabul eder. Bütünsel kişi tüm dünyayı mı kendisinin olarak kabul eder?

- Evet, ama giderek bu noktaya varır. İnsanlardan her şeyi bir kerede talep edemeyiz. Bireylere değil ama onun yerine sosyal çevreye odaklanmalıyız, çünkü onu yükselten çevredir. Kişinin etrafında öyle bir çevre yaratmalıyız ki bu onu doğru yola getirsin.

Bugün tüm dünyada çok yüksek sayıda insan işsizdir. Öte yandan bir yığın gereksiz ürün üretilmektedir. Eğer gereksiz ürünleri üreten insanları serbest bırakacak olsak, dünyadaki 6,5 milyar insandan ancak yarım milyarının dünyanın ihtiyaçları için çalışmasına gerek olduğunu, geri kalanının yapacak hiçbir şeyi olmadığını buluruz. Öyleyse nasıl kendilerini besleyecekler?

İnsanlara doğru sosyal çevre kurmak için para ödenecek. Tek amacı ve çalışmaları bütünsel yaşama biçimini tanıtmak olan küresel, bölgesel, yöresel ve mahalli organizasyonlar olmalıdır.

Eğer bu sizin görevinizse, siz diğer herkesin öğretmenisinizdir. Filmler, reklamlar, resimler ve kitaplar hazırlamalısınız ve bunun hakkında konuşmalısınız. Sizin işiniz sokaklarda yürümek ve gördüğünüz herkese gülümsemektir. Bu doğrudur. Lüzumsuz hiçbir şey

> **Bütünsel Toplumun Psikolojisi**   Dr. Michael Laitman

üretmeden ve yeryüzünü kirletmeden, yarım milyar çalışan diğer herkesi beslerken herkese iş bulunacaktır.

Bu yaklaşım insanlara doğru niyeti verir. Başkalarına nazikçe davranmaya başlarlar çünkü bu onların görevidir, ama aynı zamanda, başkaları da bunu yeni bir davranış modeli olarak algılarlar.

Bu biçimde davranmak için para almaları önemli değildir. Önemli olan bu alışkanlığın ikinci bir mizaç haline gelmesiyle onlar Doğa'ya benzer hale geldikleri için, üzerlerinde Doğa'nın olumlu etkilerinin uyandırılmasıdır.

Daha henüz düşüncelerimiz ve arzularımızın Doğa üzerindeki etkisini çalışmaya başladık. Hayvanlar ve bitkilerin bile iyiliği nasıl algıladıkları ve bize farklı davranmaya başladıkları çok çarpıcıdır. Ve insanlar çiçeklerden ve hayvanlardan çok daha hassastırlar.

Doğa'ya benzer hale gelerek, dünya üzerinde çok büyük ölçüde olumlu bir etki uyandıracağız ve bu gerçekten de değişimi oluşturacak. Bunun üstesinden gelmek için, tamamen bu işi yapacak milyonlarca işsiz insanı buna dâhil ederek, iyi bir insan yetiştirme sistemi yaratmalıyız.

İnsanlığın yaklaşık yarısı yeni nesli yetiştirmek için gerekecektir. Bu, çeşitli dallarda öğretmenler değil ama eğitimciler, çocuklara küresel toplum içindeki doğru davranış biçimi örnekleri verecek insanlar gerektirecektir. Yetiştirilecek insanlar kadar çok sayıda eğitimci olmalıdır.

Böylece kendimizi Doğa'nın bizi zorladığı bu bütünsel mekanizmanın içinde bulacağız. Birdenbire, araba vitesindeki dişli çarklar gibi birleşmeye başlayacağız, "klik", ve bağlandım, hiçbir yere tek başına hareket edemem. Peki, şimdi ne yapacağım?

Dr. Anatoly ULIANOV

Bütünsel Toplumun Psikolojisi

Bu mekanizma aynı zamanda, "Herkesle beraber dönmek zorunda değilsin," diyen uygun dişlileri içermelidir. "Kendini devreden çıkar, bak göreceksin herkes tam da senin istediğin gibi dönüyor." Bunu yaptığınız zaman böylece özgürlüğü elde edeceksiniz.

- Siz bu resmi çizdiğinizde, bu bana çocukluğumu hatırlattı. Bizim de hep beraber hareket ettiğimiz zamanlar vardı. Örneğin, hep beraber kardan şatolar yaptığımız zaman harika bir ortam vardı. Ama sonra zorbalar gelir ve yaptığımız her şeyi yıkardı ve bizi döverdi.

Eğer bu sistemi doğru olarak kurarsak zorbalar olmayacak diye mi düşünüyorsunuz?

- 3 milyar insanı çalışmak için işe aldığını ve onları eğittiğini hayal et. Onlar senin üniversitende öğrenci olmaktan başka bir iş yapmayacaklar. Herkes ekran başında oturacak ve dünya çapındaki bu sanal kanaldan öğrenim alacaktır. 20 yaşındakilerden yaşlılara kadar, herkes kendi dilinde içinde yaşadığı dünyayı öğrenecektir. Aç ve evsizlerin ihtiyaçları karşılanacaktır ve onlar bunun karşılığını öğrenerek ve ev ödevi yaparak ödeyeceklerdir.

Herkes bu tür bir öğrenimden geçmeli ve onların rahat yaşamasını sağlayacak bir diploma almalıdır. 6 ay sonra, bu sistem içinde bu mezunları yarım gün eğitimci olarak tayin edersiniz diğer yarım günde de eğitimlerine devam ederler. Giderek, bu sisteme kendi kendilerine dâhil olur ve diğerleri arasında kendilerine öğretilen biçimde davranırlar.

Herkese gerekli işi vererek, normal bir ortam yaratırsınız. Doğa dengeye gelir ve sizi zelzele, tsunami ve kasırgalarla cezalandırmayı durdurur. Bu problemleri kendimiz uyandırırız, çünkü insan zihni Doğa'yı etkilemeyi her şeyden daha çok ister.

> Bütünsel Toplumun Psikolojisi

Dr. Michael Laitman

Hırsızlar ve Diğer Suçlulara Ne Olacak

- Islah olmamış pek çok insan gibi, benim hâlâ birçok sorum, endişem ve korkum var: Suçlulara, hırsızlara ve son derece hassas bir denge üzerinde yapılanacak olan bu duyarlı, hassas gerçekliği kötüye kullanabilecek olan diğer kişilere ne olacak? Eğer çalmaya kalkarlarsa ve tüm sistemi ele geçirirlerse ne olur?

- Dünya nüfusunun yarısının bu sisteme dâhil olduğunu görmüyor musunuz? Buna kim karşı gelebilir? Hırsızlar, eylemciler ve suçlular nerede? Kitleler tarafından ezilecek ve burunlarını dışarı çıkartamayacaklardır. Bunun yanı sıra onlara da adam gibi yaşama koşulları, herkese eşit bir gelir sunulacaktır. Bu tür zorluklar çıkacağını sanmıyorum.

Pek çok problem olacak, ancak bizim için başka bir çıkar yol olmadığı için hepsi de çözülebilir. Doğa bizi bunları çözmeye zorluyor. Eğer Doğa'nın dayattığını yapmaz ve kendimizi onunla dengeye getirmezsek, bu sonumuz olacaktır. İstediğiniz kadar entelektüel ve felsefi tartışma yapabilirsiniz, ama burada çalışan Doğa kanunudur.

Bugün insanlığın yarısı açtır ve diğer yarısı da elinde olan fazlalığı ne yapacağını bilememektedir. Bu dengesizliği düzeltmek normal bir insan topluluğu oluşturacaktır.

En önemlisi insan topluluğu Doğa'ya benzer, içsel olarak dengede, nazik ve iyi olmalıdır. Böylece artık soyumuzun tükeneceğinden korkmamıza gerek kalmaz.

- Anladığıma göre siz "ceza" sözünü sevmiyorsunuz, bir çeşit sıkı bir tokat olmamalı mı, tıpkı yaramaz bir çocuk için gerektiği gibi? Sizin söylediklerinizden çıkan anlam, sanki böyle bir şeye hiç gerek yokmuş gibi.

- Hayır, tabii buna da yer var.

Dr. Anatoly ULIANOV

Bütünsel Toplumun Psikolojisi

- Hangi biçimde ve nasıl?

- Çok güçlü bir sosyal kınama biçiminde. Ancak bu, ölçülü olmalıdır ve "kişinin içindeki insanı" öldürmemelidir, yani haysiyetini çiğnememelidir. Kişi toplum tarafından saygı ve onay görmesi ile etkilenmelidir, başka türlü etkilenemez.

Son olarak da, adı en çok çıkmış suçlu da gururludur, "Ben kendi başıma bir hırsızım. Bak gör ben kimim; benim hapishaneme bir bak! Bana saygı göster!"

Toplumun olumsuz elemanlarına kendilerini yükseltme fırsatı vermek yerine tam tersine, onları aşağı gören bir çevreye yerleştirmekten daha güçlü hiçbir araç yoktur.

Kendi "ben"lerine karşı abartılmış bir tutumları vardır ve bunun üzerinde kolayca oynanabilir. Onlar gerçekte, parlayacakları bir fırsat vererek veya tam tersine bazı hareketlerin onları başkalarının gözünde alçaltacağını göstermek için biraz azarlayarak kolayca idare edilebilen küçük çocuklar gibidirler.

- Ben çocuklar tarafından çevrelenmiş bir yetişkinim. Birden çocuklardan biri beni rahatsız eden bir şey yapar. Çocuğa bunun beni rahatsız ettiğini gösterebilir miyim?

- Bu, yetiştirme olmaz. Çocuk kendisine eşit olanlarla çevrelenmiş bir ortamda büyütülmelidir. Böylece, sizin memnuniyetsizliğiniz kendi eşitleri tarafından dile getirilmelidir. Ona göre bu saygıdeğer bir çevredir ve onların görüşleri önemlidir, yetişkinler ise yukarıda bir yerdedir. Onun duyguları çocuk tarafından gökten gelen bir gök gürültüsü gibidir. Sen bütün dünyada "gürle", ama sen benim yanımdaki değilsin, sen benimki değilsin. Böylece çocuğa karşı çıkmayın ve onu bir rakibe dönüştürmeyin. Bu onun egosunu daha da büyütecektir. Bunun yerine onu

43

tarafsız bir alana koyun ve başka birisini örnek göstererek doğru davranış biçimini gösterin.

Çocuklar üzerinde etkili olan, onlara kendi davranışlarının videosunu gösterirken, kendilerinin tartışmaları, savunmaları ve kendilerini araştırmalarını sağlamaktır. Çocuklara kendi davranışlarından parçalar gösterin ve kendi davranışlarını tartışmaya bırakın. Böylece çocuk tekrar aynı durumda olsa, aynı biçimde davranmayacağını anlamaya başlar.

Bizim yetiştirmemizde en önemli olan, örnekler yoluyla öğretmektir. Bu, onların tartışma yapabilmelerini ve başkalarının davranışlarını analiz edebilmelerini mümkün kılar ve bu deneyimi kendileri ile ilişkilendirirler.

Yetişkinler Kötü Yetiştirilmiş Çocuklarla Aynı

- Bunu bilen kişiler için, çocukların birbirlerini bu şekilde etkiledikleri bir okul geleceği çok çekici olur. Yetişkinler için de aynı örnekler kullanılabilir mi?

- Yetişkinler aynı kötü yetiştirilmiş çocuklardır; yalnız bunun farkında değildirler. TV'de ne yaptıklarına ve ne tür söyleşiler yaptıklarına bak: Nasıl evleneceklerini, nasıl kilo vereceklerini, bir yemeği nasıl pişireceklerini konuşurlar. İnsanlar sohbet etmeye çekim duyarlar.

Sohbet etmek insanlar için en önemli şeydir, özellikle de gerçek hayata girmeye imkân veren sohbetler. Bu nedenle de bizim eğitim merkezimizde çocuklarla yaptığımız sohbetler toplum için en yararlı olanlardır. Bu tartışmalar uygun ve anlamlı bir şekilde biçimlendirilmeli böylece çekici ve dinamik olmalıdır. Eğer programları böyle biçimlendirirsek, bunlar en çok istenen TV programları olurlar, bundan eminim.

Çocukluklarında bütünsel yetiştirme almamış olan insanlar, kendisinden nasıl çıkacağını ve içine başka birisini yerleştirirken kendisini nasıl bir kenara koyacağını, nasıl başka birisinin yerini veya başka birinin niteliklerini içine alacağını bilmezler. Eğer insanlara bu teknikler öğretilmemiş ise, birbirlerine nasıl doğru davranacaklarını bilmezler, böylece de çok mutsuz olurlar. Hep karanlıkta dolaşıyor ve birbirlerine çarpıyor ve kavga ediyor ve güceniyor gibi hissederler.

Çocukların bir diğerine "bürünmeyi", başka insanları anlamayı, başka birini suçlamayı, onu savunmayı, ona yardım etmeyi, ona zarar vermeyi öğrenmek için gruplar içinde ve TV programlarında her şeyi hayattan örneklerle araştırmalıdır ve bunlar her çocuk tarafından yapılmalıdır.

Tüm dünya nüfusunu yeni eğitim sistemine getirmeye hazırlanmaya başlamalıyız. Bu olmadan hayatta kalamayız. Öğrencinin ne kadar yaşlı olduğu, çocuk mu yetişkin mi olduğu önemli değildir. Çocuklar bu yöntemi bütün bir gün boyunca çalışabilirler, yetişkinler için de aynı şeyi yapmalıyız.

Diğerlerine hizmet edecek olan yarım milyar insan da bu sistemi öğrenecektir: Yarım gün öğrenim görecek günün ikinci yarısında da gerekli işleri yapacaklardır. Bunu yapmak zorundayız yoksa insanlık hayatta kalamayacaktır.

Hepimizin dişli çarklar gibi olduğumuz bir sisteme giriyoruz. Vites kolunun - Doğa'nın - etkisi altında birbirimizle temas kuruyoruz. Çok yakında hep beraber dönmeye başlayacağız. Ben zaten başkaları ile kilitlenmiş

olduğumu hissediyorum birazcık bile olsun kendi bağımsızlığımı ifade ettiğimde, sorunlar ortaya çıkıyor.

Tüm krizlerin sebebi beraber dönmememizdir. Bunun sonucunda sistem sıkışma yapıyor ve dönmemiz duruyor. Bu, çöküşün, hayata dair dünya çapında krizlerin resmidir.

Bize kalan nedir? Birbirimize nasıl hizmet edeceğiz? Doğa bizi dışlamaya başlayacak. Amerika'da neler olduğuna bir bakın, nasıl bir baş aşağı spiralin üstünde. Ve diğer ülkelere ne olacak? Dünyadaki tek hareketin sürekli gelişen terör olduğu bir noktaya mı geleceğiz? Her şey gerilemekte, sadece terörizm yükselip gelişmekte. Bize ne olacak?

Sanırım direncimizin üstesinden gelecek ve yalnızca, herkesin öğrenim görmekle zorunlu olacağı dünya çapında öğrenim ve eğitimin bizi uyum ve barışa götüreceğini anlayacağız.

Dr. Anatoly ULIANOV

Bütünsel Toplumun Psikolojisi

KENDİNİZİ TANIMAK

- Kendinizi Fark Etmek
- Kendi Sorularınıza Kendi Cevaplarınızı Bulun
- Hayatınız Boyunca "Sıvışıp Kaçmayın"
- Grup Homojen Olmalıdır
- Okul Duvarları Arasında veya Dışarıda Açıkta?
- Ödül Enerji Üretir
- Hayat hakkındaki Gerçek O Kadar Ürkütücü Değildir
- Hayatın Kendisinden Yaşamayı Öğrenmek
- Öğretmenin Gözdesi

Bütünsel insan yetiştirmenin psikolojik yönü beni ilgilendiriyor. Psikoloji yaklaşık 100 yıldır uygulamalı bir bilimdir. Bu zaman süresince araştırmacılar çeşitli yöntemler ve testler, dışa vurum testleri ve eğitimler geliştirdiler. Maddi psikoloji tarafından edinilmiş olan bu deneyimler bütünsel yetiştirme programında kullanılabilir mi?

- İnsanlık yüz binlerce yıldır var olmasına rağmen, psikoloji, insan ve onun ne olduğu hakkındaki bilimin yalnızca bir yüzyıldır mevcut olması ilginçtir. Kim olduğumuzu düşünmeye başlamamızın bile ne kadar uzun bir süre aldığını hayal edebiliyor musunuz? Durup "Neden? Ne için? Biz kimiz? Neden bu biçimde yapıldık? Düşünce, duygu, arzu ve isteklerimize neler sebep olur?" diye sormadan tamamen otomatik olarak içsel güçler, arzular ve düşüncelerin baskısı altında evrimleştik.

Dr. Michael Laitman

Yüz binlerce yıllık gelişmemiz ve bir yüzyıllık kim olduğumuzu anlama isteğimiz arasında çarpıcı ve anlaşılmaz bir oran var.

O kadar uzun bir süre her şey sakince aktı. En büyük zihinler bile bu problemle pek ilgilenmediler, bu da kendimizi dünyadan ayrı varlıklar olarak algılamaya ancak yakın bir zamanda başladığımızı gösteren başka bir delildir. Biz ayrıyız, dünya ayrıdır, ancak biz ve dünya arasındaki ilişki nedir?

- Ama şimdi artık, " 'Ben' nedir?" "Karşılıklı olarak nasıl davranırız?" "Karşılıklı davranışlarımızı nasıl geliştirebiliriz?" sorularına insanların ilgisi katlanarak artıyor.

- Ve bu konudaki varsayımlar şaşırtıcı bir hızla değişiyor! Ben günümüz psikoloğunu çok değişken bir kişi olarak farz ediyorum.

- Gerçekten de böyle. Ancak bazı çok ilginç testler geliştirildi. Kendilerini daha iyi tanımak, nasıl yapılmış olduklarını ve ne gibi nitelikleri olduğunu anlamak amacı ile çocuklar bu testlerden geçebilirler mi?

- Bir sonraki nesli hayata ve kendisine doğru bir tutum edinecek şekilde yetiştirmeliyiz, böylece kişi kendi kendini test edebilsin. Bu bizim zorunlu olduğumuz ve ebeveyn ve eğitimcilerin, daha da doğrusu çocukları önemseyen herkesin görevidir. Sonunda onlar bizim geleceğimizdir! 15 - 20 yıl sonra bu nesil sorumlu durumda olacak ve bizler de tarih olacağız. Onları filme almalı, kendileri hakkındaki filmleri onlara göstermeliyiz ve davranışlarını farklı açılardan cesaretlendirme, savunma, onaylama ve eleştirme bakış açılarından analiz etmeliyiz.

Dr. Anatoly ULIANOV

Bütünsel Toplumun Psikolojisi

Kendinizi Fark Etmek

Herkesi kendisini her açıdan görebilmeye, kendisinden çıkmaya, kendisini tarafsızca değerlendirebilmeye, tamamen farklı kostümler içinde olabilme durumu ile anlaşmaya yetkin yapmalıyız. Kişi herkesi kabul etmeyi öğrenmeli: Dün böyleydi, bugün farklı. Dünyanın algısının bana, benim ruh halime, gelişme seviyeme bağlı olduğu ve tamamen değişebileceği olgusunun içselleştirilmesi çok önemlidir. Bana izin verilen her şey için başkalarına da izin verilmiştir. Ancak bunların hepsi çok ciddi bir çalışmayı gerektirir.

Bu arada, çocukların algısı yetişkinlerden çok daha esnektir. Onların içine şeylerin yumuşak "akıcı" bir bakış açısını yerleştirmeliyiz, onlar bunu doğru olarak kullanacaklardır. Her şey onların kendilerini, dünyayı ve başkalarını nasıl gördüklerine bağlıdır, onların içine bunu işlemeliyiz.

- Testler sorusuna geri dönersek, test sonuçları ile uğraşırken, gizlilik problemi vardır. Küçük çocuk grupları içinde hiçbir şey gizli olmamalıdır, dedik. Öyleyse test sonuçlarını tartışmaya açmak için masaya mı koyacağız?

- Bu sorunun bu biçimde hiç ortaya konulmaması gerektiğini düşünüyorum. Bu probleme bütünsel olarak yaklaşırsak, böylece dünyanın tüm okullarındaki bütün çocuklar her gün birkaç saat kendi-analizi, kendi-tartışmaları ve kendi-edinimi ile zaman geçiriyor olacaklardır. "Kendi-edinimi" en iyi söz, çünkü kendin yolu ile dünyayı algılar, kim olduğunu ve buna göre de dünyayı nasıl gördüğünü ayırt edersin. Böyle bir durumda bu testler açık mı kapalı mı olmalı sorusuna yer kalmaz.

Bütünsel Toplumun Psikolojisi

Dr. Michael Laitman

Bunlar testler değil ama yalnızca tartışmalardır. Bunlar serbestçe her yerde gösterilebilir hatta TV'de bile. Orada saklı olacak ne var? Bu, çocukların nasıl davrandığı ve nasıl düşündüğüdür.

Bugün yetişkinlerin en sevdiği programların kendileri hakkındaki programlar olduğunu düşünüyorum. Bunlara "gerçeklik gösterileri" diyorlar. İnsanlar stüdyoda oturuyorlar ve çeşitli problemler hakkında konuşuyorlar.

Kişinin içinde sosyal dürtüler kadar hayvansal dürtüler de var ve bunlar gizlenmemelidir. Tam tersine bunlar açığa çıkmalı ve tartışılmalıdır. Kişi bu dürtülerin onun başkaları ve kendisi ile olan ilişkisinde ne kadar yaratıcı olabileceğini anlamalıdır, böylece kendisini doğru olarak değerlendirebilmeli ve kendisi ile rahat olabilmelidir.

Bir şeyleri gizlemek yerine, her şey öğrenmek için herkese açık olmalıdır. Bu, birisi hakkındaki bir tartışma değildir, ama genel bir öğrenim sürecidir ve böylece herkesi kendi kendisinin terapisti olmak üzere dönüştürür ve böylece de daha sonra terapiste gitmek zorunda olmayacaklardır.

- Bu arada, bu da hiç kimseye yardım etmiyor zaten.

Biz grup süreci kavramından söz ediyoruz. Ama birden biri bir şey yaparsa ve eğer öğretmen bir çocuğu tek olarak bir kenara çekip kişisel olarak ona ne olduğunu anlamaya çalışmaya başlarsa ve onunla içten bir konuşma yaparsa ne olur? Bu, sisteme ait olmayan bir şey mi?

- Kesinlikle ait değil! Her şey çocuğun bireyselliği alanında ve hatta gruba özgü olan alanda dışarı çıkarılmalıdır. Her şey doğal bir olay olarak işlem görmelidir. Hatta belki aynı günde işlem görmemeli veya konuşulmamalıdır. Ancak, buna yaklaşım grubun hazırlık ve algılama seviyesine, çocukların değişik yollarla kendilerini algılama kabiliyetine ve "olmakta olan her şey kim olduğumuzu yansıtır" anlayışına göre olmalıdır.

- İki kavramsal yaklaşım vardır: Bir yaklaşım daha önceden planlanan bir senaryoya göre davranmak ve diğer yaklaşım da sürecin akışına göre davranmak. Örneğin, bir çocuk tam şimdi bir şey yapmıştır ve biz de tam şu an için uygun olanı tartışırız. Bu şekilde davranmak mı yoksa önceden planlanmış senaryoya göre gitmek mi daha iyidir?

- Bu arada, pedagoji ve psikoloji bu konuda temelden ayrı görüştedirler. Psikoloji "Eğer kişi şu anda bunu yaşıyorsa, bizim de bunu şimdi konuşmamız gerekir," yaklaşımını tercih eder. Pedagoglar, "Hayır, her şey planlanmalıdır, haydi plana göre çalışalım," derler. Bu süreci düzenlemenin doğru yolu nedir?

- Tüm bu olayın filme alınması gerekir diye düşünüyorum. Bugün her yerde kameralar var, şehir içinde, yollarda, parklarda. Biz de onları her yere, çocukların gideceği her yere, okullar ve oyun alanlarına da koymalıyız.

Aralarındaki ilişkiyi ve davranışlarını çözümlemeliyiz veya çocukların bir tartışma konusu önermesini sağlamalıyız, şunun gibi: "Benim şu kişi ile böyle bir ilişkim var. Ben bu şekilde düşünüyorum, o farklı düşünüyor, benimle anlaşmıyor. Haydi, bunun hakkında konuşalım."

Her çocuktan karşıt rolü oynamasını istemeliyiz, sağda, solda ve tarafsız rolde, "Ben haklıyım" ve sonra "Ben yanlışım," yani ben diğer kişiye "dönüştüm" ve oradan kendimi gözlemledim ve onunla tartıştım ve suçladım anlamında. Veya ben mahkeme veya jüri gibi "tarafsız kişi"yim.

Bütünsel Toplumun Psikolojisi

Dr. Michael Laitman

Bu tartışmalar kişiliğin biçimlenmesindeki en önemli etmenlerdir, çünkü onun içsel gelişimine izin verirler. Bunlar onun kendini anlamasını genişletirler. "Ben bu biçimde olabilirim ve dünya ona nereden baktığıma göre tamamen farklı olabilir, başkaları için de bu böyle." Her şey çok yüzlü, akışkan ve göreceli hale gelir. Ve gerçek dünya da işte böyledir.

- Bunun hakkında daha detaylı konuşabilir miyiz? Örneğin, farz edelim ki dünyadaki bir olguyu konuşmayı planladığımız bir toplantımız var, ama çocuklardan biri toplantıya gözü morarmış olarak gelir. Ne yapacağız? Önceden planlandığı gibi, diyelim ki kelebekler hakkında mı konuşacağız ya da onun morlukları ile ilgilenip bunun hakkında mı konuşacağız?

- Ona ne olduğunu onunla derhal tartışmalı mıyız? Ama onun bu durumundan çıkıp onun hakkında düşünüp konuşmaya hazır olup olmadığını bilmiyoruz. Belki başka türlü ele alınmalıdır: Morluğu ile ilgilenmeyiz ve ona karşı "ne fark eder" yaklaşımındayızdır. Yani onu olduğu gibi kabul ederiz, "Bu senin meselen, onu kendin çöz. Sen bizim için normal birisin. Şimdi kelebekler hakkında konuşuyoruz. Kavga ettikten sonra normal bir şekilde konuşabilir misin yoksa tamamen yaralanmış ve tedirgin durumda mısın?"

Bu durumda hâlâ onunla ilgileniyoruz ama karşıt taraftan. Burada her şey eğitimciye bağlıdır; size hazır formül veremem. Ancak bu pedagoji açısından gözden geçirilmelidir: Bu ne ölçüde kişinin kendini ve dünyayı analizini etkiler? Sokakta ettiği bu kavgadan sonra belki de şu anda bize kelebeklerden söz etmeli? Veya belki de tam tersi: onun aklını gruptan alan ve katılımını engelleyen düşüncelerinden uzaklaştırmak için ona özel bir görev veya rol vermeli ve onu kahraman yapmalıyız, bu onu tamamen

başka bir duruma geçirir. Veya onu örnek olarak göstererek bir olayın hepimizin aklını nasıl konumuzdan ayırdığını gösterebiliriz. Yani onun nasıl bizim tüm planımızı bozduğunu gösterebiliriz. Bir eğitmen tüm bunları görmeli ve karar vermelidir.

Kendi Sorularınıza Kendi Cevaplarınızı Bulun

- Psikoloji "karışık mesaj" ve "doğrudan mesaj" diye adlandırılan iki kavrama çok büyük önem verir. Karışık mesaj için klasik örnek bir fıkra (şaka) anlatmak, doğrudan mesaj ise çocuğun bir sorusunu ciddi ve doğrudan cevaplamaktır. Çocuklarla etkileşimin daha doğru yolu nedir: Sorularını doğrudan cevaplamak mı veya şakalara ve oyunlara yer var mı?

- Bir soru soran kişi için en iyi yol cevabı kendisinin bulmasıdır. Size bir soru sorduğu zaman, bu belki de bir soru olmayabilir, sizin veya kendi aklını başka tarafa çekmek için olabilir veya kendisinin değil ama bir yerde başka birinden duymuş olduğu bir soru olabilir.

Bir soru belli bir bilgi veya belli bir duyumsal tatmin için duyulan istektir. Bu ihtiyaç onda var mı? Onun içinde bu istek olgunlaşmış mı yoksa olgunlaşmamış mı?

Bu nedenle, çocuğu veya herhangi bir kimseyi, bu konu ile ilgili olarak, orada kendi cevabını bulabileceği bir duruma getirmektir. Bunun anlamı bunu tamamen gerçekleştirmek, kavramak için cevabı bulmak üzere gerçekten de içsel olarak olgunlaşması ve daha sonra da kendi kendine vardığı bu sonucu uygulaması demektir.

Bütünsel Toplumun Psikolojisi

Dr. Michael Laitman

Bu nedenle ben hiç kimseye hiçbir konuda cevap vermem. Eğitimciler tarafından yönlendirilerek çocukların birbirleri ile yapacakları her çeşit fikir mücadeleleri, duruşmalar, tartışmalar, sohbetler ve forumlar yolu ile aynı zamanda farklı yerlere yapılan gezilerin ardından neyi neden ve nasıl gördüklerini ve neden her şeyi her birinin farklı gördüğü tartışmaları yolu ile çocuklar öğrenir ve tam olarak kendi cevaplarını bulurlar. Aynı zamanda başkalarının sordukları soruları da duyarlar ve bu onların içinde sorular uyandırır. Bu soruları geliştirirler, anlarlar ve onlara cevaplar bulurlar. Bu yaklaşım çocuğun algısını genişletir ve onun içinde geniş bir dünya yaratır, bununla dış dünyayı, çok yönlü biçimde doğru olarak görür.

- Böylece özünde, çocuk kendi kendine erişim ve kendi analizi sürecinde mi ilerleyecektir?

- Evet, şeyleri başkaları ile tartışarak. Kişi kendi başına hiçbir şeye erişemez. Kişisel edinimi boyunca başkaları ile bütünleşmelidir. Algısal yetenekleri, pek çok birbiri ile çelişen görüşleri biriktirmesi ile tam olarak gelişir.

Hayatınız Boyunca "Sıvışıp Kaçmayın"

- Psikolojinin önemli bir diğer yüzü "deneyim döngüsü"dür, nasıl davranacağının hazırlığı ve seçimi, davranışın kendisi ve bunun tamamlanması ve bunun sonucu olan deneyim ile bütünleşmektir.

Çocuklar tarafından başlatılan projelerde bu sürecin tamamlanmasını sağlamak ne kadar önemli? Eğer çocuklar bir şey yapmaya başladılar ise, bu süreci tamamlamaları için onları cesaretlendirmeli miyiz?

- Şeyleri tamamlamak bir zorunluluktur! Ve bu süreç içinde her şey tanımlanmalıdır, filme alınmalıdır, tamamlanmalı ve belgelendirilmelidir. Bundan açık bir

sonuca varılmalıdır, sadece bir kaç kelime ile açıklanmış olsa bile bu çok özlü olmalıdır ve böylece herkes anlayabilmelidir.

- Bu biçimde çocuğu hayattaki her durumda gerçek ve somut bir şey yapmayı isteyecek biçimde eğitmiş oluruz. Daha sonra, bu onların hayattan "sıvışmamalarına" büyük ölçüde yardımcı olacaktır ve her zaman hayatı tam olarak sonuna kadar deneyimleyip ve bundan öğrenmelerini sağlayacaktır.

Çocuklar gezilere gittiler ve sonra bunu tartıştılar. Belki kendilerine bir çeşit yeni sınırlar veya davranış kuralları yarattılar. Bunların hepsi belgelenmelidir ve tartışmalar kısa olmalıdır. En önemli şey sonuçtur. Bu, kişiyi pratik yapar, onu her çeşit etkinliğe hazırlar.

- Kişinin mesleki kimliği kendi genel kimliğinin çok önemli bir parçasıdır. Çocuk mesleki kimliğini de mi bu grup içinde bulmalıdır?

Yani çocuklar oturup karar versin, "Ali, sen en iyisi tesisatçı ol. Ve senden de iyi bir bilim adamı olur ..." gibi. Çocuk bu soruları da mı grup yapısı içinde çözmelidir?

- Eğer bir çocuğu başkaları ile bağlantı içinde geliştirmez isek, onun eğilimlerinin ne olduğunu hiçbir zaman fark edemeyiz. Çünkü tek başına, kişi küçük bir hayvandır. Eğilimleri toplum ile bağlantısı içinde, onu saran çevre ile tam olarak ifadesini bulur.

Her tür etkinlik aramızdaki bağlantıya yöneliktir. Kelebekleri çalışıp inceliyor bile olsam, bir biçimde toplum bu etkinlikle beni "yetkilendirip görevlendirmiş"tir. Kendi önemimi anlamak zorundayım, bu yaptığıma birilerinin gereksinimi var.

Öncelikle, 5 ile 6 yaştan 10 ile 11 yaş arasındaki çocuklarla bir kaç yıl çalışmalıyız. Buna onların birbirlerine dâhil olmalarını sağlamanın yanı sıra farklı endüstriyel, bilimsel, tıbbi, sosyal alanların ziyareti ile giderek insanların faaliyetlerini anlamaları da dâhildir.

Her defasında bu geziler tartışılır, her bilgi belgelenmelidir. Her çocuk kısa bir rapor yazacaktır, bunlarla çocuğun yaklaşımlarını görecek ve eğilimlerini fark edeceğiz. Örneğin, boruları bağlamayı ve bükmeyi seviyor olabilir, böylece belki de gerçekten de tesisatçı olacaktır. Veya belki de insanlara nasıl şifa verildiği ile ilgileniyordur. Veya belki de kelebekler ve bitkiler toplamayı seviyordur.

Ne olup bittiğini tanımlama biçiminden - fiziksel veya matematiksel eğilimle mi veya duyumsal biçimde mi - eğilimlerinin, insanlara doğru mu veya somut konulara doğru mu olduğunu görebileceğiz. Giderek her şey açık hale gelecek ve yapılan sürekli tartışmalar en önemli şeyi su yüzüne çıkartacak: Başkaları ile ilişki içindeki ben. Kişinin mesleği işte budur.

Sonuçta, bir mesleğin anlamı, "Diğer insanlara ve topluma bir biçimde hizmet ederim"dir. Bu benim toplum içindeki yerimi, gelirimi ve durumumu tanımlar. Beni çevreleyen her şeye dair pek çok izlenim, tartışma ve duyumsama sonunda kendi yerimi bulabilirim ancak.

Çocuğa sadece "Sen ne olmak istiyorsun?" diye sormak yanlış bir yaklaşımdır. Ancak zaten 4-5 ile 11-12 yaş arasında (bu yaştan daha sonra değil) kişinin eğilimini tam bir açıklıkla görebiliriz.

13 yaş üniversite öğrencisi olmanın yaşıdır. Bizim insan yetiştirme yöntemimizin bir parçası olarak 13 yaş civarında çocuk üniversite programına başlamalıdır diye

Dr. Anatoly ULIANOV

Bütünsel Toplumun Psikolojisi

düşünüyorum. 17 veya 18 yaşında üniversiteden mezun olmalı, yani bugün yükseköğrenim diye kabul edileni almış olmalıdır. Bundan sonra bir mesleki faaliyete gerçekten uygun olacaktır.

Çocuğa kendini geliştirmek, kendisini ve başkalarını gözlemlemek, başkaları ile nasıl iletişim kuracağı öğretilmelidir. Ama en önemli olan içinde yaşadığı dünyayı anlamayı öğrenmesidir. Kişi kendi özünü ve hayatının amacını anlamalıdır.

Bütünsel, küresel eğitim ya da daha doğrusu – insan yetiştirme - kişiyi öyle çok geliştirecektir ki, bundan sonra kişinin herhangi bir bilim dalını öğrenmesi hiç de zor olmaz. Bunun nedeni ona önce, dünyayı bir bütün olarak, tarihi genel olarak ve genel küresel sistemi anlatacaklardır. Ve sonra, fizik, biyoloji ve kimyayı kocaman küresel sistemin, yani Doğa'nın parçaları olarak açıklayacaklardır. Onu bir kerede kavrayıp özümseyemeyiz, ama ancak parçalarını özümseyebiliriz. Kocaman bir pastadan ancak bir dilim keserseniz, bu dilimi yiyebilirsiniz. Bir kerede koca pastayı yutamazsınız. Ayrılmış bilimler bu nedenle var, örneğin biyoloji öğrenirken, yaşayan hücreler, dokular ve benzerlerini çalışırız.

Çocuk öğrenimi belirli bir alanla ilgili olarak görürse bu o kadar da zor gelmez. Her şeye dışarıdan bakar. Giderek daha çok derine inse bile "Bu olanlar nerede ve ben neredeyim?" şeklinde içinde kaybolmaz ve kafası karışmaz. Her şeye objektif olarak bakar. Tüm bilgiyi onun içinde boğulmadan özümseyebilir ve bu, çocuklar için çok önemlidir!

Önlerine atılan muazzam miktardaki bilgiden korkmuş çocukları sıklıkla gördüm. Her gün pek çok

> Bütünsel Toplumun Psikolojisi
>
> Dr. Michael Laitman

formülle tanıştırılırlar, bir dersten çıkıp diğerine girerler. Fizikten sonra matematik sonra biyoloji ve daha sonra tarih. Çocuk tamamen kendini kapatır ve sonunda hiçbir şeyi özümsemez. Okulu biçimsel olarak bitirir ve onun izlenimlerini tutar, ama bunların çoğu derste olanlarla değil ama ders aralarında olanlarla ilgilidir.

Bu bütünsel küresel yaklaşımın önemi, onun kişiye bu dünyayı doğru olarak açıklamasıdır. Çocuklar dersleri, diğer tüm gezilere eklenerek ve onların izlenimlerinden kalanlarla da birlikte, kendilerinde kaldığı biçimi ile kendileri tartışmalıdırlar. Erken yaştan itibaren çocuklar dünyaya doğru bir biçimde katılma fırsatına sahip olmalıdırlar: en az haftada iki kere çeşitli olaylarla dışarı çıkmalılar, havaalanı, hastane, depo, yaşlılar evi, fabrika ve benzeri şeylerin nasıl çalıştığını öğrenmek için. Böylece çocuklar kendilerini gerçek dünyaya hazır hissedeceklerdir.

Çocuklar okulda çalışıp aynı zamanda dış dünya hakkında öğrenirler. Onlara ancak içinde yaşayarak öğrenilebilecek cinsten bilgiler gösterilir. Böylece, kişinin dünyaya olan yaklaşımının yanı sıra, meslek tercihi de ortaya çıkar. Normal okulda sadece öğrenmeye zorlanırlar. Ama bu yolla bu bilgiye neden ihtiyaçları olduğunu da anlarlar.

Yoğurdun nasıl yapıldığını bilmeye gerçekten ihtiyaç duymasam bile gene de yoğurda ihtiyacım olduğunu bilirim ve yoğurdun nasıl üretildiğine bakarım. Sonunda, mesela ben motorlarla çalışıyorken, birisi yoğurt pazarlayacaktır. Bu çok önemlidir, hastanelerin nasıl çalıştığını bilmek için doktor olmama gerek yoktur.

En önemli şey, çocuklara birbirimize dâhil olduğumuzu ve tüm bu mesleklerin doğru bir sosyal etkileşim kurmak

uğruna var olduğunu göstermektir. Böylece öğrenimlerine daha huzurlu bir yaklaşımları olacaktır. Herhangi bir şekilde olağanüstü değil ama normal çocuklar oldukları ve böyle bir şeyin onlardan beklenmediği göz önüne alınarak, 13 yaşında üniversiteye başlamaları ihtimali ile çocuklar korkutulmayacaklardır. Sadece onların ufukları genişletilecek, dünyaya karşı olan tutumları değiştirilecek ve böylece de dünya onları korkutmayacaktır. En önemli şey korkuyu yenmektir.

Grup Homojen Olmalıdır

- Günümüzde, insan yetiştirme süreci doğrusal bir yapıdadır, yani böylece eğer çocuk, bir hastalık veya başka bir nedenle, belli bir adımda bu süreçten düşerse, genellikle bu sürece tekrar girmesi çok zor ve hatta imkânsızdır.

Açık bir yöntemden mi, yani çocuğun ona herhangi bir zamanda katılabileceği bir yöntemden mi söz ediyoruz? Veya çocukların hazırlık seviyesinin aşağı yukarı aynı olmasını mı sağlamalıyız?

- Kesinlikle çocuğun hazırlık seviyesini göz önüne almalıyız! Eğer bir çocuk hasta olursa veya onun başına bir süre katılmasını engelleyen bir şey gelirse, bütün grubun, tüm sınıfın buna katılmasını sağlamalıyız. Buna sınıf adı vermemek daha iyi çünkü bu bir çeşit ayrım olan sosyal sınıfı çağrıştırıyor. Grup dostça bir şeydir, herkesin arkadaş ve eşit olduğu bir yapıdır. Bir kişi geri kaldığında tüm grup bu arkadaşı destekler.

Grup aşağı yukarı homojen olmalıdır. Hatta grup kurulduktan sonra birisi katılsa bile bu başka bir yolu olmadığında ve büyük bir dikkatle yapılmalıdır. Bu çocuğa bir hazırlık zamanı verilmeli ona hızlandırılmış bir ön hazırlık kursu verilmeli ve böylece genel akışa ve yönteme uyum sağlayabilir ve bunu yapmak da hiç kolay değildir.

Ancak bizim bu gibi dışarıdan başarı ile çocuk katılma durumlarımız oldu. Bir süre bağdaşamama durumundan geçtikten sonra grubun bir parçası haline geldiler.

Gene de bu sürenin hem yeni katılanı hem de grubu bir süre sarsıntıya uğrattığını düşünüyorum. Herkes için ve onun için ne kadar zor olduğu açıktır. Ne olursa olsun orada kalan bir yara bırakır.

Biliyoruz ki, hayat işte bu hayattır ve biz de bencil bir dünyadan bütünsel bir dünyaya geçiş sürecindeyiz, ancak yaratmakta olduğumuz grupları korumalı ve onları dikkatle yönlendirmeliyiz, böylece onlar herkese açık olacaklardır, çünkü birbirlerini tamamen tanıdıkları ve anladıkları için açık olacaklardır. Ama birinin onlara katılmasına izin vermek onlar için çok zor olacaktır.

Okul Duvarları Arasında veya Dışarıda Açıkta?

Bu yöntemi tanımladığımızda, çocuğun, döllenmeden başlayıp, yenidoğan dönemi sonra emzirme ve böylece devam ederek gelişmesinin her aşamasından doğru biçimde geçmesi ile en iyi sonuçlara erişildiğinin altını çizdik.

- Ancak Doğa'nın düzenlediği de zaten budur. Nasıl başladığını bilirsiniz. Bir damla spermadan gelişiriz, daha sonraki gelişmemizde de bunu göz önüne almalıyız.

Gelişiminin başında olan ilkel toplumlara bakınız: Çocuk doğal olarak büyür ve hayatın içinde yerini alır. Belli bir yaşa eriştiğinde yetişkinlerin arasına katılabilir.

Dr. Anatoly ULIANOV

Bütünsel Toplumun Psikolojisi

Büyüdükçe de yetişkinlerin etkinliklerine daha çok katılır. Bu kendi yaşıtları ile de doğal olarak beraber yer aldığı bir süreçtir.

Ama bizde, çocuğu okula yerleştirmekle olup biten ise, yapay ve gerçek hayatla ilgisiz koşullar yaratarak çocuğun etrafındaki hayatla ilişkisini kesmektir. Ve buna ek olarak da okulda öğrenim süresini uzatırız. 6 yaşından itibaren sonraki 12 yıl boyunca onları okul sırasında oturturuz. Ben çocukken sadece 10 sınıf derecesi vardı. Çocuk okulu bitirir bitirmez, yüksekokula giderdi. Ve yüksekokuldan sonra da ek öğrenimler vardı. Bunun sonucunda kişi daha geniş bir toplumsal hayatta yerini almaz ancak 25 ve hatta bazen 30 yaşından sonra genel sisteme dâhil olur.

Öğrenim, kişinin hayatın içinde topluma katılımı ile iç içe olacak bir biçimde düzenlenmelidir. Ve bu katılım kişi zaten (16 veya 17 yaşında) yetişkin hale geldiği zaman veya gerçek hayattan koparıldığı okulu bitirdiği ve hayatın ne olduğunu bilmediği durumda mümkün olamayacaktır. Bu, kişide büyük sıkıntılara yol açar.

Bu zamana kadar her şeyden bağışlanmıştır, yaptığı her şey için övülür ve her şeyi onun için birileri yapar: yemek hazırdır, çamaşırlar yıkanmıştır ve cep harçlığı verilir. Pek çok sene kendisine tam hizmet verilmişken, şimdi birdenbire ona "Haydi artık her şeyi kendin yap ve kendi hayatını kazan" denir. Ama hiç kimse onu buna hazırlamamıştır. Bir yığın gereksiz bilgi ile doldurulmuştur (hatta belki onca yıl boyunca dinlemeden sınıfta oturmuştur).

Tüm bu zaman kişiyi toplum içinde yetiştirmeye harcanabilir! Ama yapılan bu değildir. Kişi bir öğrenim kurumunda dört duvar arasında yapay olarak yetiştirilir ve bundan sonra da gene yapay olan birçok farklı sosyal

dernekler ve kuruluşların içindedir. Kişinin gerçek iş hayatının içinde yer almasını sağlamalıyız. Gerçekten yetişkin olup yetişkinlerin hayatına girmeden çok daha önce kendisini yetişkin gibi hissetmesini sağlamalıyız.

Ben olsam belli bir yaştan sonra çocuklara birer banka hesabı açardım ve onlara sosyal hizmetler içinde iş verirdim, böylece belli bir para kazanırlardı. Böylece hayatı gerçeğine yakın bir biçimde oynamaya başlayacaklardır. Bunun hem kendilerine hem de topluma faydası çok büyük olacaktır. Ebeveynlerini daha iyi anlayacaklar ve sorumluluk hissi geliştireceklerdir. Kişiyi bir insan olarak kazanmak böyle olacaktır.

- Sovyet Rusya'da, sokak çocukları ve genç suçlularla çalışan Makarenko isimli bir eğitimci vardı. Kendisi çocukların ıslahının yapıcı ve yaratıcı etkinliklerin etkisi altında yer alacağını göstermekle tanınmıştır. Onun yönetimi altında çocuklar FED kameraları monte ediyorlardı ve bu bir biçimde iyi sonuç veren tek şeydi.

Sizin yetiştirme programınızda, oğlanlar ve kızlar bir değer yaratan projede yer alabilirler mi ve bununla para kazanabilirler mi?

- Üzerinde çalıştıkları projeler gerekli şeyler olmalıdır. Bazı şeyleri filme aldırırız ve sonra bunun görüntü ve ses düzenlemelerini yaptırırız, eğitim ve yetiştirme metinleri de bunlara dâhildir.

Bu bir yandan onları uzmanlaştırır: Bilgisayarda görüntü, ses ve metin ile çalışmayı öğrenirler. Bu malzemelerle çalışırlar ve çalışmalarının sonuçlarını internette yayınlarlar. Bu malzemeleri yaratma sürecinde, daha sonra mesleklerine uyum sağlamada onlara yardımcı olacak belirli beceriler edinirler. Dahası yaratıcı olurlar.

Diğer yandan, bu onların kendilerini anlamalarını sağlar. Bu nedenle çocuklar kendi malzemeleri ile çalışırlar ve onu kendileri deneyimlerler.

Örneğin önce bir fabrikayı sonra bir planetaryumu ve sonra da bir hastaneyi ziyaret ederler. Bunların hepsini filme almalı, tartışmalı ve düzenlemelidirler. Böylece onları meşgul edecek pek çok işleri olacaktır. Onlara "alakasız" işler verecek kadar çok zamanımız yok. Bu ben çocukken okulda olanlara benzer. "Elişi" dersi diye bir dersimiz vardı, bu dersi çok severdim. Bu çeşit çalışmalar kişiyi geliştirir.

Bunun yanı sıra çok sayıda birlik sosyal aktivitelerimiz vardır ve bunlarda çocuklar yetişkinlerle birlikte çalışırlar. Bu onları çok yüceltir ve herkesle beraber olmanın önemini hissetmelerini sağlar. İşte böylece hayatın düzeninde olduğu gibi çalışır öğrenirler.

Ödül Enerji Üretir

- Farz edelim bir grup çocuk bir projeyi yürüttü ve tamamladı. Bir şekilde onları ödüllendirebilir miyiz? Bir yetişkin bir çocuğu ödüllendirebilir mi?

- Tabii yapabilir! Çocukların da onlara katıldığı sosyal bir aktivitede ne zaman toplanırsak buna önem ve yer veririz. Çocukları sahneye çağırırız ve içtenlikle onlara ve eğitimcilerine teşekkür ederiz. Orada eğitimcileri ile beraber bizim önümüzde dururlar ve biz de onları alkışlar ve "hayranlık" gösteririz.

- Yani toplumsal takdir kazanırlar.

- Kesinlikle! Başka nasıl olur ki? Bir ödül olmalıdır. Kişinin devam etmesini sağlayan bunun enerjisidir. Eğer kişi ödüllendirilmezse çalışmayı nasıl sürdürecektir?

> **Bütünsel Toplumun Psikolojisi**
>
> Dr. Michael Laitman

- Farz edelim ben bir uzman olarak (eğitmenin arkasından) gözlem yaparım ve bir çocuğun bir şeyi çok iyi yaptığını ve zor bir durumun üstesinden geldiğini gördüm. Gelip ona övgülerimi bildirebilir ve "Aferin, bunu gerçekten de beğendim!" diyebilir miyim? Veya bunu yapmamalı ve gruba mı bırakmalıyım?

- Bunu yapabilirsiniz. Gerçekte, ben kendim de bunu yaparım. Ancak buradaki mesele bunun usulca ve dostça bir tavırla ve herhangi bir şekilde kibir ve gurur uyandırmadan yapılmasıdır. Burada, çocuğun kendini diğerlerinden üstün hissetmesine neden olacak gururlanması riski vardır, böylece "Şimdi burada işlerin nasıl gittiğini biliyorum," diye düşünerek etrafındakilere üstünlük taslamaya başlayabilir. Her şey yapılan hazırlığa, çocuğa ve duruma bağlıdır.

- Son 100 yıldır psikoloji kin, suçluluk duygusu gibi "olumsuz" duyguları farkına varmak ve onlar üzerine çalışmak olan bir yöntem geliştirdi. Bu mekanizmanın nasıl çalıştığını, böylece mesela kendi alınganlığını yenebilsin diye, çocuğa açmakta bir yarar var mı? Bu da bir davranışsal mekanizmadır. Eğer çocuk bunun nasıl çalıştığını bilirse, belki kusurlarından kurtulması veya onları doğru olarak kullanması daha kolay olabilir mi?

- Biz kesinlikle çocuklarla olumsuz duyguların neden ortaya çıktığını tartışır ve onlara anlatırız. Ancak bugünün öğretilerine bağlı kalmaya çalışmayız çünkü yarın bu öğretiler değişecekler. Bunun yerine yalnızca doğal olarak gözlediğimiz şeylere işaret ederiz. En önemlisi budur. Hazır yapılmış formülleri çocuğa kabul ettirmek yerine bunları onlarla beraber bulursunuz: "Ya! Hayatta şeylerin nasıl olduğuna bakın." Ve siz onunla beraber onun bazı niteliklere olan bağımlılığını ve bunların ondaki ifadesini ortaya çıkarırsınız.

Bu duruş açısından, ben gerçekten de doğa müzelerini severim, orada çocuklar kendileri küçük deneyler yürütürler, bazı olguları seyrederler, kendileri harekete geçirirler ve sonucu gözlerler. Belki beklenmedik bir şey olur ve biz Doğa'da bunun neden olduğuna dair bir açıklama alırız.

Sonra çocuk bunu yazabilir, burada sizin için bir fizik dersi vardır. Dershaneye ya da sıkıcı bir öğretmene, karatahtaya veya hatta bilgisayar ekranına bile ihtiyaç yoktur. Bu mümkün olduğu her durum için en iyi öğrenim biçimidir. Ama eğer böyle bir şey mümkün değilse, yine de pek çok bilimsel film var. Ama en iyisi gerçek hayatta yapmak ve ardından tartışmak.

Hayat Hakkındaki Gerçek O Kadar Ürkütücü Değil

- Yaşlarla ilişkin olarak bazı kurallar var mı? Mesela, daha büyük çocuklara daha çok toplumsal olgular hakkındaki konular anlatılırken 9-12 yaş çocuklarına hayvanlar âlemi ile ilgili bilgi verilmeli gibi?

- Şüphesiz! Bu doğaldır! Her yaşta aynı nesne farklı olarak öğrenilir. Çocuklar bitkilere ve hayvanlara yetişkinlerden daha alışkındırlar çünkü bu şeyler onlara daha yakındır. Şüphesiz her şey yaşa bağlıdır.

Örneğin geçenlerde çocukları ilaç üreten bir fabrikayı gezmeye götürdük. Bu çok ilginçtir! Fizik, kimya, biyoloji ve mekanik bilgisi içerir. Maddeleri işlemeyi aynı zamanda hangi ilaç için hangi madde bileşenlerinin gerektiğini ve neden gerektiğini ayırt etmeyi kapsar.

İlaç fabrikaları genelde büyük olmadığı için başlangıçta fabrika küçük bir bina gibi görünür. Orada, bileşen

maddeler tek tek eklenerek her şey otomatik olarak çalışır. Daha sonra karıştırılırlar, haplar seri olarak üretilir ve yarı paketlenmiş olarak çıkarlar. Ve orada çalışanlar bu hapların nasıl kullanıldığını söylerler: hangileri baş ağrısı için, hangileri başka bir şey için. Ve her şey size uygulama içinde gösterilir.

Ancak bu, çocuklar için uygun değil. Ciddi gençler için daha uygun.

- 9-13 yaş arası çocuklara onlara hapishaneye bir gezi yapmak isteyip istemeyeceklerini sormamızla ilgili ilginç bir durum vardı ...

- Ben de tam buna geliyordum. Yalnızca olumlu olgularda öğrenmemelidirler. Biz çocukları kesinlikle hapishane ve ıslahevleri gibi yerlere götürmeyi planladık. Bu mutlaka onlara gösterilmelidir ve bu sık sık yapılmalıdır! Böyle açık bir tutum ile biçimlenerek, çocuklar hayatın her yüzünün izlenimlerini edinmelidirler.

Ne de olsa bir çocuk olumsuz davranışının sonuçlarını hissetmez. Eğer önceden hissederse, o zaman biz de ona yetişkin gibi davranabiliriz.

Çocuklara neden o kadar merhametli davranırız? Çünkü geleceği göremez ve tahmin edemezler. Bu nedenle davranışlarından sorumlu tutulamazlar, deriz.

Ama eğer çocuk başka birisinin olumsuz davranışlarının sonuçlarını gözlemlerse, hapse atılmış birisi gibi, uyuşturucu ve alkol alışkanlığını yenemeyen hasta birisi gibi, sigara içmekten akciğer kanseri olan birisi gibi veya çatıdan düşüp ölen birisi gibi, böylece ona başkalarının örneklerinden "sonuçları göz önüne almayı" öğretebiliriz. Bu yolla onları bu hareketlerden ve yanlışlardan koruruz.

Dr. Anatoly ULIANOV

Bütünsel Toplumun Psikolojisi

Bu şeyleri gördükten sonra onlara yetişkin gibi davranmayız. Ama onlar yetişkin olmaya hazır olurlar.

- Hangi yaştan başlayarak bir çocuğu olumsuz şeyleri gözlemleme sürecine dâhil edebiliriz, mesela onları, yaşıtlarının hastaneye kaldırıldığı çocuk hastanesinin ilk yardım kısmına götürebiliriz?

- Hastaneye kaldırılmış yaşıtları ile aynı yaşta. 5 veya 6 yaşında bunları anlayacaklardır. "Şu çocuğa bak. Ona ne olduğunu sor. Oh, kapının üstünden atlamış ve şu diğeri dama tırmanmış ve şu diğeri bir arabanın üstüne doğru koşmuş ve şimdi burada yaralanmış bir kol veya bacak ile yatıyor." Bunun nasıl bir hayat dersi olduğunu anlıyor musunuz? Şüphesiz ciddi yaralanmaların farkında olmalıyız mesela kişinin bir göz veya kol kaybetmesi gibi. Bu kademeli olarak yapılmalıdır ve sonunda tüm olumsuz sonuçlar tamamen gösterilmelidir.

Ve biraz daha büyüdüklerinde zaman, doğumevini ve benzerini de ziyaret edebilirler. Bu, uygun bir biçimde onlara hayatın tümünü göstermektir. Bu ne sağlayacaktır? Bu, onlara doğru etkileşmek ve tüm bu sonuçlara ilişkin olarak kendilerini uygun yere yerleştirmeye yardımcı olacaktır.

- Sanırım burada pek çok ebeveyn, "Hayatın gerçekleri ile çocuğu korkutmayacak hatta tutuklaştırmayacak mıyız?" diye soracaklardır.

- Ama bunları çocuğa durup dururken, "Haydi bugün hastaneye gidelim kırık kollara ve bacaklara bakalım," diye söylemiyoruz ki. Bizim çocuklarımız sürekli olarak bizim yetiştirmemizin, kendilerini ve dünyayı idrak etmenin etkisindedirler ve etraflarındaki her şeyi sürekli olarak tartışmaktadırlar. Bu nedenle onlara bunları gösterebileceğimiz sırayı görebiliriz ve böylece doğru biçimde algılarlar.

67

Bütünsel Toplumun Psikolojisi

Dr. Michael Laitman

Hayatın Kendisinden Yaşamayı Öğrenmek

Bu gibi yerlere yapılan gezilerden ne bekleriz? Çocuklar onlara gösterdiğimiz kişi veya olgularla kendilerini hem olumlu hem de olumsuz olarak özdeşleştirirler. Kendilerini buna dâhil hissederler. Böylece, örneğin hapishane gezisinden bile olumlu bir etki elde ederiz. Bir kişi bir şey çalmak veya bir yasayı çiğnemek istemiştir ve işte bu da sonuçta ona ne olduğudur.

- Diyelim ki çocuklar hastaneye gittiler ve olumsuz bir olgu gördüler. Bu bilgi nasıl işlenir ve bundan nasıl sonuçlara varılır?

- Genelde tartışmalar açarız. Her şeyi video kaydına aldığımız hastaneden geliriz. Ve her şeyi aynı günde kayda geçiririz, böylece tüm gün bu konuya ayrılmış olur. Aynı zamanda gezi öncesi kısa bilgi verilir, burada çocuklara neyi görecekleri anlatılır. Hastanede bir doktor veya bir gezi rehberi bize nerede olduğumuzu ve kime ne olmuş olduğunu anlatır. Bizi hastanedeki çocuklara götürür ve nasıl tedavi edildiklerini ve onlara ne olduğunu anlatır. Oradaki çocukların kendileri de onlara ne olduğunu anlatırlar. Bunların hepsini video kaydına alırız ve her çocuk kendi özet notlarını tutar. Biz onlar için beyaz giysiler bile hazırlarız ve genellikle bunların hepsi ilgi çekici ve merak uyandırıcı bir yolla yapılır.

Döndüğümüzde, bütün bu süreci daha geniş bir bakış açısından tartışmaya başlarız: Neden hastaneler vardır, nasıl çalışırlar, doktorların nasıl farklı uzmanlık alanları vardır, çocuklar oraya neden giderler ve benzeri.

Ama en önemlisi, tüm hastane çalışanlarının, doktorların, hemşirelerin ve hasta bakıcıların, aynı zamanda tıbbi ilaçların ve benzerlerinin faydalarını anlarlar.

Onlara insanlığın çeşitli mesleklere ve etkinlik biçimlerine nasıl ihtiyacı duyduğunu ve bunların insanlara nasıl fayda sağladığını gösteririz. Ancak diğer taraftan, kişinin hastaneye düşmemek ve başkalarına sıkıntı yaratmamak için, kendisine iyi bakması gerektiğini de görürler.

Ne yapığımızın farkında olmalı ve böylece başkalarına yük olmamalıyız. Bu bile doğru bir sonuçtur: Tehlikeli bir yere tırmanırken, önceden yalnızca bacağını kıracağını değil ama başka insanların sana bakmaları gerekeceğini de düşün. Ve bu taşıması zor bir "yük"tür. Bu, varılacak iyi bir sonuçtur.

Öğretmenin Gözdesi

- Çocuklarla ilişki kurma sürecinde, genellikle bir kişi "öğretmenin gözdesi" haline gelir. Bu, eğiticilerin bazı çocukları diğerlerinden daha çok sevme eğilimidir. Bununla başa çıkmanın doğru yolu nedir?

- Eğitimciler bunu yapmamalıdırlar! Eğer yaparlarsa, o zaman eğitimci değildirler. Aynı zamanda biz çocuklara kesinlikle grubun ve çocuğun içsel dünyasının bütünsel algısını işlemek zorundayız. Birisi bir diğerinden daha iyi olamaz! Biz hepimiz Doğa tarafından aynı yaratıldık yalnızca kendi eğilimlerimizi ve niteliklerimizi doğru bir şekilde kullanmayı öğrenmeliyiz. Bu, bütünsel etkileşimde zorunlu şarttır. Bu, Doğa'nın bizden talebidir.

Tam da birbirimizden bu kadar farklı olmamız nedeni ile aramızdaki bağlantı böyle çok yönlü ve harika bir dünya oluşturur. Bu nedenle, yalnızca biz uygun olmadığını düşündüğümüz için asla kişiden bir şeyler kesip

atmamalıyız. Hiçbir koşulda hiç kimseyi belli bir standarda göre zorla yola getirmeye çalışmamalıyız!

Mevcut tek standart herkese bu doğru eğitimi vermektir. Böylece kişi toplumdaki doğru yerini bulacaktır, böylece doğru toplumsal mozaiğe sahip oluruz: uyumlu bir topluma.

- O halde benim birisine karşı duyduğum sevme veya sevmeme duygusu, yalnızca benim kendi sorunlarımın mı bir ifadesidir?

- Hayır, buna hiç yer yoktur! Eğer bu durum mevcutsa, bu kişi eğitimci olamaz. Her zaman kendini kontrol etmeli ve bunun üzerinde çalışmalıdır.

- Bunun üzerinde nasıl çalışabilir?

- Kendisi kişisel olarak ve aynı zamanda diğer eğitmenlerle beraber dünyaya karşı bütünsel olarak davranmayı öğrenmek için çalışmalıdır. Bütünsel olarak, benim dünyaya tavrımda, insanları dışsal özelliklerine göre ayırmam demektir. Başlangıç olarak onları - ve kendimi - doğru olarak yaratılmış olarak görürüm, sadece doğru biçimde bağlantı kurmak zorundayız.

Eğilimleri her ne olursa olsun doğru olarak kullanması sağlanırsa, hiç kimsenin içinde zararlı bir şey olmadığını görürsünüz. Bunlar bütünsel toplumun temel prensipleridir ve insanlığın bunu anlayacağını düşünüyorum.

- Çocuk gruplarında maddesel psikoloji tarafından geliştirilmiş bir alt yapı uygulanmasında bir yarar var mı?

- Maddesel psikoloji doğal olarak bu dünyaya yaklaşımımızın temelinde yatar. Biz yalnızca onun ilke ve kriterlerini çiğnenmez ve kutsal saymayız. Gruplarımızda

Dr. Anatoly ULIANOV

Bütünsel Toplumun Psikolojisi

bütünsel yetiştirme üzerine çalışmaya başladığımız zaman, yeni yasalar, yeni bağlantılar ve yeni kurallar ortaya çıktığını gördük. Ve onlar da değişime uğrar. Bu yasa ve bağlantıları inceleyerek giderek, kişinin bütünsel toplum içindeki davranışları için bir dizi yeni kural geliştiririz çünkü kendimizi istemsiz olarak onun içinde buluruz ve onun kurallarını bilmeyiz. Hayatın kendisinden yaşamayı öğrenmek zorundayız.

İnsanlığın kendimizi onun içinde bulduğumuz yeni doğa kurallarına giderek uyum sağlayacağını ümit ediyorum ve biz isteyen herkese yardım etmeye çalışacağız.

SAHNE YÖNETMENİ GİBİ EĞİTİMCİ

- Eğitimcinin Değişken Maskesi
- Dönüşüm, Devingenlik ve Yaratıcılık
- Tüm Çevreleyen Dünyayı bir "Anne"ye Dönüştür
- Eğitimci Üzerinde Bir Denetim Olmalı mı?
- Sahne Yönetmeni Gibi Eğitimci
- 9-10 Yaş Öncesi Kritiktir
- Çocuklar Bir Sonraki Neslin Eğitimcileridir
- Ebeveynler Eğitimci Olmamalıdırlar
- Kimler Eğitimci Olabilir

"Eğitimci" kimdir? Nasıl hazırlanmalı ve çocuklar ve ebeveynlerle nasıl bir etkileşim kurmalıdır?

- Kelimenin olağan anlamında, talimat veren kişidir. Yani, açık talimatlar vardır ve o da çocukların bu talimatlara tam tamına uymalarını sağlar.

Ancak bizim durumumuzda, biz çocukları yetiştiriyoruz. Yani biz bunun tam tersini yapıyoruz: Kişiye her şeyi kendisinin bulması, erişmesi, ellemesi, koklaması ve tatması için fırsat veriyoruz ve böylece bağımsız olarak kendi sonuçlarına varması için. Eğitimcinin yaptığı budur.

- Çalıştığı çocuktan yalnızca 3 yaş bile büyük olsa mı?

- Fark etmez. Onu büyütür, yalnızca talimatları yerine getirmek yerine ona başka bir örneği üstlenmesine yardım eder. Eğitmen katı, askeri bir kavramdır denebilir, hâlbuki öğretmen daha esnek bir kavramdır.

Eğitimcinin Değişken Maskesi

- Eğer eğitimci bazı çocukları diğerlerine tercih ediyorsa, bu kişi eğitmen olmamalı mıdır?

- Bu durumda (yapabileceğinin en iyisi ile) hızla kendi üzerinde çalışmalıdır, aksi durumda bu çocuk grubu ondan alınmalıdır.

Çocuklarla çalışırken, eğitimci sürekli olarak değişir ve gelişir. Hepimiz insanız, bu nedenle de sürekli gelişiriz. Başkaları ile çalışırken, "eğitimci" diye bir unvanı olsa bile kendisi de onlar sayesinde "büyür".

Eğer eğitimci bu şekilde davranırsa, tüm dengesiz, çocuklarla ilişkisindeki eşitsiz durumlar, kendisi üzerinde çalışma nesnesine dönüşürler ve bu çok iyi bir şeydir. Ancak gerçekte bu çok zordur. Bunu ele almanın en iyi yolu, orada davranışlarının herhangi bir yönde şiddetli değişimlerden geçmeyeceği bir çevre yaratmaktır.

- Böyle bir eğitimciyi tanımladığınız zaman, bunun benim mesleğimle paralel olduğunu hissettim. Psikoterapist olarak, çalıştığım insanlara sempati göstermeye hakkım yoktur. Aksi durumda benim işim orada sona erer. Bununla birlikte, kendim gibi insanlarla, diğer psikoterapistlerle bir araya geldiğim bir süpervizörler grubum var. Birbirimizi destekleriz ve hastalarımla tartışamayacağım güçlükler üzerinde çalışırız. Bir bütünsel sistem eğitimcisi için, orada sorularını çözeceği kendisi gibi bir eğitimcilerden oluşan grubu var mı?

- Eğitimciler toplantılarda bir araya gelirler. Sürekli olarak kendilerini daha çok yükseltmek için çalışırlar ve soruları tartışırlar ve aralarında çözerler. Ek olarak, sürekli olarak çeşitli kaynak metinleri çalışırlar. Çocuklarla çalışmanın yanı sıra kendilerini de doğru yöne

koymalıdırlar. Ancak bunu yaptıkları zaman çocukların gruplarına girebilirler.

Eğitimci bu gruba girmeden önce, okumalı, dinlemeli ve bazı yeni malzemeyi gözden geçirmeli ve kendisini uyarlamalıdır. Kalkıp hemen çocukların ortamına giremez. Belli bir maskeyi giymeli ve bunu içsel olarak da yaratmalıdır ve ondan sonra girebilir. Bu, her defasında hazırlık ve ince ayar gerektirir. Ve bu ince ayar genellikle bir öğretmen, eğitmenler ve eğitimciler grubunun içinde yapılır.

- Giymesi gereken maske nedir?

- Bu, yol gösteren bir sistemi olan bir kişinin imajıdır. Bu, sanki bir kişi değil ama her çocuktan "yarı-bitmiş ürün" biçimlendiren bir sistem imiş gibi.

Eğitimci sürekli olarak, çocuğu karşıt sorularla, olumlu ve olumsuz etkilerle, başkaları vasıtası ile ve herkes üzerindeki kolektif etkinin yardımı ile nasıl gerekli olan yöne doğru yönlendireceğini, "dürtükleyeceğini" düşünmelidir.

Çocuğu yalnızca otomatik olarak idare etmemelidir. Bunun yerine sürekli olarak, seçilmiş olan belli bir hedefe göre çocuk için en iyi olan yolu aramalıdır: Bu, benim başkaları ile nasıl bağlantı kurmam gerektiğidir, bu, kendimi nasıl konumlandırmam gerektiğidir.

En önemlisi mümkün olduğu kadar çok davranışsal model – çok sayıda çok yüzlü olan ve birbiri ile çelişenleri, olumlu veya olumsuz, en değişik olanları - biriktirmeliler.

Bundan sonra, tartışmalar, oyunlar, birbirleri ile yapılan sohbetler, hangi modelin onlarla yakınlık kurmak, bürünmek ve içinde kalmak için ona daha uygun olduğunu anlayacaktır. Kişi kendini orada herkesin eşit olduğu bir duruma getirmelidir ve sonra da bu görüş ile uyumlu olmak için gerekli olan imajı seçmelidir.

Dönüşüm, Devingenlik ve Yaratıcılık

- Daha önce en iyisi, bir grubun en fazla sekiz veya on çocuktan oluşmalı ve onlarla bir değil iki veya hatta üç eğitimci çalışmalıdır demiştik.

- On çocuktan oluşan bir grup ve iki eğitimcinin en iyi düzenleme olduğunu düşünüyorum.

- Eğitimcilerden biri her zaman çocuklarla olmalı mı yoksa dönüşümlü mü olmalılar?

- Dönüşümlü olmalılar, diye düşünüyorum. Doğal olarak çocuklar tek bir eğitimci ile daha rahat hissedeceklerdir, ancak bir şeye alışkanlıkla bağlamak onları sınırlayacaktır, standartlar yaratmak bugünden yarına aralıksız sürdürülmelidir. Alışkanlıklar yerine, genç insanların ayaklarının altından "halıyı çekmeliyiz," böylece kendi dünyasında sürekli olarak bir yap-boz gibi parçaları yerine koymak zorunda kalır. Bu, onun uyum sağlamasını daha kesinleştirecektir. Arkadaşları ve eğitmenleri ile kendisini hangi yöne ve ne biçimde yerleştireceğini ve yeni koşullar altında nasıl hareket etmesi gerektiğini bulmak zorunda olacaktır.

Bu onu mümkün olduğu kadar esnek hale getirmektir ve kalıcı eğitimciler bu konuya fayda sağlamazlar.

Birçok eğitimci ve aynı zamanda geniş bir grup içinde böyle hissedilebilir. Ama gene de bu sınırlı bir alandır. En iyi yaklaşım, düzenlemelerin, çocukların karışımı ve onların yanındaki eğitimciler de dâhil olmak üzere, her şeyin her zaman değişmesidir.

- Bu dönüşüm içinde kaç tane eğitimciden söz ediyoruz? On kişi mi yoksa her defa çocuğun yeni birisi ile karşılaşması mı?

- En önemli şey onların değişimli olmasıdır. En iyisi, on kişilik bir çocuk grubu içinde sürekli olarak değişen dört çift eğitimci olmasıdır. Bir gruptan diğerine geçerler ve bu çiftler de değişirler.

Böylece düzenlemelerde yeterli değişim olacaktır ve devingenlik gözetilecektir. Ek olarak çocukların grupları da karışır.

Çocuklar hepimizin - yeryüzündeki tüm insanların - tek bir bütünsel küresel topluluğa katılmakta olduğunu hissetmelidirler.

Mümkün olduğu kadar az niteliksel, niceliksel, geçici veya insani, sınır olmalıdır. Konular da sürekli olarak değişmelidir. Kesinlikle her şey değişmelidir!

Bu şekilde kişi de kendi içinde nasıl sürekli olarak değişiklikler olmakta olduğunu hisseder. Sürekli olarak, düzenlemeleri, kendisini ve diğerlerini değerlendirmeye zorlanacaktır ve alışkanlık edindiği ve daha önce açık ve doğru gibi görünen kriterleri yeniden ziyaret edecektir. Alışkanlık iyi değildir. Hiç durmayan yaratıcılık olmalıdır.

- Şimdi temel olarak, pedagojinin dayandığı tüm kaynakların kaldırılmasını önermiş oldunuz.

- Bu pedagoglar için kolay olduğu için böyledir. Kendilerine durgun cansız düzenlemeler ve sistemler kurdular çünkü kendilerini bunun içinde rahat hissederler. Ama bu yaratıcılığa ne kadar yer bırakır?

- Bu durumda, çocuk kaynakları nereden alacak? Bu genel sistemden mi?

- Evet. Yoksa bu başka nasıl çalışabilir ki? Etrafımda yedi milyar insan var ve ben onlarla beraber olmaktan

kendimi rahat hissetmeliyim. İçimde onların tüm imajlarını özümsemeye istekli olmalıyım.

Eğer yalnızca küçük bir ekip içinde bunu yapmaya istekli olursam, evimden, çocuk bahçesinden veya çocuk yuvasından dışarı çıkmayacağım. Temel olarak, bugün insanlara olan da budur. Çocukluklarında ve bazen de sonra gençliklerinde (her ne kadar arkadaş çevresi önemli ölçüde daha dar hale gelse bile) hoş şeyler yaşarlar ve sonra da başka hiçbir yere gitmek istemezler.

Neden "okul-arkadasları.com" bu kadar popülerdir? İnsanları çeken nedir? Hiçbir şeyleri yok! Bu nedenle de tek istekleri çocuk bahçesine ve okula geri dönmektir. Neden? Çünkü orada sınırlar bellidir ve bununla kendilerini iyi hissederler. "Haydi, o zaman tekrar çocuk olalım." diye düşünürler. Diğer bir deyişle onlar hâlâ çocukturlar. Asla büyümezler. Dünyaya girmek ve dünyayı üstlenebilmek için gereken araçlar onlara verilmemiştir.

"okularkadasları.com"dan arkadaşlarımı seçmemin dayanakları nedir? Ben gençken onlarla arkadaştım. Ancak bugün büyüdüm ve hiç kimsem yok. Böylece onlara geri döneceğim.

Nereye vardık? Temel olarak kişi çocukluğunu asla bırakmaz ve onu özler. Ama bu ne çeşit bir çocukluk idi? Bu, katı bir sistem tarafından sınırlanmıştı. Bu sistem ona esnek olmayı öğretmedi, bu nedenle rahat hissedebilmek için hiç değilse ona geri dönmek ister. Orada küçük bir kutudaki küçük bir küptür ve kendini iyi hisseder.

- Çocuğun hayatındaki ilk üç yılda çocuk annesinin yanındadır ve onunla yakın temas halindedir. Birden büyük bir değişiklik olur ve çocuk başkaları ile karışır. Bu geçişi nasıl rahatlatabiliriz?

Bütünsel Toplumun Psikolojisi

Dr. Michael Laitman

- Bu, Doğa tarafından önceden planlanmıştır. Üç yaşında birdenbire çocuğun başkaları ile oynamaya başladığını görürüz. Daha önce başkalarının varlığını hissetmez bile. Tek var olan kendisi, annesi ve oyuncaklarıdır. İşte bu kadar; henüz sosyal dürtüleri yoktur.

"Başka biri ile oynayacağım," diye hissetmeye başladığı zaman "Şu kişiye bakmak ve onunla bir şey yapmayı öğrenmek istiyorum," gelir. Başka çocukları gözlemlemeye başlar. Bu otomatik olarak olur ve bu belirir belirmez biz bunu desteklemeye başlarız.

Tüm Çevreleyen Dünyayı Bir "Anne"ye Dönüştür

- Çocuk hep aynı yere dönmeye ihtiyaç duyar. Tarafsız bir bölgede oynar ve sonra tekrar bu duyguya gömülmek için geri dönmek ister. Yetişkinler de bunu yaparlar.

- Annelerimize geri dönmek isteriz. Bu doğaldır. Bu bizim doğamıza işlenmiştir. Etrafımızda sürekli olarak genişleyen çevreyi nasıl "anne"miz yapabiliriz? Sürekli genişleyerek daha çok yabancı imajı özümsemese bile, onu bizim için içinde geliştiğimiz rahim gibi nasıl dost, sevgi dolu ve rahat ve yapabiliriz ve özlemeye devam ettiğimiz, çocuğun annesine koşması ve arkasına saklanması gibi yapabiliriz?

Bizi saran çevreyi "rahim"e dönüştürmeyi öğrenmeliyiz! Eğer özgecil verme ve sevgi nitelikleri olan bir çevre yaratabilirsek bu bizim için anne gibi olacaktır.

Temel olarak şu yüce kural, "Komşunu kendin gibi sev," bundan söz eder. İçgüdüsel olarak annenin ne olduğunu bilirsiniz; dünyadaki en güvenli ve en müşfik yerdir. Artık bir yetişkin olsanız bile, gene de içgüdüsel olarak hâlâ bir çocuk gibi bu duygunun peşinde olursunuz.

Dr. Anatoly ULIANOV

Bütünsel Toplumun Psikolojisi

Öyleyse dünyayı böyle yapalım!

- İnsanlar gerçekten de bunun özlemini çekerler. Bu tanımladığınız şey harika ama gerçekleşmesi imkânsız görünüyor.

- Bunu oluşturmak için düşünmek zorundayız demek ki. Zaten doğamız da buna erişmeye bizi mecbur kılar. Şimdi artık dünyamız bütünsel ve küresel bir sistem olarak ortaya çıkmaya başladı. Bu ne demektir? Bunun anlamı dünyamız bizi birbirimize annemizin bize davrandığı gibi davranmaya zorluyor demektir. Böylece hep beraber bu "anne karnında" olma durumunu edineceğiz.

- Yani insanları ürküten küreselleşmenin kesin olarak bu "anne karnında olma" durumu olduğunu mu söylüyorsunuz?

- Bu bir devrimdir ve bundan nasıl geçeceğimiz tamamen bize bağlıdır. Bundan ya iyi yolla çabalarımızı birleştirerek, nereye gittiğimizi farkına vararak geçeriz ya da annesini kaybetmiş bir çocuk gibi tamamen yönümüzü kaybetmiş olarak gideriz. Doğa bizi annemizin, Doğa'nın "Doğa Ananın" imajına karşılık gelen bir toplum kurmak için zorlayacaktır.

- Genellikle anneler için çocuğunun bağımsızlaşması hep onun yanında olama ihtiyacının azalması çok zordur.

- İdeal çocuk yetiştirmede, çocuk anneden ayrılmak istediği zaman, bunu istediği ölçüde, (bizim yardımımızla) onu saran, annenin yerine geçen, bir çevre edinmeli ve annenin işlevini giderek etrafındaki çevreye aktarmalıdır.

Doğa her şeyi çocuğun anneden ayrılacağı biçimde düzenlemiştir. Bu kaçınılmazdır. Biz yalnızca her çocuk için annenin yerine geçecek olan çevreleyen dünyayı yapmak

zorundayız, ancak bu, kesinlikle çocuğun onu çevreleyen dünyaya olan doğru tavrı ölçüsünde olmalıdır.

Anne çocuğunu olduğu gibi kabul eder. Çocuk ona aittir. Ve dünya için de "dünyaya ait" olması veya "dünyaya ait değil" olması, onun dünyaya ne kadar doğru davrandığına bağlıdır. Çocuğa dünyaya karşı doğru tavırda olmayı öğretecek bir çevre yaratmalıyız. Böylece dünya onun annesinin yerine geçecektir.

Anne çocuğun bedeni için annedir, dünya ise, kişi kendisinde doğru imajı biçimlendirdiği zaman kişideki insana annedir. "Henüz daha bir kişi değil" seviyesinde, yani başkalarına karşılıksız vermek ve başkalarını sevmek durumunda yaşamadığı ölçüde, dünya ona anne olarak değil, ama başka türlü davranacaktır.

- Psikolojik bozukluklardan birisinin tanımı kendisine karşı aşırı duyarlı ve dış dünyaya duyarlılık eksikliğidir. Eğer bu yapıyı kurarsak bu anlamda sağlıklı çocuklar mı yetiştireceğiz?

- En önemlisi, ruhsal açıdan sağlıklı olacaklar. Ve bu doğal olarak fiziksel sağlıklarında da kendini gösterecektir.

Eğitimci Üzerinde Bir Denetim Olmalı mı?

- Eğitimci kendisini genel etkileşime uyarlamalıdır, dedik. Ve bazı çocukları diğer bazılarına tercih etmesi asla kabul edilemez. Ama gene de bu duygular onda uyanırsa ne olur?

- Eğitimci kendisini aşmalıdır. Aksi takdirde eğitimci değildir. Eğitimci yalnızca topluluğa ait olanla çalışmalıdır. Kendisine ait kişisel duygu ve görüşü olmamalıdır.

Yalnızca dengeleyici olarak veya bu çevrede dengeyi bozan üzerine tartışmak üzere ileri çıkmalıdır. Davranışları

ile açık bir yönü ve amacı vardır. Yalnızca takımın katılımcılarının veya grubun gelişmesi için çalışan bir makine gibidir.

- Kişi hoş olmayan bir durumda olduğu zaman bunu yok saymaya veya bastırmaya çalışır. Bunu hesaba katarak, eğitimciyi denetlemek gerekli midir?

- Evet, doğal olarak. Araştırma yaptığımız ve tekniğimizi geliştirdiğimiz yer olan gruplarımızda her şey videoya kaydedilir. Bu bize orada yer alan dinamikleri inceleme olanağı verir. Eğitimciler kendi içsel durumlarında veya grup içinde karşılaştıkları sorunlar hakkında konuşurlar ama gene de dışarıdan gördüğümüz ve görmediğimiz şeyler olur. Bu bir süreçtir.

Ancak eğitimci bu uygulamada kendisinin üstlenmesi gerekenleri çabucak bulur. Bu basittir ve "zeki" kuramları gerektirmez ve bütünsellik, küresellik, birlik, bağlantı ve esneklikten kaynaklanır.

Burada çalışan şey kişinin doğal hevesidir. Ve bu, çeşitli kuramlar ve yöntemler gerektirmeyen bir şeydir. Kişiler kendi yöntemlerini edinmeye ve birbiri ile iletişimlerini doğru bir duruma getirmek için çocukları nasıl daha uyumlu kılacağını hissetmeye başlarlar. Burada çeşitliliğe, araştırmaya, ifade etmeye pek çok alan vardır. Bunu yapma sürecinde, kişi kendi doğamızı incelediğini hisseder, kendimiz ve Doğa'yı aramızda birlik edinmek için yöneltiriz, bu hedefimizdir.

- Eğitimciler tartışmak için kendi aralarında ve başkalarının katılımı ile videoları izlemek için bir araya gelirler mi? Yapıcı eleştiriye yer var mı?

- Eğitimcilerin de kendi grupları vardır, orada aralarında her şeyi tartışırlar. Kişilerin deneyimleri kadar

ortaklaşa deneyimlerini, malzemeyi ve izlenimleri üzerine çalışmak zorundadırlar. Sonunda neden herkes aynı hataları yapsın ki? Eğer bir grupta bir şey oldu ise, bunu bir modele dönüştürüp başka bir grupta denemeli, orada ne olduğunu gözlemelidirler. Bu süreci güncel ve canlı tutmalıdırlar ve anlaşılmalıdır ki, çocuklar nasıl hamurla oynamayı severlerse biz de öyleyiz.

Bunu denemeliyiz. Bundan bir zarar gelemez. Her şey kontrol altındadır ve eğer bunu kendimizde denersek, buradan neyin doğru neyin yanlış olduğu izlenimini edineceğiz ve de bu bizim edinmek istediğimiz çok değerli bir tecrübedir.

Topluluk içindeki gelişim, olumsuz simge, olgu, bağlantı ve çelişki duyumlarına maruz kalmayı içermek zorundadır. Sürekli olarak bunlardan öğrenmek zorundayız.

Olumlu şeyler yalnızca olumsuz olanların üzerinden, biz onları deneyimleyip ayırdına vardıktan sonra gelişir. Kendi doğamızı, onun olumsuzluğunu tüm derinliği ile hissetmek zorundayız. Ancak ondan sonra bunun üzerine olumlu bir şey kurmamız mümkün olabilecektir.

Sahne Yönetmeni Gibi Eğitimci

- Eğer bir eğitimci çocukların çevresine bu kadar girerse, onlarla sözün tam anlamı ile kaynaşır. Eğer birisi çocuklaşırsa, bu bir problem yaratmaz mı, bu eğitimci için bir alçalma değil midir?

- Bunun bir alçalma olduğunu düşünmüyorum. Çocukları yetiştiren birisi çocuklarla aynı seviyede olmalıdır. Eğer sürekli olarak kendini, çocukları belli bir duruma getirmek üzere kontrol ederse, bu durumda hem

Dr. Anatoly ULIANOV

Bütünsel Toplumun Psikolojisi

eğitimci seviyesinde hem de aynı zamanda çocukların seviyesindedir.

Bu iki seviyeyi kendi içinde taşıyabilmeli ve bunları açıkça anlayabilmelidir: Bu benim ve bu onlar. Onları nasıl yönlendirebilirim? Kendilerini kontrol etmelerini nasıl sağlayabilirim? Onların kendi davranışları, doğaları ve eğilimlerinin farkına varmalarını nasıl sağlayabilirim? Nereye ve neyin üzerine yükselmeliler? Nasıl kendilerinin üstesinden gelebilirler, ne için ve hangi amaçla?

Ne olup bittiğini analiz ederek, tüm durumları onların yanı sıra deneyimleyerek, hep onlarla beraberdir. Ama o orada sahne yönetmeni veya yapımcı olarak mevcuttur. Çelişkili durumları, yapay olsalar bile, kullanarak grubu yoğurur, biçimlendirir. Onlar için birçok problemi sahneleyerek, aralarında daha büyük yakınlaşmalara yol açar.

Sonunda çocuklar tamamen birbirinden farklı bile olsalar, tüm grup uyumluluk üzerine çalışır. Örneğin gruba yeni çocuklar katılabilir veya eğitmenler değişebilir, zorluklar olabilir veya bazı kesintiler veya problemler çıkabilir.

Çocukları sürekli olarak bu durumlara koyarız ve bunları nasıl çözümlediklerine, her koşulda nasıl "bir ortak bölen" bulduklarına bakarız.

Eğitimci bu sürecin sahne yönetmeni veya yapımcısı olmalıdır ve bunu enerjik olarak ve sürekli kontrol ederek yapmak zorundadır.

- Çocuklar eğitimcinin bu iki seviyede olduğunu hissetmeliler mi?

- Evet, tabii, bunu anlamalılar. O onlarla beraberdir ama onlardan daha fazla bilir ve anlar.

Bütünsel Toplumun Psikolojisi

Dr. Michael Laitman

Gerçekte, ben eğitici, eğitimci, öğretmen veya kitlelerin ve kalabalıkların davranışlarını düzenleyen herhangi bir meslek sahibinin veya toplumu, bir milleti veya hatta insanlığı kontrol eden kişinin rolü arasında herhangi bir fark görmüyorum. Temelde bu aynı meslektir. İlk durumda yetiştirdiğim küçük bir çocuk topluluğudur, ikinci durumda ise gene yetiştirmekte olduğum büyük bir insan topluluğu vardır.

Yetişkinlere, kitlelere veya kalabalıklara nasıl erişebiliriz? Küçük bir gruptaki eğitmen ile büyük sayıda insanı kontrol etmesi değil ama yetiştirmesi gereken bir kişi arasında büyük bir fark olduğunu düşünmüyorum.

9-10 Yaş Öncesi Kritiktir

- Diyelim ki farklı yaşta çocukları farklı durumlarda "bir ortak bölen" bulmayı öğrenecekleri bir yerde bir araya getirdik. Tüm bir salon dolusu, diyelim ki farklı yaşta 500 veya 1000 çocuk var. Onları nasıl etkileyeceğiz?

- Derhal kitle ile başlıyorsunuz, ama bu doğru değil.

Çocukların doğal olarak nasıl geliştiğini görürüz: Önce anne rahmindedir, sonra hep annenin yakınındadır, sonra anneden bir kaç metre uzağa emekler ve sonra bir kaç adım uzağa gider, sonra ev içinde anneden daha uzağa gider. Daha sonra çevreleyen dünyaya dışarıya çıkar ama hâlâ annenin hemen yanındadır, bebek arabasında veya kucakta.

Görürüz ki çocuk giderek onunla doğru ilişki kurabileceği ölçüler içinde çevreye erişim sağlar. Bu şekilde çevresi genişler.

Burada da aynı şey olmalıdır. 1000 çocuğu bir araya koyup onları doğru şekilde idare etmeyi bekleyemezsiniz. Bu mümkün değildir.

Tek yapabileceğiniz onları baskı alına almak olur. Onları oturtabilirsiniz, ışıkları söndürüp önlerine bir ekran koyabilirsiniz ve böylece bir animasyon filmi seyredebilirler. Ama bu çocuk yetiştirmek değildir ve bundan bir şeye erişemezsiniz. Ancak onları kendilerinden uzaklaştırırsınız. Ancak çocuk yetiştirmek genişlemek üzerine inşa edilmelidir.

Zaten birbirlerini anlayan ve tek olarak birleşebilen çocuk gruplarınız varsa o zaman bir kaç grubu birbirine bağlayabilirsiniz. Böylece üç veya dört grup bir aradaki üç veya dört çocuk gibi olacaktır.

Bunu da zaten kendi aralarında ortak bir anlayış olduğu zaman yapabilirsiniz, ancak her gruptaki her çocuk ile ön çalışmayı tamamladıktan sonra böylece bu birlikteliği içlerinde hissederler.

- Yaş sınırları hakkında ne diyebilirsiniz?

- 9 veya 10 yaşına kadar kişinin temeli tamamen işlenir. Tamamen! 9 veya 10 yaştan sonra ancak, içgüdü ve kalıtımsal bilgi de dâhil olmak üzere, onun içine bilinçli veya bilinçsiz olarak halen işlenmiş olan gelişir. Bundan sonra zaten onun içinde var olan gelişir ama gerçekte yeni hiçbir şey eklenmez.

Onları çevreleyen dünyadan ilk izlenimlerini hâlâ biriktiriyor oldukları zaman bu en geç 9-10 yaşına kadar olur, bu zaman süreci kusursuz olarak planlanmalıdır. Bundan sonra çocuk ile bir şey yapmak çok zordur.

Şüphesiz bizim davranış biçim ve kurallarımızı taklit edecektir. Ama bunlar kişisel olarak içselleştirilmiş olmak yerine dışarıdan gelen talimatlar gibi olacaktır. Bu doğduktan hemen sonraki büyüme süreci içinde, giderek dünyaya karşı bir davranış tarzını sizden özümsemesi ve kendisine mal etmesi gibi olmayacaktır. Eğer 9-10 yaşından sonra bir şeyi ilk defa öğrenirse artık bunu kendine mal etmeyecektir.

- Açıklayayım. Eğer bir çocuğu erken yaştan hazırlarsak ve belli koşullardan geçirirsek sonra 9 yaştan itibaren daha geniş gruplar içinde birleşme deneyimine de hazır olacak mıdır?

- Bunun nedenini anlamalıdır. Bu alan için bazı özel beceriler edinmelidir. Olumlu ve olumsuz duyumları, temasları, hareketleri ve bu seviyedeki sonuçları, algı ve içgüdüleri hissetmelidir.

Bunların hepsini bir araya getirmeli ve tüm bu imajları çocuğun içinde biriktirmeliyiz. Bunlar onun içinde veriler olarak yer almalı: Herkesle beraberim; bu iyi; bu kötü. Bunlar onun içinde tarih sırasında olan film kareleri gibi birikmelidir.

Sonra bu kareleri hayat içinde kullanacaktır. Bu model sürekli olarak onun içinde hem bilinç hem de bilinçaltı referans noktaları olarak - çoğunlukla ne yaptığının farkında olmaksızın - var olmalıdır.

Çocuğun erken bir yaştan itibaren mümkün olduğu kadar çok, birlik, küresellik ve bütünsellik hakkındaki olumlu ve olumsuz izlenimlerle sürekli olarak doldurulması gereklidir. Bu onun yeni dünya için bileti olacaktır.

Çocuklar Bir Sonraki Neslin Eğitimcileridir

- Eğitimciler çocukların ebeveynleri ile iletişim kurmalı mıdırlar?

- Aynı yaklaşımın evde de devam etmesi tercih edilir. Maalesef bu ancak ebeveynler de bu yetiştirme sisteminden

geçerse mümkündür. Aksi halde, kendilerinden beklenenin ne olduğunu bilemeyeceklerdir.

Mekanik olarak bazı sınırlar koyacaklar, çocuk onların ne kadar yapay olduğunu hissedecek ve ebeveynlerinin hiçbir şeyden anlamadığını düşünecektir. Çocuk içsel olarak onlardan çok daha esnektir. Sosyal olarak daha akıllıdır ve toplumu, insan ilişkilerini, motivasyonlarını, amaçlarını ve düşünce tarzlarını daha iyi anlar. Biz ona psikolojik farklılıklar ve yöntemler temin etmeyi durdursak bile, bu bilgelik onda gelişmeye devam eder.

Eğer ebeveynler çocuğun yanı sıra gelişmeye devam etmezlerse, onları nerede ise "hayvanlar" [evrimsel gelişimin hayvansal kademesinde] olarak görecektir. Topluma karşı tavrı ve doğru bir çevre yaratma becerisi kişiyi hayvandan ayıran şeydir.

- Ebeveynlerin bütünsel yetiştirme yöntemlerini kendi seviyeleri içinde bir dereceye kadar öğrendiklerini varsayalım.

- Çocuk sahibi olmayı daha planlamadan önce bizim eğitim programımızdan geçmek zorundalar. Ve bu sadece ebeveynlerle sınırlı değildir. Temel olarak bu tüm insanlar: genç, yaşlı ve çocuk için geçerlidir. Ama bu ebeveyn olmayı planlayanlar için özellikle önemlidir. Geleceğin insanını mı yoksa sadece bir "hayvan yavrusu" mu doğurmayı planlıyorlar?

- Çocukluğunda tüm bu safhalardan geçmeyen insanlar için eğitim programları mı geliştireceğiz? Sonradan onları hazırlamak mümkün olur mu?

- Bu yalnızca medya özellikle internet ve televizyon yolu ile olur. Başka bir yol yoktur. Basılı malzemenin neredeyse

Dr. Michael Laitman

soyu tükeniyor, böylece de internet ve televizyon en önemli iletişim aracı olarak kalıyor.

Tüm insanlığın yeni bir dünyanın eşiğinde olduğunu ve bunun için de koruyucu bir eğitim ve öğrenim ara süreden geçmek ihtiyacında olduğunu anlamak zorundayız, böylece bu yeni dünyaya uyum sağlarken öğreniyor da olabilsinler.

Çok yakında bizim için yapacak başka bir şey olmayacaktır. Bugün üretmekte olduğumuz ve satın aldıktan altı ay sonra attığımız şeyleri üretecek hammaddemiz yakın bir zamanda artık olmayacaktır. İnsanlar giderek bu eğitimsel kurumları düzenlemek için çok daha fazla zaman ayırmaya başlayacaklardır, bu nedenle gelecek nesil için en önemli mesleğin eğitmenlik ve öğretmenlik olduğundan eminim. Ama öncelikle bunun için gerekli biçimde eğitilmelidirler.

Ebeveynler Eğitimci Olmamalıdırlar

- Diyelim ki, bu kursu alan ve bu yöntemi öğrenen ebeveynler var ve bu okula giden bir çocukları var. Bu ailenin birbiriyle etkileşiminin nasıl olacağının bir resmini çizebilir misiniz? Çocuk gününün büyük bir bölümünü yaşıtları olan bir çevrede geçirdikten sonra eve döner. Anne-babası ve büyük anne ve babası ile ilişkisi nasıl olmalıdır? Bu çocuğun yeri neresidir? Kız ve erkek kardeşler nerededir? Bunu gözünüzde nasıl canlandırıyorsunuz?

- Çocuklar ebeveynlerine veya büyük anne ve dedelerine çekim duymazlar. Kendi yaşıtlarına veya kendi kişisel aktivitelerine karşı çekim duyarlar. Çocuklar büyük anne ve babalarına ona yardım ve hizmet ettikleri ölçüde ihtiyaç duyarlar ama bundan daha fazla değil.

O halde, bu alanda bir problem olmayacak ve hatta ebeveynlerin belli bir yetiştirilmeden geçmeleri de gerekmeyecektir. Burada gerçekleşmesi gereken, ebeveynlerin müdahale etmemelerini sağlamaktır. Çocuğu yetiştiriyor olmamalıdırlar.

Yalnızca doğru tepki vermeleri ve böylece çocuk nerede olursa olsun daima kendisine yardım eden ve kendisinden belli bir tür gelişmeyi - kendini saran çevreyi doğru olarak anlamasını ve etkileşmesini bekleyen - bir çevrede olduğunu anlayacaktır. Onlardan başka hiçbir şey beklenmez. Ebeveynler eğitimci olmamalıdır.

Bunun nedeni bu tür yetiştirme çocuğun kendisi gibi olan onunla eşit olan ve onlarla sürekli etkileştiği kişilerden oluşan bir çevrede olur. Ebeveynler yüksek ve büyük olarak algılanır, çocuğa hizmet eden ve onu koruyan ve bakan birileri olarak. Bu nedenle eğitimci olarak kabul edilemezler.

Gelişim büyük bir sosyal çevrede olur, yalnızca annem, babam ve benden ibaret olan küçük bir köşede değil. Bu yalnızca 2 yaşına kadar iyidir.

- Ama farz edelim ki, kötü bir şey olduğu için çocuk eve üzgün olarak döndü. Ebeveynler buna nasıl tepki vermeliler?

- Ebeveynleri çocuğun durumunu doğru olarak anlayamaz ve olan şey üzerine doğru çözümlemeler öneremezler. Bu onun, tartışma ve görüşmelerle grup içinde yapması gereken bir şeydir.

Bu dünyaya gerçekçi olarak yaklaşmalıyız. Çocuğun evde veya gittiği başka bir yerde çocuğun hemen doğru bir gelişme sürecine konulacağı düzeltilmiş bir dünyada yaşamıyoruz henüz.

> Bütünsel Toplumun Psikolojisi

Dr. Michael Laitman

En iyi olan, problemlerin ortaya çıktığı yerde çözülmesidir, beraber yetiştirildiği aynı çocuk çevresinde. Başka hiçbir çevresi olmamalıdır.

- Peki, ama ebeveynler ne yapmalıdır? Benim de çocuğum var ve çocuğum eve üzgün döndüğü zaman, onu kucaklamak ve rahatlatmak istediğimi biliyorum. Bunu yapabilir miyim? Yoksa bu yanlış mı?

-Onu rahatlatmak neden? Bunu yapmamalısınız, ama onu kucaklayabilirsiniz. Size yakın biriyle buluştuğunuzda onu kucaklarsınız. Bu doğaldır.

Bununla beraber, artık birbirimizi dokunma duygusu ile hissetme ihtiyacını duymayacağımız bir iletişim seviyesine erişeceğiz. İçsel duyumlarımız ve birbirimizi hissetme yeteneğimiz artık bedenin temas için gerekli bir organ ve araç olmayacağı bir noktaya kadar yoğunlaşacak.

- Bunu hayal etmek güç çünkü halen beden çok büyük bir keyif duyma aracı.

- Şimdi için her şey bedenden geçer çünkü beden dışında başka bir duyumsamamız yoktur. Ama giderek kendimiz dışına çıkmayı ve başkaları ile iletişim kurmayı geliştirdiğimiz zaman, beden geri plana çekilir ve diğerleri ile olan doğrudan bağlantımı ve onları içimde kapsamamı hissetmeye başlarım. Kendi imajım diğerlerinin imajına dâhil olur ve sürekli olarak onlarla paylaştığım bir imaj haline gelir.

Böylece ortak duyumsama ortaya çıkar ama bu artık, diğerlerini kucaklamamı veya yediğim şeyden onlara da tattırmamı veya beraber bir yemeye katıldığımız zaman bir çeşit fiziksel temas kurmamızı gerektiren, bedensel bir duyum değildir. Bunun yerine tamamen yeni bir temas ortaya çıkar, cinsel duyumda bile. Burada her şey, kişilerin

birbiri ile tamamen farklı bir duyumsama, birleşim ve iletişim alanına girmesi şeklinde gelişir, bizim hayvansal seviyede olan dünyamızın önemini yitirdiği bir noktaya kadar. Bu, kademeli olarak gerçekleşecektir. Doğal olarak bu henüz bizim uzağımızda ve şimdi bunun hakkında konuşmak gerçekçi olmayacaktır, ancak hangi yöne doğru gitmekte olduğumuza dikkat çekmek istedim.

Kesinlikle bunun farkında olmalıyız. Ebeveynlere neden bu kadar ilgi gösterdiğimi biliyor musunuz? Çünkü bu yöntem hakkındaki soruların çoğu onlardan geliyor. Ebeveynlerin görevlerinden biri de çocuklarının güvenliğini sağlamaktır.

Bu en önemli şeydir, bu hayvanlarda da böyledir. Yavrularının güvenliği onları yönlendiren tek şeydir.

- Bu çok önemli ihtiyacın etkisi altında, ebeveynler bu eğitim programlarında çocuklarına ne olmakta olduğu hakkında daha çok şey bilmek istiyorlar, çevre ile nasıl etkileşim kurduğu ve benzeri şeyler hakkında.

- Çocukları devamlı olarak video kaydına alınmaktadır ve böylece evde seyredebilirler. Ve yalnız onlarda değil, ama bugünlerde kendi eğitim merkezimizde de bunu uyguluyoruz. Dünya üzerinde bizim yetiştirme sistemimizde olan pek çok grup var. Bazı gruplar önde gelirler, yani bunun anlamı, kendileri üzerinde sürekli olarak çalışırlar, tartışırlar ve kendilerini araştırırlar. Kendilerini sürekli olarak filme alırlar ve bunu başkalarına gösterirler. İnternete gidebilir, URL adresini yazıp belli bir grubu ve o anda ne yaptıklarını seyredebilirsiniz.

Önde gelen ve onlarla temel işlerimizi yönettiğimiz gruplarımızın kendi bölgelerinde yaptıklarını yayınladıkları belli saatler vardır. Ve diğer gruplar kendi bölgelerinden, oturur ve bu yayını izler, dinler ve bu canlı uygulamadan öğrenirler.

- Ben hâlâ ebeveynler hakkında başka sorular sormak istiyorum. Bir baba veya annenin bu videolardan birini izlediğini varsayalım...

- Sevgili çocuklarını durmaksızın günün 24 saatinde izleyebilirler.

- Ama bir biçimde katılabilirler mi?

- Henüz bunu uygulamıyoruz. Bu ebeveynler ve çocuklar arasında başka bir etkileşim sistemini gerektirecektir ve sanırım gelecekte bu mümkün olacaktır. Bununla beraber, ben şimdi sadece şu anda yapılması mümkün olanı ve yakın gelecekte mümkün olacak olanı konuşmak istiyorum. Ebeveynler ve çocuklar arasındaki etkileşim sisteminin yakın bir gelecekte kurulacağını zannetmiyorum. Henüz bunu geliştirme imkânımız yok.

Peki, ama ebeveynler nasıl katılabilirler? Bunun için eğitimcilerin erişim seviyesinde olmalıdırlar. "Katılmak" ne demektir? Eğer kendi kişisel "ben"lerinden ayrılıp kendilerini kontrol edemezlerse nasıl olur da insan yetiştirmenin içinde yer alabilirler?

- Gene de ebeveynlere bazı uygulanabilir tavsiyeler verebiliriz. Örneğin çocuk eve geldiği zaman, ebeveyn kendi görüşlerini bir şekilde dile getirebilirler mi?

- Yetiştirme evde devam etmemelidir. Ebeveynlerden talep edilen, anlayışlı, ilgili ve sevecen olmalarıdır, hepsi budur. Çocuğu yetiştiriyor olmamalıdırlar. Çocuğa basit yaşamsal, bedensel desteği ve ihtiyaç duyduğu güveni temin etmelidirler, hepsi bu kadar. Çocuğu insanoğluna dönüştürmenin ebeveynlerin görevi olduğunu

düşünmüyorum. Yalnızca onu saran çevre bunu yapabilir. Sadece parçası olduğu toplum insanı insan yapabilir.

Ebeveynler çocuğun etrafında, onun insan olmasını sağlayacak bir çevre oluşturamazlar. Bunu yapmaya çalışırlarsa yalnızca çocuğun sonuna kadar büyük bir çocuk olarak kalmasına neden olurlar. Günümüzde, 40 yaşlarına gelmiş bir adamın hâlâ nasıl annesinden ayrılamadığı sıklıkla gördüğümüz bir şeydir.

Kimler Eğitimci Olabilir

- Eğitimcinin kişisel yetenekleri veya hazır olma düzeyi önemli midir? Kimler eğitimci olabilir ve kimler olmamalıdır?

- Bu çok önemli bir soru. Her şeyden önce, eğitimcinin kendisi kendisinin ve kendi kişisel niteliklerinin ötesine çıkabilecek biçimde yetiştirilmiş olmalıdır yani çocuklarla etkileşiminde mümkün olan en büyük ölçüde tarafsız olabilmelidir.

Şüphesiz olarak, hiçbir çocuk onun gözünde iyi veya kötü ya da çekici veya itici olmamalıdır. Bunun çocuklara karşı tavrımızı nasıl etkilediğini çok iyi bilirsiniz. Eğitimci hiç kimseyi akıllı veya aptal ve benzeri olarak göremez. Herkese kendi gelişme durumuna göre davranmalıdır: Ben onların her birinin ruhsal, ahlaksal, fiziksel ve de en önemlisi sosyal olarak sağlıklı olmasına nasıl yardım edebilirim?

Eğitimci çocukların her birine minnettarlık duymalıdır, çünkü onlar sayesinde kendisi de büyür. Çocuklar ona, sürekli olarak kendisi üzerinde çalışabileceği, onlarla beraber ruhsal gelişim seviyesini kusursuz yapabileceği cömert bir ortam sunarlar. Sonunda kişinin kendi üzerinde çalışması en harika iştir.

Bütünsel küresel yetiştirme yöntemi üzerine bilgisini genişletmek için, eğitimci diğer eğitimcilerle sürekli olarak görüşmelerde bulunmalıdır. Kendisi 24 saat bu öğrenme sisteminin ve kendi-analizinin içinde olmalıdır.

Onun, bunlara önem veren ve onu etkileyen ve sürekli olarak yalnızca her çocuğu insanoğluna dönüştürme gayretinde olan eğitimciler topluluğu içinde olması çok önemlidir.

Sürekli olarak ruhsal ve ahlaksal olarak gelişen birisi olmalı ve onun için ruhsal gelişim hayatının hedefi olmalıdır.

Temel olarak bu varlığımızın hedefidir; bu herkesin, tüm insan topluluğunun hedefidir. Bu Doğa'nın bize verdiği görevdir. Bu davet bizim neslimize verilmiştir ve açıkça eğitimci bunun uygulamada gerçekleşmesini sağlamak zorundadır.

Şüphesiz, kişisel nitelikleri önemlidir. Çocuklar pek çok farklı niteliğe ve dışsal izlenime sahip olan eğitimcilere ihtiyaç duyarlar. Çocuklar bu izlenimleri çok canlı ve somut bir biçimde algılamalıdırlar ve eğitimcilerin orada bir yerde duran bir çeşit makine olmadığını anlayarak onların ayırdına varmalıdırlar. Tam tersine eğitimciler seçkin bireyler olmalıdır.

Belli bir noktada çocukları yetişkin topluluklarına katmaya başlarız ve böylece çocuklar yalnızca yaşıtlarına değil ama yetişkinlere de uyum sağlarlar. O zaman eğitimciler basitçe etrafı saran dış çevre ile birleşirler.

Haftada en az bir veya iki kere çocuklarla yetişkinlerin bir araya geldiği olaylar düzenleriz. Çocuklar yetişkinlerin yanı sıra bu olaylara katıldıkları zaman yetişkinleri daha iyi anlar ve kabul ederler ve yetişkinlerin onlara yer vererek kendilerini yetişkinler arasında yetişkinler gibi ifade etmelerine olanak vererek onları desteklediklerini görürler.

Dr. Anatoly ULIANOV

Bütünsel Toplumun Psikolojisi

OYNAYARAK BÜYÜRÜZ

- Oyunun Beş Özelliği
- Hayat Bir Oyundur
- Kurallara Göre Oynamak
- Doğa ile Tam Bir Eşitliğe Erişene Kadar Oynamak
- "İyi Babil" Bir İnternet Oyunu
- Evrenin Ötesine Bir Uçuş
- İyiliğin Doğasının Açığa Çıkması

Tartışmak istediğim başka bir konu da çocuklar ve yetişkinler tarafından oynanan oyunlardır. Bir kaç on yıl önce Johan Huizinga, bir kültür tarihçisi ve filozof Homo Ludens (Oyun Oynayan İnsan) adlı bir kitap yayınladı ve bu kitap bir çeşit idol haline geldi. Bu kitabın yayınlanmasından sonra insanlar insanın gelişimindeki ve genel olarak hayatta oyunun rolü hakkında konuşmaya başladılar. "Oyun" nedir?

- Oyunların insanın gelişimindeki geniş etkisi antik zamanlardan beri bilinmektedir. Oyun oynamayı severiz. Ve gerçekte de hayatımızın büyük bir bölümünü oynayarak geçiririz. Benim felsefe ön-bilimsel çalışma sınavımda bile oyunlar üzerine bir soru vardı.

Oyunlar matematik ve Doğa dâhil her yerde vardır. Oyunların hayvanların ve hatta bitkilerin gelişiminde çok önemli bir rolü vardır. Oyun unsuru her dönüşümde, bir durumdan bir diğerine doğru her ileri harekette yer alır.

- Bununla beraber gene de oyunların yalnızca çocukluk dönemi ile ilgili olduğu görüşü vardır ve kişi büyüdüğü zaman oyun oynamak onun için uygun olmaz çünkü o daha ciddi olmak zorundadır.

- Ne yazık ki gerçekten de böyle bir görüş var. Ancak bu şüphesiz ki dünyanın donuk, sıkıcı bir algısıdır. Kişi oynamayı bıraktığı zaman gelişmesi durur.

Oyunun Beş Özelliği

- Her oyunun beş özelliği veya sabit tipik niteliği vardır. Oyunun birinci tipik niteliği, kişi özgürdür ve gönüllü olarak katılır. Huizinga, oyun özgürlüktür diye yazmıştır.

Bütünsel yöntemde, bir grup çocuktan söz ediyoruz. Gönüllü olarak hareket etmeleri için nasıl bir düzenleme yapmalıyız? Bir çocuk bir oyuna gönüllü olarak katılıp gönüllü olarak oyundan çıkabilir mi çıkamaz mı?

- Kişinin (çocuk veya yetişkin) yaptığı analizlere göre vardığı karara göre hareket edene kadar, davranışları ve yapacaklarını seçmesi durumuna işaret eder. Bir sonraki hareketinden emin olmadığı sürece, bu hareketi yapmaz.

Ve hayat içinde hareket ettiği veya oyundaki gibi "hareketini yaptığı" zaman bunu kendisinin yaptığını açıkça bilir. Bu sonuca kendi kendine varmıştır ve bu hareketi de kendi kendine yapmıştır.

- **Böylece bu ilk tipik niteliktir:** onu gönüllü olarak yapmak ve girme ve çıkma özgürlüğü.

İkincisi: Oyun her zaman "inandırmak"tır. Çocuk bunun bir oyun olduğunu bilir.

Üçüncüsü: Oyunun bir mekânı ve zamanı vardır, yani oyunun bir başlangıcı ve bir de sonu vardır ve mekânsal sınırlaması vardır.

Dördüncüsü: Oyunun her zaman kuralları vardır.

Beşincisi ve sonuncusu: Oyunun süreci önemlidir, sonucu ikinci plandadır. Huizinga, "oyun, sonucu belli olmaya başlar başlamaz oyun olmaktan çıkar," der.

- Eğer sonuç önceden belirlenirse, özgür seçimi kısıtlar.

- Siz hayvanlar âleminde ve hatta bitkilerde bile oyun vardır demiştiniz. Açıklayabilir misiniz?

- Oyun unsurunu hücresel gelişimde bile, organizmanın gelişiminde ve yaşayan organizmada gözlemleriz.

Bunun için birçok olasılık var olmadan herhangi bir büyüme veya gelişme mümkün olamaz. Her zaman, bu olasılıkların tüketilmesi ile belirli bir seçim yapılmak zorundadır ve bu seçim her zaman oyun yolu ile yapılır. Bu, olasılık kuramı, matematiksel kuramlar veya başka yolla açıklanabilir. Yani Doğa'nın oyun oynadığını görürüz.

Hayat Bir Oyundur

- Her nedense bu bana sevilen bir şans oyununu hatırlattı. Şans oyunlarına insanların ümit bağlaması nereden gelir?

- Doğru kararın ne olduğunu tam olarak bilmediğimiz zaman, önceden tahmin edilemeyen bir üst gücün kontrol ettiği bir kaderimizin olduğunu ümit ederek ve kendimizi ona teslim ederek, kendimizi kaderin elline bırakırız. Doğal olarak oyunlarda bunu ciddiye almayız.

Hayatta ise, önceden planlasak ve her şeyin bu plana uygun gitmesini istesek bile her şey bambaşka kurallara göre gelişir. Burada, sağduyu, benim edindiğim inançlar ve gerçekte hayatta olup biten arasındaki uyuşmazlıklar ortaya çıkar.

Bütünsel Toplumun Psikolojisi

Dr. Michael Laitman

Edindiğim inançları nasıl bırakabilirim ve benim dışarımda, dış bir etkenin, Doğa'nın daha yüksek gücünün altında gerçekte oluşmakta olanla nasıl birleşebilirim?

İnsanlık Doğa'nın bütünsel, küresel yönetimi altına giriyor. Daha önceleri bunu fark etmedik, nesiller boyunca bencilliğimiz gereğince kendimizi, toplumu ve sosyal düzeni değiştirerek geliştik.

Ama bugün biz - bireyciler, benciller - kendimizi tamamen farklı bir düzenlemenin içinde bulmaya başlamaktayız. Kendimizi bütünsel olarak çalışan bir mekanizmanın içine dâhil olarak bulmaktayız, tıpkı, tüm parçaları tamamen birbiri ile bağlantılı olarak çalışan ve karşılıklı olarak birbirinin yerini belirleyen ve hiç kimsenin hareketlerinde özgür olmadığı analog bir sistemde olduğu gibi. Tek bir kişi, fiziksel hareketlerini bir yana bıraksak bile, düşünceleri ve istekleri ile bile tüm dünyayı etkiler. Buna "kelebek etkisi" denir.

Nasıl yaratıldığımıza ve doğamıza göre dünyayı nasıl gördüğümüz ve de Doğa'nın gerçekte nasıl çalıştığı arasında aykırılıklar vardır. Bu iki sistem arasında bir uyuşmazlık ortaya çıkar. Ve bu da oyun oynama isteğinin ortaya çıktığı zamandır.

Oynamak, bizi kontrol eden - anlayamadığımız ve onunla birlik içinde hareket edemediğimiz - bütünsel Doğa'nın iradesine kendimizi bırakmak demektir. Bu nedenle de kişi kendisini Doğa'dan gelen bir güce, bir yönetime veriyormuş gibi gözükür. Bir anlamda, "Sonuç benim elimde değil. Kendimi sadece şansın eline bırakıyorum," diye düşünerek bir zar atar. Öyleyse ne yapmalıyız?

Eğer Doğa ile "aynı takımda olmaya" çalıştık ise kazanırız. Şüphesiz "zarı" düşüncesizce atmayız, ama

Dr. Anatoly ULIANOV

Bütünsel Toplumun Psikolojisi

bütünsel yönetimin içine girmeye çalışırız. Hatta bu bizim sağduyumuzla çelişse bile, eğer bu bütünsel yönetime yakınlaşabilirsek, bu bütünsel tutumla davranmanın değerli olduğunu, faydasının çok belirgin olduğunu bazen açıkça görebiliriz.

- Eğer normal geleneksel bir oyunu ele alırsak, hemen bunun bir rekabet olduğu klişesi ortaya çıkar ve oyunun sonunda bir taraf kazanır ve diğer taraf kaybeder.

"Kazanmaktan" söz ettiğinizde, küresel, bütünsel oyunda, bu ne anlama gelir? Bu oyunun amacı ve sonucu nedir?

- Amaç Doğa'nın içime işlenmiş olan hareketlerden tamamen kopuk olduğu için kaybetmeye mahkûm olacak biçimde hareket etmemektir ve zaten Doğa her durumda da programını gerçekleştirecektir.

- Doğa'dan biraz bile farklı doğrultuda hareket etsek, Doğa'nın programından ayrıldığımız ölçüde zarar göreceğiz. Eğer Doğa'nın bütünsel gelişme programından 10 derece veya 20 ile 30 derece saparsam, o zaman zelzeleler, tsunamiler kasırgalar, ekonomik krizler ve hatta savaşlar olacaktır.

Eğer altında bulunduğumuz bütünsel yönetim ile olan ilişkimizi öğrenmeye başlarsak, pek çok felaketi önleyebilir ve giderek de davranışlarımızı hissetmeyi ve analiz etmeyi öğrenerek onların istenen veya istenmeyen davranışlar olduğunu fark edebiliriz. Eski bir atasözü "Eğer ne yapacağını bilmiyorsan en iyisi otur ve hiçbir şey yapma," der, çünkü ne yapacağını bilmeden hareket ederek doğru yönden saparsın ama hareket etmeyerek pasif olarak hareketin içinde akarsın.

Bütünsel Toplumun Psikolojisi

Dr. Michael Laitman

Kurallara Göre Oynamak

- Bir oyun içinde kurallar çok önemlidir. Bu küresel bütünsel oyunun kurallarını açıklayabilir misiniz?

- Teknolojide "bütünsel, analog" sistem kavramı vardır, burada giriş çıkışla tüm sistem boyunca bağlantılıdır ve sistemin bütün parçaları birbiri ile tamamen bağlantılıdır, kapalı bir mekanizmadaki dişli çarklar gibidir.

Geliştikçe aramızdaki bağ giderek daha çok katılaşıyor. Geçmişte bir biçimde "deliklerden kaçabilirdik" ve küçük tekerleklerimizi birbirimize hafifçe tuttururduk. Ancak bugün herkesin birbiri ile sabit bir kavrama içinde dönmek zorunda olduğu bir duruma gidiyoruz, bu insanlığın istenen mi yoksa istenmeyen bir yöne mi gideceğini belirleyecektir.

Bu nedenle, eğer hayatımızı daha az bencilliğimiz doğrultusunda ve daha çok bütünsel bir tavırda biçimlendirirsek, birleşik bir yönetim sistemi yaratmak için gerekli olan ortak bir sonuca erişebiliriz, tüm işleyişlerimizi tek bir sistemde birleştirebileceğimiz bir dünya yönetimine. Bu yolla bu bütünsel sistemi daha iyi anlamayı başarabiliriz ve pek çok felaketi önleyebiliriz.

Bugün dünyada pek çok değişim görüyoruz, Ortadoğu ülkelerindeki devrimler ve başka değişimler gibi. Dünya yönetimi giderek böyle oluşacaktır. Hayat bizi buna doğru zorluyor. Ancak her şey daha insanca olsa ve bu yönetime yaklaşım daha düzenli bir biçimde olsa çok daha iyi olacaktır.

- Eğer insan Doğa kanunlarına göre oynasa ve hareket etse kim ona karşı olacaktır ki?

Dr. Anatoly ULIANOV

Bütünsel Toplumun Psikolojisi

- Doğa'ya göre düzelmiş bir kişi bencil birisinin tam karşıtıdır. Öncelikle daha az bencil davranmak gereklidir.

Bugün korumacılık oyunu korkunç sonuçlar vermektedir. Bu sanki dişli çarkı zıt yöne çevirmek gibidir. En başta kendinize zararlıdır. Bu nedenle de her kişinin kendi yönünde ayrımcı ve bencilce hareketini bir şekilde durdurması gereklidir. Dünya işbirliğinin gerekli olduğuna ikna edilmek zorundadır. Ve bugün bunu yapamıyoruz.

Bu işbirliği ne anlama gelir? Tüm dünyayı küresel kararlara uymaya ikna etmeliyiz. Ama işe önce yakınlaşmaktan başlayalım! Haydi, diktatörleri olan bir Güney Amerika, Doğu'nun hükümdarları, ABD veya Rusya, Avrupa ve nüfus patlaması olan bir Çin olmadığını ama tek bir küresel, bütünsel ülke olduğunu hayal edelim. Bugün bunu yapmak için gücümüz var çünkü ekonomik, politik ve özellikle de hammadde sağlanmasında birbirimize bağımlıyız. İşbirliği konumuna erişebiliriz ve o zaman da oyun unsuru devreye girer.

- Şimdi siz insan yetiştirme ile doğrudan bağlantılı bir soruya değindiniz. Benim neslim eğer bir şeyi sevmiyorsan veya bir şeyi yapamıyorsan daha fazla çalışmalısın ve böylece sonuca erişirsin inancı ile yetiştirilmiştir. Ama sizin tanımladığınız bundan farklı görünüyor. Böylece daha çok çaba mı harcamalıyım yoksa durup bir etrafıma bakmalı ve nerede olduğumu ve sonra ne yapmam gerektiğine mi bakmalıyım?

- Hareketlerimizin çoğu ters sonuçlar verir ve böylece denemeye devam ederiz ve bu da daha çok zarara yol açar. İlk önce Doğa ile uyum içinde olup olmadığımızın farkına varmalıyız. Doğa'nın planlarımızı ve faaliyetlerimizi ne

Bütünsel Toplumun Psikolojisi

Dr. Michael Laitman

ölçüde desteklediğini bu belirler. Ve sonra da bizden beklenenin ne olduğunu kendimize sormalıyız.

Doğa'nın bize işlediği içsel güdülerimizin etkisi altında gelişiriz ve tam da şimdi bunun farkına varmaktayız. İlk önce yaradılışımızdan gelen doğal gelişim planımızın ne olduğunu anlamak ve kendimizi buna göre yapılandırmak daha iyi olmaz mı?

Nasıl yer aldığımıza bağlı olarak Doğa bizi merhametle veya sertlikle geliştirebilir. Uygun biçimde yer alış ilk işimiz olmalıdır.

- Bildiğimiz pek çok oyunda oyuncuların yanı sıra bir tarafsız karakter, bir hakem vardır. Eğer bütünsel, küresel oyunlardan söz ediyorsak, orada bir hakem, bizden daha tarafsız davranan birisi vardır mıdır?

- Eğer beraberce çalışan araştırmacılar, ciddi bilim adamları, sosyal bilimciler, siyaset bilimcilerinden oluşan bir kurul olsaydı bu iyi olurdu. Çünkü bu her şeyin birbiri ile bağlı olduğu tek bir sistem oluştururdu. Kararların zor ile alınamayacağını biliyoruz. Sanırım bugün, bu artık herkes tarafından açıkça anlaşılmıştır. Tek elden karar veren, yöneten ve icra eden güç yapısı kavramı dağılıp gidiyor. Bu nedenle de, ne olup bittiğini gözlemledikten ve toplumu Doğa ile karşılaştırdıktan sonra, hataları ayırt eden ve değerlendiren ve bir sonraki hareketlerimizin daha doğru olması için kararlar ve çözümler öneren bir hakemin - ciddi bir araştırma grubunun - olması gerekiyor.

Dr. Anatoly ULIANOV

Bütünsel Toplumun Psikolojisi

Doğa ile Tam Bir Eşitliğe Erişene Kadar Oynamak

- Oyun kuramına göre oyunda en önemli olan unsur kurallardır. Bu kurallar sabit mi yoksa değişime açık mı olmalıdır?

- Sürekli değişmelidir çünkü biz de kendi içsel yapımızı ve etrafımızdaki dünyayı sürekli olarak daha derinlemesine araştırırız ve sürekli olarak küresel olarak daha derin katmanlarda bağlı olduğumuzu fark ederiz. Doğa her kademede bütünsel ve küreseldir; evrende değiştiği zaman değişimler uyandırmayan tek bir atom bile yoktur. Bu küresellik bütünseldir. Sorun hâlâ bunu hissetmememizdir ve bu nedenle de insan topluluğunu yönetemeyiz.

Doğa'nın bizim için düzenlediği en iyi durumu, yaptığımız her hareketin - fiziksel, bütünsel, isteklerimiz veya zihnimiz seviyesinde - tüm evren ile uyum içinde olmak zorunda olduğu durumu, hayal edebilir misiniz? Gerçekte neye erişmemiz gerektiği ve gelişmemizin sonunda Doğa'yı nasıl deneyimleyeceğimizi aklımız almaz. Ancak gene de Doğa bizi buna götürecektir.

Kendimizi bu küresel, bütünsel doğa ile karşılaştırmak ve sürekli olarak ona doğru ilerlemek oyun unsurunu içerir, çünkü burada bilmediğimiz pek çok şey vardır. Bir sonraki adımımızı bilmiyoruz. Bir biçimde bunu önceden ummak ve buna göre tavır almak zorundayız. Belki bu tavrı alabilir ve toplumumuzda uygulayabiliriz, belki de toplumun bu olguyu öğrettiğimiz bir bölümüne, yakın çevremize veya genel olarak tüm insan topluluğuna sunabiliriz.

Bir oyundan çok bir araştırmaya daha uygun olan pek çok oyun unsuru vardır. Ama zaten araştırma da bir çeşit oyundur. Giderek daha derin seviyelerde Doğa'yı ve

Bütünsel Toplumun Psikolojisi

Dr. Michael Laitman

kendimizi incelediğimiz için ve bütünsel Doğa giderek daha açık hale geldiği için bu oyun Doğa ile tam eşit bir duruma - bugün hayal bile edemediğimiz bir duruma - gelene kadar sürer.

Oysa bizi yönlendirmenin, Doğa'nın kuralı olduğunu ve onun içine işlenmiş olanın bu olduğunu varsayabiliriz. Doğa bize yol gösteriyor. Görünen odur ki, oyun oynayabilmesini, yani bütünsel Doğa'yı tamamen anlayacağı, fark edeceği, uyum ve hatta katılım sağlayacağı bir noktaya kadar gelişebilmesini mümkün kılmak için, bencillik insan içinde amaçlı olarak yaratılmıştır.

- Bu imkânı iptal eden ve gelişmeyi engelleyen belli davranış nitelikleri veya karakteristikleri var mıdır?

- Eğer buna karşı çıkar; bu sisteme ters düşerseniz. Ve bunu çok çabuk göreceğiz, öncelikle de insanlarının bütünsel gelişme olanağını şiddet kullanarak baskılayan rejimleri olan ülkelerde.

"Bütünsel gelişme" ne anlama geliyor? Bu aşamada, aşırı tutucu rejimler bütünselliği gerçekleştirmeye daha yakınmış gibi gözüküyorlar, çünkü toplumu birleştiriyor, insanları kendi sloganları, sembolleri veya bayrakları altında yönetiyorlar. Belli bir noktaya kadar bu yolda, daha başarılı ve bütünselliğe daha benzer gibi görünebilirler, hiç değilse bazı ülkelerde. Ancak daha sonra diğer herkese, daha çok küreselleşmiş olan çevreye karşı bir durum alırlar. Bu noktada doğal olarak parçalanmaya başlarlar. Bunların yok oluşu çok büyük bir değişikliğe, içsel yeniden yapılanmalara yol açacaktır. Sonuç olarak, her aşırı tutucu rejim ve toplum kendi insanları ve diğerleri arasında bilinçli bir temas noktasına gelecektir. Bu rejimler bencil oldukları - içte bencillikleri ile bağlı oldukları - için ve bir yandan

Doğa'ya uygun bir biçimdeki gibi yoldaşlık içinde çalışıyor gibi görüneceklerdir. Ama diğer yandan, aralarındaki bağ yalnızca diğerlerini yok etmekte başarı kazanmak için olacaktır ve bu da onları Doğa'ya karşıt yapar. Bu nedenle aralarındaki bağın onları galip kıldığı başarılarının kısa süreli olacağını göreceğiz, ama zamanla Doğa'ya karşıtlıkları kendini gösterdiğinde onların yıkılışını göreceğiz.

Her parçanın ve herkesin bir bütün olarak küresel birliğe yakınlaşması bakış açısından bu olayları incelemeliyiz.

"İyi Babil" Bir İnternet Oyunu

- Eğer bütünsel, küresel topluma gelişim süreci içinden bakarsak, oyun alanı da giderek büyür, bir oda ölçüsünden tüm dünyanın ölçüsüne kadar.

- Böyle bir oyun sistemini keşke internette oluşturabilsek ve tüm dünyaya sunabilsek! Bu oyunda, iyi ödüller ve övünçler kazanılacaktır, bizleri, küçük bencilleri çekecek şeyler. Haydi, tek bir insan toplumu yaratalım ve bu oyuna "Babil" diyelim. Ama olumsuz anlamda değil olumlu anlamda.

Bu bir işbirliği oyunu olacaktır. Her seviyede - duygusal, kişisel, ailesel, insanlar arasında ve uygarlıklar arasında - giderek ortaya çıkacak bencillik sorunlarını kapsamak zorundadır. Gıda kaynakları, hammaddeler, servet, bilgi, ün ve güç üzerine olan mücadeleleri içermelidir. Ve bu oyunu oynayan kişiler bunlara çözümler bulmak zorunda olacaklardır. Uzmanlar, psikologlar dâhil, bu oyuna mümkün olan en fazla unsuru ekleyecekler yani insanlarda gerçek duygular uyandıracak modeller kuracaklardır.

Bütünsel Toplumun Psikolojisi
Dr. Michael Laitman

Bu oyun giderek oyuncunun toplumun bütünsel bir parçasında rol almaya başladığı bir tiyatroya dönüşecektir. Her ne kadar şimdi sanal ise de, şimdiden kendisinde iradesi dışı değişimler olduğunu hissedecek ve gerçek dünyada da bu oyunun olumlu etkilerini görecektir. Kendi etrafındaki alanın nasıl da daha nazik, güvenli ve rahat hale geldiğini görecektir. Gerçekte bu oyun bir bütünsel insan yetiştirme sistemine dönüştürülebilir.

İnternette böyle bir oyun ortaya çıkacağını umuyorum. Bu nedenle "inter-net (içsel-ağ)" - dünya çapında, herkesi birbirine bağlayan evrensel bir sistem - diye adlandırılır.

- Ben bilgisayar oyunlarını sevmem, ama bu benim ilgimi çekti.

- Bu, bir insan yaratmak, onu biçimlendirmek için bir olanaktır! Ve bunu o kendi başına yapacaktır! Bu oyuna katılarak, belli bir amaca erişmek uğruna, "yol boyunca" ödüller, buna beğeni ve saygınlık kazanmak dâhil, yani onu ileri götürecek olan her şeyi kazanarak, kendini değiştirme imkânını görmeye başlayacaktır.

Eğer bir yetişkin bu oyunu oynarsa, çocuklar onun ne kadar başarılı olduğunu ve bunun onu nasıl ileri ittiğini göreceklerdir. Veya tam tersi eğer bu oyunda başarılı olan oyuncular çocuklar ise, ebeveynler bundan mutluluk duyacak ve onları onayladıklarını göstereceklerdir. Bütünselliğe doğru ilerlemek için bencilliği doğru biçimde kullanmamız gerekir.

İnternet topluluklarına bakın! Hepsi oyun toplulukları! Peki, neden biz de bu çeşit bir oyun yapmayalım ki? Ancak bu oyunu üretken ve kazanç getiren bir doğrultuya yöneltmeliyiz. Bu çeşit bir oyun istem dışı olarak hayatta nasıl oynaması gerektiğini doğru olarak görecek yeni bir

birey türü yaratacaktır. Sonuçta, yaptığımız şeylerin bizi nasıl değiştirdiğini hepimiz biliriz.

- Böylece çocukları bilgisayar başından kaldırmak gibi bir problemimiz de olmayacaktır. Buna gerek kalmayacaktır.

- Çocuk burada yer alacak ve bu onun çevresi olacaktır! Bu çevrenin etkisi altında, her birimiz kendini dışa vurabilmeyi deneyebilecektir.

Giderek küresellik ve bütünsellik bu sistem içinde ifade bulacağı için, bu sayede bunu gerektiren davranış modellerimiz üzerinde çalışabileceğiz. Bu oyunu daha sonra atmam gereken adımlar üzerinde uzman olan biri yerine koyabilirim ve bunun sonucu olarak da daha az hata yaparım.

Bir oyun yaratıyormuşum gibi görünür ama gerçekte ise burada doğru bir toplumun modelini yaratmaktayım. Eğer orada kendimi belli bir seviyeye yerleştirip bir oyun mikro devresi gibi hareket edersem, nerede başarılı ve nerede de başarısız olacağımı önceden görebilirim. Sonunda, giderek bu sistem içinde kendini gösteren bütünsel toplumun bütün kuralları, olumlu veya olumsuz olarak bana doğru tepkiyi verecektir. Tüm sistem ile dengede olan, benim en rahat durumumu hedef alan mümkün olan en iyi hareketi seçmem işte böyle olacaktır.

- Bu dengelenmiş durumun merkezi nedir? Merkeze doğru hareket ettiğimi tam olarak nasıl söyleyebilirim?

- **Bu kolay:** Orada kendimi başka her yerden daha iyi hissederim. Bir taraftan, kendimi tamamen özgür hissederken, diğer taraftan da herkesle kesin olarak bağlantıda hissederim ve bu da bana daha da büyük bir özgürlük verir. Tutarsız durumlar ve etkilerle karşılaştığımda,

> Bütünsel Toplumun Psikolojisi — Dr. Michael Laitman

onlarla beraber olarak aynı oyunun içinde olduğumuz için kendimi diğer dişli çarklarla beraber dönüyor ve onlarla aynı döngüde takılı kalmış hissetmem hayret vericidir. Karşılıklı mutluluk, karşılıklı genişleme, karşılıklı erişim, anlayış ve keyif deneyimleriz. Bana her şey verilir ve ben hiç kimseden hiçbir şeyi esirgemem. Başkaları ile uyum içinde olmaktan ve onlara vermekten keyif alırım.

Bu, top geçirmenin aramızdaki oyunu oluşturduğu ve birbirimiz ile doğru etkileşimde olduğumuz bir top oyununda olduğu gibidir. Aynı şey burada da olur, ama tam bir genişlik ve her seviyede, hayvansal ve insansal seviyede. Kendimi küresel ve bütünsel bir durumda deneyimlemeye başlarım ve bu harika bir oyundur. İletişim ırmakları benim üzerimden akar, tıpkı oyunda top geçirmek gibi. Bu kesin uyum içindeki oyunu oynamanın keyfini yaşarız.

Evrenin Ötesine Bir Uçuş

- Defalarca kişinin kendi "ben"inden çıkarak başka roller denemesinin veya hayattaki durumlara başka açılardan bakmasının ne kadar önemli olduğundan söz ettiniz. Eğer bu küresel oyun içinde farklı yaştan ve meslekten erkek ve kadınların var olduğunu hayal edersek, ben mesela bir çocuk olarak kayıt olabilir miyim yoksa daima kendim mi olmalıyım?

- Eğer bu sisteme uyum sağlayacak isem, etrafımdaki herkesi içime dâhil etmeliyim. Aksi halde onlarla uyum içinde bağlantı kuramam. Bu nedenle de herkesi deneyimlemeli ve anlamalıyım. Başlangıçtan içinde var olan ama şimdi Doğa tarafından gizlenmiş veya bozulmuş olan tüm nitelikleri ve eğilimleri ortaya çıkarmak zorundayım. Kendimi bencil bir mutanta çevirdim! Ancak içimdeki bu niteliklerini ortaya çıkarırsam, tüm Doğa'yı - onun içindeki cansız, bitkisel, hayvansal parçaları - ve bunun yanı sıra tüm insanlığı ve hatta bunun da ötesini hissetme niteliğimi keşfederim.

İçimizde her şeyi kapsadığımız zaman, tüm bilgi ırmakları, düşünceleri ve tüm istekler üzerimizden aktığı zaman, Doğa'nın takip eden bir üst seviyesini, onun planını ve tüm düşüncesini, sebep ve sonucu, amacını ve varlığımın en son kusursuz durumunu hissetmeye başlarım.

Doğa'nın hareketlerinin her parçası veya her evresinde belli bir amaca doğru gelişmekte olan sebep ve sonuç ilişkisini izleriz. Ancak en son amacı görmeyiz! Bugün bu en son amaç Doğa'nın tüm parçaları arasındaki kesin uyum olarak tanımlanır.

Kendi aramızda ve bizi çevreleyen tüm dünya ile birleşirsek, Doğa'nın planını ve alacağı en son durumu, amacını hissetmeye başlarız. Kendimizi aynı zamanda bir sonraki seviyede var olarak hissetmeye başlarız ve bu bilgi niteliğinde, genel ve tamamlanmış durumdadır.

Kişi sonsuzluğu ve ölümsüzlüğü, mükemmelliği hissetmeye başlar ve bu, evrenimizin ötesinde, Doğa'nın sonsuz düşüncesindedir ve bir damla enerji patlamasından bizim evrenimizi yaratmıştır.

Ve belki de evrenimizi dışarıdan zihnimizdeki bir düşünce olarak izlemeye erişeceğiz. Ancak bu zaten başka bir zihin olacaktır.

Bu bizde çok büyük bir görüş açısı yaratır. Ve olması gereken de budur çünkü bütünselliğe erişmek bizi evrenimizin sınırlarının dışına götürür. Bu bir sonraki seviyedeki duyumsama erişimine ve bilgiye erişip geçmektir.

- İnternetteki bu küresel oyuna girmek ve orada iletişimde olmaya başlamak, bu ortak sistemi kurmakla bu genel resmi hayal edebilir hale gelebilecek miyiz?

- Bütünsellik, akıllı insanoğlu (homo sapiens) düzeyinde evrensel olarak bağlantı kurmak sizi içinizdeki tüm Doğa'yı, daha aşağı - cansız, bitkisel ve hayvansal - parçaları da dâhil, kapsayacak bir duruma getirir. Bu yolla onun planını, bağlantılı olmanın içsel formülünü, anlamaya başlarsınız.

- Bütünsellik sizin doğanız haline geldiği zaman, Doğa'nın planını hissetmeye başlarsınız. Düzeltilmiş durumunuza eriştiğiniz zaman olgun bir meyve haline gelirsiniz ve var oluşunuzun nedenini anlarsınız. Bu bir üst seviyeye vardığınız zaman olur.

- Bunun hepsi internet vasıtası ile bir oyun ile yapılabilir mi?

- Buna insanı değiştirerek erişilir. Ve temel olarak bencillik bize bu nedenle verilmiştir. Bencillik bizi tutuyor ve yolumuza çıkıyor gibi gözükür, ama onun yardımı ile sürekli olarak onun ötesine yükselerek ve onun etkisine rağmen kendimizi değiştirerek, kendimizi bütünsel olarak geliştirir ve bu bütünselliğin içinde özümseniriz.

Benzer olarak, ilköğrenim veya yükseköğrenim öğrencisi olduğunuzda da öğrenim süreci içinde belli alıştırmaları çözemezseniz ilerleyemezsiniz. Doğa'da da böyle gelişiriz, sürekli olarak bazı problemleri çözerek.

Önümüzde çok ilginç bir hedef vardır. Bencilliğimiz sürekli olarak gelişiyor ve daha çok su yüzüne çıkıyor gibidir. Eğer bu alıştırmayı çözmeye çalışırsak, bencilliğimiz karşılıklı sevgiye, özveriye ve bütünselliğe dönüşecektir.

Sonra amaçlı olarak bu şekilde yaratılmış olduğumuzu göreceğiz. İnsanlık içinde bencillik tarih boyunca sürekli olarak gelişmiştir, tam olarak bizim bugün, kendi toplumumuz içinde kendi aklımızla bunun farkına varmamız amacı ile. Böylece, tam da onun sayesinde ve onun ötesine geçerek, onu fark ederek, onun aksi gibi gözüken doğrultuyu - aramızdaki bağlantı ve bütünselliği gerçekleştirerek, bunun hepsinin belli bir amaçla yaratıldığını göreceğiz, bu kesin olarak Doğa'nın bir üst evresidir, bencil olan bizi bir sonraki evreye itmektedir. Bu hangi evredir? Bunu oraya yükseldiğimizde anlayacağız. Bunu açıkça hissedeceğiz.

Bu bilgi, enerji, düşünce ve istekler tamamen farklı bir seviyeyle değişecektir. Bunların yardımı ile aramızdaki bütünsel bağlantıya erişerek, başka bir var oluş seviyesine yükseleceğiz. Bunun bizim bu evrenin sınırları içindeki gelişimimizin başlangıçtan en son noktasına kadar olandan daha yüksekte olacağına inanıyorum. Bu, bizim evrenimizin ötesinde bir seviyede olacaktır.

İyiliğin Doğasının Açığa Çıkması

- Bu internette olacak olan bütünsel, küresel oyundaki kuralları kim belirler?

- Biz yapacağız. Bu oyundaki temel nokta uygulamada hiçbir kuralın olmamasıdır. Biz oyuncular giderek kuralları kendimiz yaratacağız. Hep beraber, giderek kuralları kabul edeceğiz, onaylayacağız ve düzelteceğiz. Onları sürekli olarak kusursuzlaştıracak ve değiştireceğiz, çünkü bu yaşayan bir sistemdir.

Kendimizden bütünsel bir toplum kurmaktayız. Ve onun içinde, sen ve ben hangi kanun ve davranış

Bütünsel Toplumun Psikolojisi — Dr. Michael Laitman

kurallarına uyacağımıza beraberce karar vereceğiz ve böylece de mümkün olan en iyi biçimde çalışan ve birbirine en büyük desteği sağlayan dişli çarklar gibi hep beraber dönebileceğiz.

Haydi, bu sistemi geliştirmeye başlayalım. Bunların hepsinin Doğa'nın özünde zaten var olduğundan eminim. Onun planı doğrultusunda hareket etmeye başlar başlamaz, o zaten bunun bizim içimizde canlanmasını ister, ipuçları edinmeye başlayacağız. Krizler onun planına zıt gittiğimiz için oluşuyor. Bu sanki sürekli olarak kendi kendimizi tökezletiyormuşuz gibidir.

Doğa'ya göre çalışmaya başladığımız zaman, doğru düşünce ve istekler edinmeye başlayacağız. Birbirimizi daha iyi anlamaya başlayacağız ve tamamen farklı kurallar biçimlenecek. Duygu ve düşüncelerimiz bile bencil olandan bütünsel olana değişecek. İşlerimizi tamamen farklı biçimde çözeceğiz ve Doğa'nın daha içsel olan tamamen farklı katmanlarını göreceğiz. Doğa'nın bizi yönettiği yerden bakacağız.

Bugün tüm Doğa'yı bencilliğimizin merceğinden görüyoruz, yalnızca bizim için kârlı veya bize tehdit oluşturan şeye dikkat ediyoruz. Doğa'nın geri kalanını görmüyoruz.

Etrafımda pek çok şey olup bitiyor olabilir ancak beni çevreleyen gerçekliği kendi egomun gelişmesi - onun için ne iyidir ve kötüdür - ölçüsünde gözlemlerim. Her türlü bilgiyi bu perdeden geçiririm ve her şey beni bu filtreden geçerek etkiler.

Sanki diğer şeyler yokmuş gibidir! Başka hiçbir şeyi fark etmem. Yarın benim bencilliğimin daha da büyüyeceğini (gerçekte sürekli olarak büyümektedir) varsayalım. Bu

durumda, birdenbire Doğa'daki yeni unsurları ve kuralları keşfederim. Her şey benim bencilliğimin büyümesine göre belirlenir.

Ama eğer büyüyen bencilliğimiz yanı sıra, aramızda bütünsel bir sistem yaratmaya başlarsak, bu bütünsel bağlantı içinde, tamamen farklı bilgilerin Doğa'dan bizim üzerimize geçmesini sağlarız. Ve bu bilgiler bencillik yerine özverisel olacaktır.

Bu olduğu zaman, Doğa'nın ikinci gücünü anlamaya başlayacağız, bugün hissettiğimiz ve içinde yalnızca zıtların mücadelesini gördüğümüz bencil olandan farklıdır. Bu ikinci gücün ardında mücadele değil ama çok büyük bir şefkat, sevgi ve karşılıklı olma durumu göreceğiz ve hayatın devamını sağlayan da tam olarak budur. Her şeyi birliğe ve büyümeye doğru iten iyi gücün varlığı olmadan Doğa'da hayat asla ortaya çıkamazdı. Bugün yalnızca Doğa'nın kötücül gücünü gözlemliyoruz gibi görünür, ancak iyi ve şefkatli gücü de keşfedebiliriz.

Şüphesiz ki, "iyi güç" ve "kötü güç" yalnızca sözdedir. Gözlemlenen her şey gözlemciyle ilişkisine göre algılanır, yani sayısız yeni şeyler keşfedeceğiz. Bu iki sistemin - Doğa'nın bencil ve özverisel algısının – yan yana oluşunda, gerçekte nasıl bir dünyada yaşamakta olduğumuzu anlayacağız. Böylece de doğmadan önceki ve öldükten sonraki durumumuzu anlayabileceğiz.

Burada pek çok varsayım vardır, ancak genel olarak bugün bizim için ortaya çıkan, araştırma yapılması mümkün olan alandır.

- Bu iyi gücün gizli olarak var olduğunu ve bizim görevimizin de onunla doğru etkileşim kurarak, onu ortaya çıkarmak olduğunu mu söylüyorsunuz? Ben biraz

> **Bütünsel Toplumun Psikolojisi**

Dr. Michael Laitman

şüpheciyimdir de. İnternet onlarca yıldır mevcuttu zaten. Avrupa ve Amerika'da tüm bir nesil onunla büyüdü ve şimdi 40'lı yaşlardalar. Bir psikolog olarak, bu insanlarla karşılamalarım oldu ve onların doğal fiziksel temel iletişim yeteneklerini kaybettiklerini biliyorum. Bu nedenle de, buna şüphe ile yaklaşıyorum ve kişinin bu bizim sanal oyun sistemine gömülen birisinin bu yetenekleri kaybetmesinden korkuyorum?

— Gelişim bize bağlı değildir. En iyi durumda, eğer gözleyebilirsek ve olanları doğru olarak değerlendirebilirsek bile, çünkü bu tamamen bizim doğamızın gelişmesine bağlıdır, bizler yalnızca gözlemcileriz.

Gelişmemiz içerden bizi bunu yapmaya ittiği için interneti yarattık. Bunu 100 veya 1000 yıl önce yaratmadık, çünkü o zaman içsel bencil bilincimiz ve isteğimiz henüz bizi bunu yapmaya itmemişti.

Vakti geldi ve böylece gerekli teknik şartlar yaratıldı. Bu çeşit iletişim için olan ihtiyaç yükseldi ve bu nedenle internet ortaya çıktı. Bunu geri döndürmekte veya akışa karşı çıkmakta bir yarar yoktur. Tam tersine, ileriye bakmalıyım. Sonunda, bu sistem yolu ile insanlık kendisini daha çok bağlantıda hissediyor, fiziksel anlamda değil. Hem de zaten bedenlerimiz arasındaki bağlantı bize ne verir ki?

Bugün bu bağlantıyı, dar bencilliğimizi ve kâr etmek için insanları kullanmak dışında, tüm genişliği ile kullanmıyoruz.

Eğer interneti iyi bir sanal topluluk olarak kullanmaya başlamış olsak, o zaman bizi bu sanal bağlantıdan bütünsel, ruhsal olana yükseltecek mi? Böylece, insanlar hevesleri ve uygun iletişim yolu ile tamamen farklı bir arada olma algısı

edineceklerdir. Bu, internet olmadan mümkün değildir ve bu nedenle de ben internete olumlu bir gözle bakıyorum.

Genel olarak insanlıkta veya onun ilerlemesinde olumsuz hiçbir şey görmüyorum. Şüphesiz bu ilerleme daha üretken ve daha merhametli olabilirdi, ama bu, insanlığın bu ilerleme içindeki tavrına bağlıdır, buna direnç göstermememize, bunu anlamamız ve yapabildiğimizin en iyisi ile buna katılmamıza bağlıdır.

Benim görüşüme göre, fiziksel bağlantıdan bencil sanal bağlantıya geçmemizi takiben bencil sanal bağlantıdan özverisel, bütünsel olana geçiş izleyecektir ve bu da bizi tamamen başka bir duruma getirecektir. Giderek gerçekten de cansız, bitkisel ve hayvansal dünya algısını kaybedecek ve hayvansal yapıdaki bedenimizi rahat ettirmek yerine, her şeyin enerji, bilgi ve düşüncelerimiz ve isteklerimiz ile belirlendiği bir duruma geçeceğiz.

Bu, insanlığın gelişimindeki bir sonraki aşamadır. Bundan başka bir olasılık yoktur! Doğa'nın bizi ittiği yer burasıdır. Geçtiğimiz aşamalar, insanlığın, hepimizin birbirine bağlı olduğu yere, düşünce, istek ve bilgi seviyesine tırmanmak zorunda olduğunu açıkça gösterir. Açıkçası, bir topluluğu insan topluluğu olarak belirleyen şey budur. İnsan topluluğu bizim bedenlerimiz değildir ama kesinlikle içsel doyumdur.

- Bir kaç gün önce tüm hayatını sanal alanda geçiren genç bir adamla tanıştım. Bunun sonucunda işini kaybetmiş ve evinden atılmış. Sorum şu: Eğer sanal alan bu kadar çekici ve Doğa kuralları ile uyumlu ise, o zaman sanal alan ile fiziksel alan arasındaki korelasyon nerede? Hâlâ evimden atılmamak için, zamanımı ve dikkatimi para kazanmaya ayırmalı mıyım?

> **Bütünsel Toplumun Psikolojisi** — Dr. Michael Laitman

-Bu önemli bir problem: Günlük hayatta, bütünsel toplum içinde kendimizi nasıl gerçekleştirmeliyiz? Ben, benim ailem, benim işim, toplum, dünya - internetteki birliğimiz dünyamızı ve hayatlarımızı etkiler ve buna göre, ailemiz, akrabalarımız ve bize yakın olan diğer insanlarla ilişkilerimizi, hükümet, ülke ve dünya ile ilişkilerimizi giderek nasıl dönüştürebiliriz? Buna göre sosyal ve ekonomik ilişkilerimiz nasıl değişir? Bu önemli bir konu ve büyük ölçüde ilgiyi gerektirir.

Bugün insanlık Doğa'nın meydan okumasını hissetmeye başladı, bilinmeyen ve tehdit edici bir şey önümüzde yükselmekte. Bu, Doğa'nın hızla gerçekleştirme çağrısıdır ve tek sorun da, bu gerçekleşme sürecinde yer alırken bu akıntı ile beraber yüzmek veya ona karşı kürek çekmek ve böylece de beklenmedik afetler ve krizlerle acı çekmektir.

- Eğer rastgele kendimi bu sanal bütünsel oyuna verirsem ne olur?

- Evet, ama buna akıllıca, anlayarak katılmak ve bağımsız olarak hamleler yapmak zorundasınız. Bu da sizin canlılıkla katılımınızı gerektirir. "Atlarım ve akıntı beni nereye götürürse götürür," diyemezsiniz. Akıntı kimseyi bir yere götürmez, çünkü Doğa bizim bilinçli katılımımızı ister, herkesle beraber tüm dünyayı hissetme sürecine katılma seviyesine yükselmek için. Tüm dünya ile bağlantı kurmayı tıklayın! Bu da tam olarak Doğa'nın bizden istediği şeydir.

Son zamanlarda, bizi zorlu bir yolda yürütüyor, eğer başkaları ile uyum sağlama bağlantısını tıklamazsak neler olacağını göstermek için, eğer bunu yapmazsak o bize vuracak. Günümüz krizlerinin sebebi, bizi işbirliğine gelmeye zorlamak içindir.

Dr. Anatoly ULIANOV

Bütünsel Toplumun Psikolojisi

DÜNYANIN ÇOK YÖNLÜ ALGISI

- Geziler - Dünyayı Tanımak ve Geleceği Seçmek
- Kendisini Araştıran Çocuk
- Yüksek Eğitimin Avantajları
- Uyuşturucu Kullanımı Problemini Çözmek
- Tamamen Oyunlara Gömülmek
- Rekabet mi Savaş mı?
- Dünya Futbol Şampiyonası
- Bizler Gelişmiş Hayvanlarız
- Sonsuz İyilik

Bazı ebeveynler çocuklarının belli tür oyunlar oynamasını yasaklarlar. Zararlı oyun var mıdır ve eğer varsa hangisidir?

- Oyun gelecekteki bir durumun taklit edilmesidir. Yetişkinleri taklit ederek veya bundan bağımsız olan sahne ve durumlar bularak, çocuk kendisini bu gelecekteki durumlarda hayal eder. Bunları gerçekten de yapıyormuş gibidir.

Şüphesiz kendi içinde bu dürtülerin neden var olduğunu ve bunları nasıl kontrol edeceğini bilmez. Bunlar Doğa tarafından içimize işlenmiştir, böylece gelişir ve çok farklı durumları oynayarak davranışlarımızla canlandırarak gelecekteki duruma hazırlanırız. Oyunun doğru veya yanlış, faydalı veya zararlı oluşu tamamen sonuçta nasıl bir çocuk istediğimize bağlıdır.

Çocuğun oynadığı oyunları, hangi çocuklarla beraber oynadığını, orada ne gördüğünü, ne anlayıp öğrendiğini

Bütünsel Toplumun Psikolojisi

Dr. Michael Laitman

büyük bir dikkatle izlemeliyiz. Bu oyunlar erkek kız karışık bir grupta mı yoksa erkek ve kızlar ayrı olarak mı oynanıyor? Çocuklar aynı yaşta mı? Çocuklar farklı sosyal çevrelerden mi? Her şey göz önüne alınmalıdır.

Eğer bütünsel bir topluma erişmek istiyorsak ve Doğa tarafından önümüze konan bu amacı gerçekleştirmek ve aramızda doğru bağlantı kurmak istiyorsak, çocuğun tüm oyunlarının onu buna götürüp götürmediğini kontrol etmeliyiz.

Yalnızca bu yüce amaca nasıl erişeceğini öğreten oyunlar yararlı sayılır.

- Ebeveynler tarafından en çok yasaklanan oyunlar "macera" oyunlarıdır. Bu oyunlar gruplar içinde oynanır ve oyuncu veya oyuncular, bir sonraki seviyeye çıkabilmek için çeşitli engelleri geçmek zorundadırlar. Ebeveynler bunun zararlı bir oyun olduğunu düşünüyorlar ve bunu yasaklıyorlar. Gerçekten de zararlı mıdır? Eğer öyleyse nesi zararlıdır?

- Çocukların bu tür oyunları çok çekici bulduğunu gördüm. Hayatta da devamlı olarak sürünürler, sıçrarlar, bir şeyin üstesinden gelirler, bir şeyin üstüne tırmanırlar. Bu, onların fiziksel gelişimleri için iyidir. Eğer sanal oyunda da aynı şeyleri görmek ve kendilerini orada da denemek isterlerse, bu yararlıdır diye düşünüyorum.

Tüm problem çocuğun tam olarak neyin üstesinden geldiğindedir. Birine vuruyor ve onu yok ediyor mudur veya kendi yaşıtları ile beraber bu süreç içinde bütünselliği öğrenerek zorlukların üstesinden mi geliyordur?

Bu tür etkileşimlerin ve zorlukların üstesinden gelme ihtiyacını tamamen uzaklaştırmamalıyız. Tam tersine, kafalarının karışmasına ve bir çıkış yolu aramalarına

118

olanak vermeliyiz, çünkü insan için bu doğal bir şeydir. Tüm hayatımız, devamlı olarak mümkün olan en iyi çıkış yollarını arama ve engellerin üstesinden gelme sürecidir.

Çocuğu pasif bir gözlemciye döndürmemeliyiz. Olup bitenle etkileşimde olmak çok yararlıdır ve bu çeşit oyunlar gereklidir. Tüm sorun bu oyunun anlamındadır, içeriğindedir, çocuğu nereye yönelttiğindedir ve çocuğun bunun sonunda ne kazandığındadır.

Geziler - Dünyayı Tanımak ve Geleceği Seçmek

Çocuklar, gerçek hayatın içinde yer alan iş ve üretim yerleri ve diğer başka kuruluşları ziyaret ettikleri gezilere giderler. Çocuk bunlardan aldığı izlenimleri bir oyun olarak mı edinmeli yoksa çocukluktan itibaren bu gerçekliğe ciddi olarak katılmalı mıdır?

- Şüphesiz, gerçek hayatı görmelidir. Bu keşif gezileri dünyanın çok yönlü algılanmasına olanak verir. Çocuk yetişkinlerin nelerle meşgul olduğunu görür ve gelecekte, yaratıcı, zihinsel, ahlaksal fiziksel ve sosyal süreçlerde kendisinin de nasıl yer alacağını hayal eder.

Çocuk kendisine: "Bu bana uygun mu yoksa değil mi? Bu mesleği sever miyim yoksa sevemez miyim? Burada önemli olan nedir? Topluma ve bana ne gibi yarar sağlar? Konuştuğumuz şeylere zıt düşer mi?" diye sorular soracağı durumlara konmalıdır. Ve bu soruların hepsini tartışmalıyız.

Bu bakımdan yalnızca çocuğun tepkilerini değil ama bir bütün olarak onun olgunlaşma aşamalarını ve bu süreç içinde kendisini nasıl gördüğünü de izlemeliyiz.

Dr. Michael Laitman

Gerçek üretimi ve onun insanlık için olan önemini ne kadar araştırdığını ve önemsediğini ve buna göre de "Bu işi seçiyorum çünkü insanlığın bu hizmete ihtiyacı var" veya "Bunu seçiyorum çünkü bu benim ilgimi çekiyor" diye karar verir.

Keşif gezileri her yönü ile tartışılmalıdır. Bunlar yalnızca herhangi bir gezi değil ama dünyaya erişmektir ve çocuğun kendisini gelecekte görmesidir ve "Büyüdüğüm zaman ben kim olacağım?" diye sormasıdır, diye belirtmek isterim. Çocuklar kendilerini gördükleri her rolde hayal ederler. Bu çok önemlidir çünkü ziyaret ettikleri her yer, çocuğun gelişimi için çok büyük önemi olan, geniş ölçüde yeni hisler ve duyumlar sağlar.

Bazıları bakmaya bile tahammül edemezken, ceplerinde fare veya kurbağa taşıyan çocuklar vardır. Bazıları teknolojiye veya müziğe eğilimlidirler, bazıları da sabahtan akşama kadar fiziksel olarak hareket etmek isterler ve bazıları ise yalnızca otururken düşünebilirler. Sonuçta insanların birbirinden ne kadar farklı olduğunu anlamalıyız.

Her çocuk kendisini biçimlendirmek ve hayatta kendi yerini bulabilmek için her şeyi denemelidir. Keşif gezileri sürekli olarak, büyük ölçüde her türlü insan etkinliğini tanımalarını sağlar.

Kendisini Araştıran Çocuk

- Bir oyunun en önemli özelliğinden biri de rekabettir.

"Nasıl Hiçbir Zaman Sahip Olmadığınız Ebeveyn Gibi Olabilirsiniz: Aşırı Korku, Öfke ve Suçluluk Duygusunun Tedavisi" adlı bir kitap var. Bu kitabın başlangıcında, bizim

Bütünsel Toplumun Psikolojisi

Dr. Anatoly ULIANOV

hepimizin kazananlar olduğumuzu çünkü 500 milyon sperm hücresinin rekabetinde kazanan olduğumuzu söylüyor...

- Evet, ben kazandım. Böylece de bu rekabet unsuru bize Doğa tarafından verilmiştir, bunu doğru olarak nasıl kullanabiliriz?

- Gelin, şanstan veya bunun Doğa'ya nasıl programlandığından söz etmeyelim. Bu belirli rekabette en güçlü olan, belli özellikleri olan kazanır.

Çok yönlü bir sosyal hayata veya çevreye katılan bir kişi bir yönü ile başkalarından daha iyi ve başka bir yönü ile de daha kötü olabilir. Ama eğer kişi üstünlükleri ve yeteneklerini uygulayabileceği en iyi yolu bulursa böylece bu kişinin kusur ve eksiklikleri diğerlerinin başarıları ile "kapatılır". Mutlu bir kişi kendisine en iyi biçimde tatmin sağlamayı bulan kişidir ve bu da ancak kendi içinde bulabileceği bir şeydir. Eğer kişi hızlı, uyanık, kararlı ise, eğer zorlukların üstesinden gelebilirse ve başkalarını kendi tarafına çekebilirse, bu kazandığı zaferler hem kendisine hem de etrafındakilere fayda sağlayacaktır.

Özellikle belirtmek isterim ki, ancak eğer kişi yeteneklerini çevresine ve topluma en fazla yarar sağlamak amacı ile kullanıyorsa, bu erdemli bir zafer olacaktır. İnsanlık sisteminin genelinde ifade bulacak ve orada takdir görecektir ve kişinin hesabına kaydedilecektir.

Ama kişi kendisini yanlış yolda gerçekleştirirse, harika yetenekleri bile olsa tam tersi sonuçlar alacaktır. Her çocuğun yeteneklerini ortaya çıkartmalı ve geliştirmesini desteklemeliyiz. Ben yükseköğrenime başladığım zamanlar bilim ve teknik alanında derece almak moda idi ve bu bölümler herkesi cezbetmeye çalışırdı. Öğrencilerin ne

kadar sarsıldığını ve sonra ne kadar hayal kırıklığına uğradığını iyi hatırlıyorum.

Sınıf arkadaşlarımın bir kaçının başarısız olmamalarına rağmen bölümü bıraktıklarını anlıyor ve saygı ile anıyorum. Teknik öğrenimin bekledikleri ve hayal ettikleri gibi olamadığını gördüler. Uyarılara göre çalışıp sonra da parametreleri hesaplamak mı? Bunun kesinlikle istedikleri meslek olmadığına ikna oldular. Tereddüt etmeden terk ettiler ve haklı idiler de çünkü daha sonra gerçek ilgilerini başka alanlarda buldular.

Bizim yetiştirme sistemimizde, çocuğun eğilimlerini erkenden fark etmeye ve böylece de onun hata yapmamasına çalışırız. İnsan etkinlik alanlarının hepsini görmeli ve tanımalı ve bizim yetiştirme sürecimiz içinde kendisini bulmalıdır. Uygun mesleği bulmak çok önemlidir ve bu hayatımızda uzun bir zaman alır. Kişinin kendisine uygun bir meslek bulması büyük bir keyiftir.

- Öyleyse özel yeteneklerin kendine ifade bulmasında bir tehlike yoktur ve çocukları eşit yapmaya çalışmamayız, değil mi?

- Hayır. Tam tersine, yeteneklerini genç yaşlarda ortaya çıkarmalıyız. Biz çocukları 13 veya 14 yaşında üniversite programına başlamak üzere hazırlıyoruz.

Bundan önce kendileri için doğru olanın açıkça farkına varmalıdırlar. Bizim görevimiz, çıkacak fırsatlara veya gelecekteki kazancının büyüklüğüne göre bir kuruluşta yükselmek yerine, eğilimlerine uygun olanı seçmeye onları yönlendirmektir.

- Ancak toplumun iyiliğine olan katkıları her zaman değerlendirilecektir, değil mi?

— Şüphesiz. Aksi durumda kişinin içsel parametreleri seçilen mesleğe uygun düşmeyecektir, kişi hiç kimseye fayda sağlamayacaktır ve ne kendisini ne de başka birilerini mutlu edemeyecektir. Doğru çözüm hem bireyin kendisi için hem de toplum için iyi olandır.

Geriye dönüp kendi zamanıma baktığım zaman, o zaman devlet öyle talep ettiği için herkesin nasıl teknik bölümlere girdiğini hatırlarım. Diğer bölümlere girenler aşağı görüldü. Herkes bilim ve mühendislik bölümlerine girdiği için pedagoji ve diğer insan bilimleri bölümleri boş kalmıştı.

Bunun sonucu olarak da bu neslin gerçek değeri hiçbir zaman ortaya çıkamadı sanırım. Bu, geriye içtenlikten yoksun bir çevre bırakarak, hızla tükendi.

— Evet, hatta "teknik aydınlar sınıfı" diye de bir deyim bile vardı, bunlar, teknik konularla değil ama değişik biçimlerde özgür sanatla ilgilendiler.

— Ben Rusya'da Felsefe Enstitüsünde tezimi yazdığım zaman orada pek çok eski "teknikçi" ile tanıştım. Teknik eğitim almış olan kişiler bu alanı terk ettiler ve başka meslekler öğrendiler, gençken yanlış yere çekilmiş oldukları için daha sonra mesleklerini değiştirdiler.

Yüksek Eğitimin Avantajları

— Bize defalarca çocuğun genç yaşta yükseköğrenim almasının öneminden söz ettiniz. Bu neden bu kadar önemlidir ve genç çocuk neden bu işe bu kadar çok zaman harcamalıdır?

— Bunun gerekli olduğunu düşünüyorum. Ama bugünkü okul çocuğa zarar vermektedir.

Bütünsel Toplumun Psikolojisi

Dr. Michael Laitman

Yükseköğrenim kişiyi kitaplarla çalışarak, kütüphaneleri ziyaret ederek, laboratuvar çalışmalarına katılarak ve sınavlara girerek eğitmektedir. Bu, kişiyi hareket halinde tutar. Bu süreçlere katılmak ve farklı konuları nasıl çalışacağını, çalışma metinlerini seçmek ve onları nasıl çalışacağını ve bunlardan nasıl rapor hazırlayacağını ve laboratuvar çalışmasını nasıl sürdüreceğini anlamak zorundadır. Bunlar ona hayatta kendi kendine yeterli olma becerisini verir.

Okulda, çocuklar yalnızca sınıfa gelir orada otururlar, her şey onlar için hazırlanmıştır, kafalarını sallar, notlarını alır ve eve giderler. Bugünün okulu bağımsızlığı tamamen yok eder. Çocuk okulu bitirdiği zaman, etkin başarma ve kendi kendine öğrenme kapasitesine sahip değildir. Ama yükseköğrenim, kısmen bile olsa bunu ona sağlar.

Okulları ve yüksekokulları biraz değiştirerek hayatının sonuna karar bağımsız olabilecek insanlara sahip olabiliriz. Bugün, okul veya yüksekokul bitiren kişi hayatını bağımsız olarak sürdürmek için gerekli bilgilere sahip olacak becerileri edinmez. Yalnızca şeyleri yerine getiren kişi olarak kalır.

- Okullarda ve üniversitelerde, "inek" kavramı vardır. Bu kişi tüm ödevlerini yapar ve her şeyi kitabına göre titizlikle yerine getirir. "İnek öğrencinin" tam zıddı durumda ise uyanık genç kadın ve erkekler köşeleri kıvırır, alışılmadık bir yol bulur ve böylece daha kısa yoldan amaca ulaşırlar. Size göre bu iki yoldan hangisi çocuk yetiştirmede daha iyidir ve tercih edilmelidir?

- Bunlar tamamen farklı tip kişilerdir. Biz herkese genç yaştan itibaren farklı bölümlerde laboratuvarlarda kendi araştırmalarını yapma imkânı vermeliyiz.

Dr. Anatoly ULIANOV

Bütünsel Toplumun Psikolojisi

Ben büyürken, bizim eve yakın bir gençlik merkezi vardı. Orada fotoğrafçılık, fizik, botanik ve zooloji gibi çeşitli laboratuvarlar vardı. O zamanlar, tüm bunlar yeni buluşlardı. Bunların yanı sıra pek çok spor kulüpleri de vardı.

Benim görüşüme göre, öğrenim sürecinin bir parçası olarak bilimsel çalışmaya da zaman ayrılmalıdır böylece öğrenciler kendileri deneyler yapabilirler.

Yükseköğrenimden sonra kişinin belleğinde tam olarak kalanlar kendisinin yaptığı ve belli sonuçlara ve hesaplamalara vardığı laboratuvar projeleridir. Geri kalan her şey gerçek hayattan kopuk sahte formüllerin sönük bir izlenimini bırakır.

"İnekler" ve bu "gökyüzünden yıldızları söküp alanların" hayata farklı yaklaşımları vardır. Her ikisine de gelişmeleri için imkân verilmesi gerekir.

Her öğrenciye bağımsız olarak çalışma olanağı vermenin dışında ben başka bir yol görmüyorum. Ama ona mutlaka şunları sormalıyız: Çalışma programının yanı sıra ne yapıyorsun? Bir şeye katılıyor musun? Bilimsel başarıların nelerdir? Bilimsel kişiliklerinin derecesi önemli değildir. Önemli olan bu sürecin kişiyi kütüphaneden gerekli kaynaklara bakmaya bilimsel yayınları izlemeye ve kendisinin bir şey yaratmaya zorlamasıdır.

- Bu atölye ve laboratuvarlarda kimler öğretmen ve eğitmen olarak çalışmalıdır?

- Yükseköğrenim görevlileri.

Yükseköğrenimde bilimsel etkinlikler katılmak çok iyidir. Öğrencinin yükünü azaltmak, onları teorik konuların yükünden kurtarmak ve onlara bilimsel araştırma yapma olanağı vermenin önemli olduğunu düşünüyorum.

- Hangi yaştan sonra çocuklara böyle "bilimsel" kulüpler düzenlemek anlamlı olur?

- Ben mühendisliğe ilgi duymaya ve bunun öğrenimini almak istemeye 9 veya 10 yaşında başladım. Yaşadığımız küçük kasabada bu gençlik merkezi ve onun hobi kulüpleri dışında hiçbir şey ilgimi çekmezdi.

Kişi çocukluk dönemi içinde belli şeylere ilgi duymaya başlar. Bize düşen onu mümkün olabilen her biçimde desteklemektir.

İşte şimdi temelde eğitimden söz ediyoruz. Ancak eğitim öğrenimle bir arada olmalıdır. Nasıl? Öğrenim, kişinin öğreniminin dünyaya yararlı olması kapsamında eğitimle bir arada çalışır. Ama yararlılık konusu bakımından, eğitim yalnızca başkaları tarafından talep edilen olmamalı ama aynı zamanda çocuğa başarı getirmeli ve bunun yanı sıra çocuk da gelişebilmelidir. Başkaları için yararlı olan etkinliği Doğa tarafından onaylanacak ve desteklenecektir.

Kişi hobi ve ilgi alanının ne ölçüde yararlı olduğunu bilmelidir, genel akışla uyumlu ve toplumun genel gelişimi yönünde midir? Eğer değilse çalışması tamamen uygulanamaz ve sürdürülemez olacaktır.

Uyuşturucu Kullanımı Problemini Çözmek

- Uyuşturucu konusuna değinmek istiyorum. Bu da bir çeşit oyundur. Çünkü uyuşturucu ile kişi yeni bir duruma ve değişikliklere girer. Peki, o zaman uyuşturucunun nesi bu kadar kötüdür?

- Olan şudur, kişi gerçeklikten kopar, bundan başka kötü bir şey yoktur. Kişi hayattan ve toplumdan kopar. Kimseye kötü bir şey yapmaz, sakince yollarda cam gibi

bakan gözlerle, kimseyi görmeden yürür. Toplumsal olarak zararlı bir unsur olarak kabul edilemez ancak Doğa'ya karşı geldiği için zararlıdır ve biz bunu kabul edemeyiz.

Genel olarak uyuşturucular çok ucuzdur. "Fazlalık" olan 3 veya 4 milyar insanı sürekli olarak bununla beslemek mümkündür ve böylece sakin kalırlar. Böylece onların problem çıkarmasını engelleriz. Kitlelere uyuşturucu dağıtabiliriz ve böylece de suç oranı düşer. Onları ayrılmış bölgelere yerleştiririz orada sakin olarak otururlar, kafayı bulurlar ve top oynarlar.

Ancak gerçekte bizim doğamız hayata böyle yaklaşmaya karşıdır. Bu durum topluma zararsız ve hatta bir anlamada yararlı bile olsa insanlık bunu kabul edemez. Doğa var oluşumuzun amacını o kadar güçlü bir biçimde içimize işlemiştir ki, bir kişinin gönüllü olarak ayık ve yetişkin hayatından kendini koparmasını hiçbir şey yapmadan gözlemek elimizden gelmez.

İşte bu nedenle bunu kabul edemeyiz. Hayatımızın geri kalanında nirvanada olma imkânını kabul edip sonra da huzur içinde ölmeyi istemeyiz. Yüzeyde bundan daha iyi hiçbir şey olamaz gibi görünür. Sonunda hayat hayal kırıklıkları, arayışlar, zorluklar ve bunalımlar ile doludur. Ama gene de bunu kabul edemeyiz.

Bu kötülüğü, kişinin yaptığı şeyle tatmin olması ve dolu bir hayat yaşamasını sağlayarak yenebiliriz. Böylece kendisini hayattan koparmaya ihtiyacı kalmaz. Ama eğer tüm hayatı acı çekmek ve boşluktan ibaretse, uyuşturucu kullandığı için onu suçlayamayız.

Rusya'nın Sağlık Bakanı'nın yaptığı bir konuşmayı okudum, bu yazıda gelecek on yıl içinde ülke nüfusunun yarısının depresyonda olacağını ve bu oranın bugün %25 olduğunu söylüyordu. Ve bu sağlık bakanlığının beyanı, halk için yapılmış rakamlar! Sayılmamış olan kaç kişi daha var? Bu kitle için ne yapılabilir?

Bu durum tüm dünyada aynı. Daha yüksek oranda olan ülkeler bile var. Boşanma, kitleler ölçeğinde şiddet, terör, bunların hepsi de ortak olan çok büyük içsel boşluk ortak probleminin parçaları. Bu bir şeyle dolmalı. Yoksa ....

Uyuşturucu ile savaşmamalıyız ama onun yerine insanların bunu istemelerine sebep olan şeyle savaşmalıyız. Bu, içimizdeki boşluktur, bu da ancak Doğa'nın bizim için hazırladığı şeyle doldurulabilir.

Boşluk duygusu neden ortaya çıkar? Ve ne ile doldurulabilir? Günümüzde, herkesle bütünsel birlik seviyesine yükselmek zorundayız ve kendimizi bununla doldurmalıyız. Böylece ortak Doğa'yı hissetme durumuna geleceğiz, bu sonsuzluk ve kusursuzluktur ve bu duruma dâhil olacağız, kendimizi bununla özdeşleştireceğiz. Bu sonsuzlukla akacağız.

Kendimizi bu dünyanın ötesinde, kısmen sosyal unsurlarda başarılı bir hayvan olmak yerine insan olmak seviyesindeki bir düzeyde hissederken, gene de başkaları ile bütünselliğimizi gerçekleştireceğimiz yer olan, bu dünyada yaşıyor olacağız.

Kişiyi küresel, bütünsel toplumun parçası yaparak onu uyuşturuculardan koparıp alacağız, artık buna ihtiyacı kalmayacak. Edinim durumuna erişecek, mükemmelliği araştıracak ve kimyasal maddelerin etkisinden binlerce kere daha güçlü olan uyum ve huzur edinecektir.

Dr. Anatoly ULIANOV

Bütünsel Toplumun Psikolojisi

Tamamen Oyunlara Gömülmek

- Yüz milyonlarca insanı esir eden başka bir oyun türü daha var: kumar oynamak, kumarhane oyunları ve kart oyunları gibi. Bunların yaygınlığı giderek artmaktadır. Neden? Ve bu oyunların tehlikesi nedir? Sizin bütünsel küresel yetiştirme okulunuzda macera oyunlarına yer verilir mi? Eğer verilmez ise neden?

- Rekabet iyi bir şeydir. Kiminle veya ne ile rekabet ettiğin önemli değildir - rulet çemberi ile mi, slot makinesi ile mi veya başka bir kişi ile mi. Her durumda da bir yarışmaya girersiniz. Bu sizin belli bir koşul, durum veya olayın üstesinden gelme, yükselme isteğinizdir. Kendinizi yükseltmek ve onaylamak istersiniz.

Oynayan insanları izlemek son derece ilgi çekicidir. Las Vegas'da tüm bir haftayı oyunlarla çıldıran eşimi izleyerek geçirmiştim. Evde o normal bir büyükannedir. Ama kendisini bu "silahlı soyguncuların" arasında bulunca, aklını yitirdi.

İki üniversite derecesi olan, dünyanın öteki ucunda, Las Vegas'dan çok uzaklarda yaşayan yetişkin bir kadın kendini bu yerde bulunca içindeki belirsiz bir şey onu tutuşturdu ve garip bir güç onu bu riskli oyuna çekti.

Bir akşam beraberce $50 harcayabileceğimize karar verdik bir defada bir oyun 10 veya 20 kuruşa mal oluyordu. O oynadı ve ben bir köşeden, onun içindeki insanın yok olmasını, bir "silahlı soyguncuya" dönüşmesini seyrettim. Bir makine başka bir makine ile oynuyor ve rekabet ediyor ve bundan daha fazla bir şey yok.

Eşimi örnek olarak verdim çünkü kendisi normal, aklı başında, belli bir kusuru olmayan ayakları yerde ve dengeli birisidir. Kısacası içimizde yer alan şeyler çok şaşırtıcıdır.

Bütünsel Toplumun Psikolojisi

Dr. Michael Laitman

Kişinin kısmetinin ve kendisinin, bu makinenin ötesine yükselmeye yani kendisini onaylamaya ihtiyacı vardır.

Eğer kişiye iyi ve toplum için faydalı bir rekabet fırsatı verirsek, kişini bu ihtiyacı karşılanabilecektir. Bu mevcuttur ve bastırılamaz. Bu nedenle de kişiye kendisini ifade etmek, katılımda bulunmak, kazanmak ve kendisini onaylamak imkânı vermek gereklidir. Bu bütünsel toplumda mümkündür çünkü orada her birimiz ayrı bir bireyizdir.

Ve aynı zamanda da her birimiz tıpkı dişli bir çark gibi çok küçük ve önemsizizdir. Ama bazen bu yavaşlamaya veya yön değiştirmeye başlar, bu başkalarından ayrı durmasına neden olur. Herkesle uyum içinde dönerek kendisini en büyük ölçüde ifade eder ve aynı zamanda da doyum ve mutluluk bulur.

Bütünsel yetiştirme kişiye hayat denen oyunda kendisini bulma imkânı verecektir. Sürekli olarak ilerlediğimizi hissedeceğiz ve tıpkı çocuklar gibi dışa vurur ve bir üst durumu gerçekleştiririz ve onun hemen ardından daha yüksek bir durum kendini gösterir. Bu büyüleyici macera, sonu gelmeyen yükseliş herkes tarafından hissedilecektir.

İnsanlar, yoğun bir heyecan arayışı içinde, uyuşturucu arıyorlar, kumar oynuyorlar bir köprüden boşluğa atlıyorlar. Kişi bütün bunları diğerleri ile bütünsel etkileşim içinde bulacaktır çünkü bu kişinin kendini gerçekleştirmesi için hayret verici fırsatları barındırır. Böylece bugünün aşırılıkları gerçekten de kişiyi doyuran şeyler olmaktan çıkacaktır.

- Eğer sizi doğru anladıysam, riske girme durumunun niteliklerini sürekli değişim durumu yolu ile mi gerçekleştirebileceğiz?

Dr. Anatoly ULIANOV

Bütünsel Toplumun Psikolojisi

- Doğa'nın bizi yapılandırdığı biçim içinde kendimizi tümüyle ve uyum içinde gerçekleştirmenin tek yolu bütünselleşmektir. Böylece "stres atmak" için sarhoş olmaya, dövüşmeye veya stadyum taşkınlıklarına gerek duymayacağız çünkü karşılanmayan hiçbir ihtiyacımız kalmayacak. Etkinliğimizin gerçek alanını bütünsel bağlantı içinde görmek zorundayız. Bu alan için yaratıldık, burası en içteki gizli ve karanlık güdülerimizi keşfedeceğimiz ve düzelteceğimiz olay yeridir.

Rekabet mi Savaş mı?

Eğer kişi dünyayı tam bir bütün olarak algılarsa, olumlu veya olumsuz fark etmeksizin tüm dürtü ve arzularının diğer kişilerle doğru bağlantı içinde gerçekleşeceğini görecektir. Böylece artık onu engelleyen bastırılmış duygular barındırmayacaktır.

Futbolu örnek alalım. Eğer bu oyun doğru olarak oynanırsa eğer takımlara dostluk yayılmış olsa, oyun sevgi dolu olacaktır. Gerçekte oyun sürecinin kendisinden keyif alan dostların yarışması olacaktır.

Bu oyunda, bir kişinin diğer birisine üstünlüğü şu sorunun cevabında yatar: İçsel deneyiminiz nedir? Oyun oynamamızın amacı nedir? Başkaları ile kendimizi nasıl harmanladık? Olumlu ve olumsuz niteliklerimiz nasıl ifade buldu?

Burada en hayret verici durumları yaşayabilirsiniz: bencilliğinizle beraber ve aynı zamanda da ona karşı bir oyun oynarsınız, arkadaşlarınızla ve aynı zamanda da rakiplerinizle bağlantı kurarsınız, göze çarpmak isteklerinizi baskı altında tutar veya tam tersine takımın iyiliği için

kendinizi ifade eder ve öne atılırsınız. Bugün bunların hiçbiri futbolda yoktur; futbol bugün kazanç sağlayan bir iş haline gelmiştir.

Bu dışta sert olan oyun, "entelektüel" futbol oyuncuları için, kişinin kendisinde ve başkalarında ahlaki, içsel, ruhsal arayışları için çok büyük fırsatlar barındırır.

Her yarışmanın - avlanmak gibi başkalarına zarar vermek için olanlar dışında - kişinin başkalarına karşı kendi davranış biçiminin farkındalığını edinebilmesi ve onu rahatça ve açıkça ifade edebilmesi için iyi bir alandır diye düşünüyorum. Oyunun unsurları kişinin büyük ölçüde gelişmesini ve kendi-farkındalığı edinmesini sağlar.

- Oyunun kurallarını değiştirmeli miyiz ya da oyundan sonra tartışmalı ve oyunda neler olduğunu analiz etmeli miyiz? Oyunun video kaydını izlemeli ve oyun sırasında oluşan durumların üzerinden geçmeli miyiz?

- Oyunu "tekrar başlatmak" için tüm oyuncuların doğru yerlerine dönmeleri amacı ile oyun her 10 dakikada bir durdurulmalıdır diye düşünüyorum. Şunları gözden geçirmelidirler: Bu 10 dakikada ne elde ettik? Herkes nasıl bir içsel çalışma yapmayı başardı? Başkalarını ne kadar göz önüne aldı? Geçirilen pası nasıl aldı? Topu nasıl çaldı? Başkaları ile bağlantı kurmaya nasıl katıldı? Rakibine nasıl davrandı?

10 dakikalık içsel çalışma çoktur. Top, saha ve oyun yalnızca kendi içsel analizini yapmak için olan bahanelerdir.

Bugün içsel farkındalığımızın doğru bir değerlendirmesinin nasıl yapılacağını hayal bile edemeyiz, bu, gerçekten galip gelenlerin çalışmasıdır. Ama oraya erişeceğimizi ve bunun için sarf edilen enerji ve niyeti

Dr. Anatoly ULIANOV — Bütünsel Toplumun Psikolojisi

dikkate almayı öğreneceğimizi düşünüyorum. Bu bize tüm takım oyuncularını bir bütün olarak ve her oyuncuyu da özel olarak değerlendirme olanağı verecektir.

- Oyunda doğru zihinsel yaklaşım nedir?

- Doğru zihinsel yaklaşım kişinin birlik ve bütünselliği amaçlamasıdır. Doğa'da, birbirine zıt gibi görünen iki güç vardır - olumlu olan ve olumsuz olan. Oyun içindeki rekabet takım içinde bizim kişisel bencil vektörlerimizi nasıl birleştireceğimize bağlıdır.

Bir takım içinde birleştiğimizde, rakiplerle ne oynarız? Başka bir deyişle: Zafer nedir? Bunu ayırt etmek çok önemlidir. Alınan puanları hedeflemek zafer değildir. Bizim dünyamız seviyesinde bu fiziksel bir başarıdır. Ama bunun ötesinde, içsel olarak bir birleşme oyunu oynadık, kendimizi baskılama ve daha yüksek bir seviyede, kendimizin ötesinde birleşmek oyunu oynadık.

Bu içsel oyundan elde ettiğimiz sonuçlar nedir, kendi bencil ve özverisel niteliklerimizin paslaşması mı? Her birimiz kendimize hangi puanları verdik? Bu oyun sırasında kendi-analizimizde ne kadar ilerledik?

Bu oyunlar bize içsel gelişme seviyelerinden hızla geçmekte yardımcı olmak için çok büyük bir potansiyel sağlar. Bu, geleceğin bir sorusudur, ancak ben bu geleceğin çok uzak olduğunu düşünmüyorum.

İnsan etkinliklerinin her biçimi, özellikle de bizim dünyamız seviyesinde rekabet unsuru içeren etkinlikler, bize bunlara zıt olan ve bunların ötesinde olan davranışlar geliştirmek ve analiz etmek için çok büyük bir imkân sağlar.

Dünya Futbol Şampiyonası

- Çocukken biz "intihar dama oyunu" ve başka "anti-oyunlar" oynardık. Örneğin futbolda amaç kazanmak değil oyunu vermek ve kaybetmekti. Şimdi siz bu tür anti-oyunlardan mı söz ediyorsunuz?

- Hayır! Bizim dünyamız seviyesinde tam olarak kurallara uyarak oynamalıyız. Ve her birimiz bize verilen imkânları, başkasına vermeksizin, kendisi yerine getirerek oynar.

Ancak bu mekanik rekabetin ötesinde, nasıl niyetimizi yükseltiriz, birlik kurarız ve başkalarına karşı doğru tavır içinde oluruz? Birbirimizle nasıl rekabet ederiz? Bu, yalnızca fiziksel rekabet içinde değil ama niyet içinde yapılır.

Oyun aynı kalır, ama daha doğru ve kurallara uygun duruma gelir. Özellikle fazla sert saldırılar olmaksızın daha "centilmence" bir tavırla oynanır, hepsi bu kadar, daha fazla değil.

Bunun ötesinde her takımla ve takımlar arasında ilişki kurarız; iki takımda 22 kişiden oluşan sistem yeşil saha içinde seyircilere kesinlikle daha uyumlu görünür, bu birbirine karşı olan ama gene de uyumlu ve bilinçli olarak birbiri ile bağlantıda olan elemanları içeren bir sistemdir.

Her insan etkinliği bu anlamda gerçekleşmelidir. Bu dünya aynı maddesel dünya olarak kalır, pek çok niteliklere sahip olarak ve bizim birleştirmemiz gereken iki zıt güç tarafından kontrol edilerek. İnsanoğlu Doğa'nın bu zıt güçlerini tek bir amaçta, uyuma ulaşmak için birleştirecek olan varlıktır.

- Dünya futbol ligi var diyelim ve finallere gelmiş olsun. Bu olayı iki milyar insan seyretmektedir. Oyunculuğu en

Dr. Anatoly ULIANOV

Bütünsel Toplumun Psikolojisi

iyi olan iki takım vardır. Oyun çok güzel ilerlemektedir, en üstün biçimde. Yani bu durumda hangisinin kazanacağının önemli olmadığını mı söylüyorsunuz? Öyleyse o zaman bundan ne çıkacak?

- Tüm oyuncular ve seyirciler en derin birliğe erişirler. "Futbol" denen sürecin amacı budur.

- Günümüz futbol ligi şampiyonluğunda bu gerçekleşmiyor mu peki?

- Siz neden söz ediyorsunuz! Günümüz şampiyonasında tek bir oyuncuya 10 milyon dolar, diğerine 5 milyon dolar ve bir başkasına 2 milyon dolar ödeniyor ve oyuncuların hepsi yalnızca bunun için oynuyorlar. Hangi takımda oynadıkları bile umurlarında değil. Kendilerine en çok ödeyen yere gideceklerdir.

Bana bir milyar dolar ver tüm dünyayı silkip atacak bir takım kurayım. Bu yalnızca para meselesidir başka bir şey değil. Ama eğer takımlar arasındaki eşitsizlik çok belirgin bir duruma gelirse de insanlar bu oyuna olan ilgilerini kaybedecekler ve seyretmek isteyecekleri bir şey kalmayacaktır. Futbol bir ticarettir ve sahada seyirciyi cezp edebilmek için, rakipler arasında aşağı yukarı eşit güçte takım oluşturma konusunda bir fikir birliği vardır.

Bu, düpedüz bir yalan, bir gösteridir. Oyunların kendisi bile önceden belirlenir, nasıl devam edeceği daha oyun başlamadan bellidir. İki milyar kişiyi heyecanlandırır çünkü birileri onlar üzerinde amaçlı olarak çalışır, onları tahrik eder, hazırlar.

Ve de en önemlisi sonuçta ne olur? Kitle halinde taraftar kavgaları.

- Evet genellikle.

- İşte alın bakın bu da dostluğun ve sporun kutlanması.

Bizler Gelişmiş Hayvanlarız

- Sonrasında birlik duygusu olması için bir futbol maçı nasıl yapılmalıdır?

- Dostluk bugünün sporlarında ciddi biçimde eksiktir. Pek çok insan dostluktan söz eder ancak rekabette bencillik ifade bulur. Ben bencil olarak en iyi sonucu almaya çalışırım ama kurallara uyarak.

Keşke, başkaları ile bağlantı kurmak amacı ile rekabet eden bir kişinin içsel, ahlaksal ve ruhsal gerilimini görebiliyor olsaydık. Örnek olarak ben bu duruma cirit atarak erişebilirim. Bu dünyada diğer insanlarla bağlantı kurmayı sağlayan tam da rekabettir.

Rekabet kişinin kesinlikle bu dünyada diğer insanlarla bağlantı kurmasını sağlar ve bu da onun karşılıklı birlikteliğin olduğu bir yere yükselmesine imkân verir.

- Sonuç karşılıklı mıdır?

- Her yönden karşılıklıdır! Bu, insan ilişkileri sisteminin tümünü etkiler. İçimizde bireyciler, birbirinden nefret eden benciller olarak kalırız ve bu duygu içimizde giderek daha güçlü olarak bize kendini gösterir, ancak bunun ötesinde ortak üst düzeydeki sevginin ayırdına varmaya başlarız.

Bu iki seviye tüm gücü ile ifade bulduğu zaman, bunlar bize sonsuz ve mükemmel Doğa'nın bütün derinliğinin duyumsamasını, bizi onunla eşit kılarak verecektir.

Bu büyük başarıların insanı nasıl değiştireceğini hayal edebilir misiniz? Bir tarafta diğerlerine karşı nefret, iğrenme, ayrılık ve sporda her ne olursa olsun kazanma özlemi. Diğer yanda ise sevgi ve dostluğa tam bir bağımlılık, sanki çok sevdiğiniz çocuğunuzla rekabet ediyorsunuz.

Dr. Anatoly ULIANOV

Bütünsel Toplumun Psikolojisi

Severek onun için oyunu kaybedebilirsiniz. Ama burada bunu yapmazsınız. Buradaki her iki seviyede de numara yapmadan hareket edersiniz; bunu gerçekten yapmak zorundasınız. Bir psikolog olarak bu tür farkındalıkların ne demek olduğunu hayal edebilir misiniz?

- Hayır, hayal etmem çok zor.

- Psikolojik olarak çok karmaşık bir kavram! Kişi kendisinden çıkmalı, kişinin yapması gereken budur. Böylece bir sonraki seviyeye, tamamen farklı bir sisteme, farklı bir boyuta girer.

Doğa'da üç seviye vardır: cansız, bitkisel ve hayvansal. Bizler gelişmiş hayvanlarız. Ancak bu seviyede birleşir ve kendimiz ötesine yükselirsek, daha önceden bilmediğimiz, "insan" seviyesine gireriz. Bu, ortak uyum seviyesidir.

- Bu hareketin muazzam bir gücü olduğu açıktır. Ancak ben bu birleşmenin nasıl olacağını anlamadım. Bunu nasıl yapabiliriz?

- Kademeli olarak eğitim ile. Başka bir yolu yok. Bu, Doğa'nın bizim önümüze koyduğu meydan okumadır. Bu, bugün her şeyi içeren krizlere girmemizin nedenidir. Doğa bize kendimizi bugünün seviyesinde sürdürürken nasıl kendimizin ötesine yükseleceğimizi öğretmek zorundadır.

Şu anda yeryüzünde yapılmış olan her şey kalacaktır. Hiçbir şeyi yıkmak zorunda değiliz. Şüphesiz zararlı üretimi kaldırmalıyız. Ancak bizim görevimiz, kendimizi eğiterek, kendimiz farkındalığı edinerek ve doğru yetiştirme yöntemi ile kendimizi bu dünyanın, fiziksel hareketin ötesine yükseltmektir.

- Sevginin bir tanımı da karşındaki insanın aldığı keyiften keyif almak ...

- Benim ona duyduğum nefrete rağmen! Bu nefret yok edilmez. Aksi durumda sevgideki gerilim ortadan kalkar ve sevgiyi daha yoğun olarak hissetmek için kavga etmeniz gerekecektir.

- Bu 22 oyunculuk takımdaki oyunculardan biri olarak, 10 dakikalık oyun sonrası olan arada, diğer takımdaki arkadaşımın ne kadar keyif aldığını düşünmek zorunda mıyım?

- Yalnızca bunu değil, rakiplerle fiziksel hareketler ve goller seviyesinde birleşmeye istek duymanın yanı sıra içsel seviyede de bu hareket ve golleri birleştirmeye özlem duymalıdır.

- Düşüncede mi?

- Evet, düşüncede. Bu tamamen içsel yaratıcı bir harekettir, kişi bununla kendisini yaratır ve fiziksel dünyanın ötesine yükselir.

Sonsuz İyilik

- Eğitimciler olarak bizim görevimiz kişinin bencillik gücünü kullanarak giderek bunun ötesindeki bir etkileşim sistemi kurmak mıdır?

- Bu potansiyel tam olarak böyle gerçekleşir. Diğer bir biçimde gerçekleştirilemez, çünkü başkaları tarafından bastırılmamalıdır. Biz her zaman, sanki hapisteyiz ve ellerimiz bağlanmış gibi sınırlanmış durumdayız.

Birbirimizle birleştiğimiz ölçüde, bencilliğimizin ötesine yükseliriz, onu bırakacağımızı, zincirlerimizden kurtulacağımızı görürüz. Böylece her şeyin derhal nasıl mükemmelliğe erişeceğini nasıl gerçekten de

özgür olacağımızı ve kendimizi sınırlamak zorunda olmayacağımızı görürüz.

Bencillikten saklanacak hiçbir yer yoktur. Ve saklanmak zorunda da değiliz! O büyür ve bu çok iyidir! Başkaları ile olan bağınızı yalnızca bunun ötesinde kurabilirsiniz ve böylece de bu bencillik iyi bir nedenle var olmuş olur.

- Bu gerçekten de, kavramsal seviyede çok heyecan verici. Ama uygulamada çocuğun başka insanlara doğru bu adımı atabilmesi için neye ihtiyaç vardır?

- Geri kalan diğer çocuklarla, eğitimcinin gözetimi altında günlük teması olmak zorundadır.

- Orada neler olmalıdır? Başka bir kişiyi görmeli midir?

- Çocuk gerçekliği algılamaya doğmadan önce bile başlar. Ancak biz, burada belli fiziksel sınırlar ve sınırlamaların tanıtılabileceği bir gruba kabul edilebilecek yaşta olan çocuklardan söz ediyoruz.

İki yaşındaki bir çocuğun, topluluğa olan ihtiyacı, oynamak veya bakmak için gibi, daha tam olarak gelişmemiştir. Bundan da önce başkalarının pek farkına bile varmaz.

Bu yaştan itibaren, çocukları bu sisteme kabul ederiz, bu onların başkalarını doğru olarak algılamasını geliştirir, bir "komşu" algısı ve ona karşı doğru bir tavır geliştirir. Eğer çocuk bu biçimde doğru olarak yetiştirilirse, şüphesiz bir kaç yıl içinde toplumun bütünsel bir parçası haline gelir.

Bencillik onda su yüzüne çıkar ve aynı zamanda da düzenlenir. Bu onu düzeltme çabası değildir, ama doğru özverisel amaçla tamamlanmasıdır. Çocuk, ebeveynlerinden, okuldan ve eğitimcilerden herhangi bir sınırlama duymadan uyumlu olarak gelişir.

Doğru eğitim alarak, kolayca ve özgürce bencilliği her koşula göre düzene sokar ve Doğa'nın ona yalnızca iyilik getirdiğini keşfeder, tüm "olumsuz" nitelikler onu uyarmak için orada vardır, "Buna izin yok! Buna dokunma! Bunu yapma! Bu senin değil!"

Kişi bencilliğinin üzerinde doğru bir amaç kurarsa, hiçbir şeyin yasak olmadığını görür, Doğa ona yaptığı her şeyde sonsuz bir iyiliğe sahiptir ve bize yol gösterir.

- Doğru amaç nedir?

- Bütünsellik, doğru bağlantı. Başka birinin isteğini kendi isteğime eklediğim zaman ve o da aynı şeyi yaptığında, böylece o zaman birbirimize karşı doğru davranıyoruz demektir.

Biz her ikimiz de benciliz ama bencilliğimizin ötesinde çift taraflı bir ara-yüz inşa eder ve böylece de ben onun bencilliğini kendiminki o da benim bencilliğimi onunki olarak algılar. Ve böylece her ikimiz de ortak bencilliğimiz üzerine çalışıyor oluruz. Bu da iki tekerlek gibi aynı anda, birbirimize direnç göstermeden döneriz demektir.

Farz edelim ki onun 50 kg bencilliği ve benim de 100 kg bencilliğim var. Onun bencilliği bana karşı ve benim bencilliğim de ona karşıdır. Ancak eğer bu bencilliklerin ötesinde aramızda karşılıklı bir davranış yapılandırırsak ve birimizi diğerine dâhil edersek, böylece, birbirine bağlantılanmış olan bencillik seviyesinin ötesine yükselerek bu sistemi algılamaya başlarız; bütünsellik, sevgi ve bağlantı hissederiz. Bu ortak edinimimiz birbirine bağlamnak için kullandığımız ortak bencilliğe karşılık gelir.

Niyetimiz içsel çalışmadaki gayret birimi olarak ölçülebilir. Şüphesiz bugün bunu yapmak zordur. Henüz kişinin ahlaki ve manevi çabasını ölçemiyoruz. Ama prensipte bu ölçülebilir.

Kişinin var oluşunda yeni bir katman, yeni bir boyut yapılandırıyoruz. Haydi, buna "ruhsal" adı verelim. Bu, insanlığın geleceğidir, dünyevi seviyedeki her şey orada yaratacağımız üstyapının temeli olacaktır.

Bencillik en üst seviyesine kadar büyüdüğü ve onu tam olarak gerçekleştirdiğimiz zaman, düşüncelerimiz ve duygularımız ile bu üst yapının yerini değiştireceğiz ve var oluşumuzu bu dünyevi seviyede hissetmeye son vereceğiz. Bu tamamen algımızdan kaybolacak. Benim "ben"im yalnızca ruhsal üstyapıda var olacak ve kendimi yalnızca bu katmanla özdeşleştireceğim.

BİLGİNİN BÜTÜNSEL ALGISI

- Kişi ve Çevresi
- Ortak Olanın Üstün Niteliği
- Kalabalığın Parçası Olmak Yerine Birlik Algısında Olmak
- Bireysel Algılar Kusurludur
- Dünya Zıtların Yanyanalığıdır
- Her Şey İçimizdedir, Dışarıda Hiçbir Şey Yoktur
- Dünya Bizim Kusurlarımızın Aynasıdır
- Ben ve Diğerleri "Biz" Haline Gelir
- Doğru Toplumda Cezalandırma Gerekli Değildir
- Kitlelerin Depresyonuna Şifa Olmak
- Kutsalın Modeli
- Anekdot (Fıkra) Bütünselliğin Paradoksik (Mantık Kurallarına Uymadan Yapılan) Bir Açıklamasıdır

- Gerçekliğin algısından söz ederken, ben gerçekten sizin ne dediğinizi anlamadım ve birçok soru cevapsız kaldı.

- Psikolojinin bakış açısından gerçekliğin algısı konusunda bildiklerinizin bana bir özetini verin, ben de size benim mesleğimin bakış açısından bildiklerimi anlatacağım.

- Bu psikolojinin bir bölümüdür ve son yüzyıl boyunca bunun üzerine çok önemli keşifler yapıldı, özellikle İkinci Dünya Savaşı ve sonrasında. Garip görünebilir ama bu, büyük keşiflerin, Kurt Lewin teorisi gibi, yapıldığı zamandı. Lewin teorisi psikolojik güç alanı üzerinedir. Lewin Freud'dan daha

az dahi değildir ama pek çokları onun teorisini unuttu ve her zamanki gibi yaşamaya devam etti.

Yaptığı keşif, kişinin algısının onun ihtiyaçları tarafından belirlendiğidir ve bu, kişinin içinde izole edilmiş değildir, bu algı bir sistemdir ve hem kişiyi hem de çevresini içerir. Buna göre de, çevrenin baskısı bu gereksinimi tamamen biçimlendirir ve bu da kişinin dış dünya algısını değiştirir.

Çocuklar bir grup içinde doğru biçimde birleştikleri zaman, çocuğun kendi kendine asla ortaya çıkaramayacağı tamamen yeni bir bilgiyi kavramasına olanak veren bir şey ortaya çıkar demiştik.

- Bilginin bütünsel algısı olasılığından mı söz ediyorsunuz?

- Evet.

Kişi ve Çevresi

- Gerçekte, birey ve bütünsel algı mevcuttur. Bireysel algı da bütünseldir, ama bilinçsizce. Bilinçsizce algılanmış olan bütünsel algı da vardır ve bu, kişinin uyum sağlamasını ve algısının sınırlarını genişletmesini sağlar. Algılayan bir nesne olarak, ben daha önceden seçtiğim, beni saran bir çevrenin etkisine ayak uydurabilir ve kendimi ona göre biçimlendirebilirim. Bu çevre ile yüz yüze gelirim onunla temas kurarım ve böylece onunla bütünsel bir bağlantı kurarım.

Bu hayatta da böyledir. Eğer bilgisayar programcısı olmak istiyorsam, iyi program elemanları olan bir programlama işine girmek zorundayımdır. Onları ustalıklarını överek dinlemeli, önem vermeli ve başarılı işlerine hayranlık duymalıyımdır. Bu yolla bu mesleğe içimde bir istek ve özlem uyanacaktır. Böylece algımın sınırları genişler, daha önceden hiç hissetmediğim şeylere karşı belli bir algı ve duyarlılık edinirim.

Her şey çevreye bağlıdır, eğer bir bebeği ormana bırakırsam, bu bebek bir hayvan olarak büyür. Onu içine yerleştirdiğiniz çevreye göre kim olacağı belirlenir. Bu da bize bir insanın biçimlendirilebileceği ve düzenlenebileceğini gösterir.

O farklı bir hale gelmeyecektir. Bir süre önce bizim çevrenin bir ürünü olduğumuzu anladık. Ancak çevrenin etkisi ile kendimizi nasıl değiştirebileceğimiz şüphesiz ki çok ilginç bir sorudur. İleriye bakarız, bunu araştırırız ve bunu aydınlatmak için çocuk grupları kurarız.

Çocukları ortak olan niteliklerine göre, özel yeteneklerine göre veya doğal eğilimlerine göre gruplandırma olanaklarını araştırıyoruz. Veya tam tersine tamamen farklı bireylerden oluşan gruplar kurabiliriz, bunlar birbirleri ile farklı renklerde bir ortaklık yaratacaklardır. Bu çok ilginç bir araştırma olabilir.

Ortak Olanın Üstün Niteliği

- Doğru birleşme kurulduğu ve çocuklar birleşik bir alan yarattığı zaman, yeni bilgi kendiliğinden mi ortaya çıkacaktır? Bilgi bu alanda zaten mevcut mudur ya da daha hazırlıklı olan kişiler örneğin eğitimcilerin yardımı ile mi ortaya çıkacaktır?

- Ortak olanın özel bir niteliği vardır: Farklı kişiler "bir bütün" içinde birleştiği zaman, kendi zıtlarının birliğini ortaya çıkarırlar.

Bireyler arasında birlik olduğu için, bu durum kendi içinde tamamen farklı bir gerçekliği barındırır. Bu yeni

nitelik onların arasında veya ötesinde biçimlenir ve topluluğun her üyesi bunun yaratılışına katılır. Eğer kişi gayret göstermez ve kendini bu birliğe vermezse, onun içinde yer almayacaktır.

Bu birliğin içinde uyum gösteren herkes bunu parçalara ayrılmamış bir bütün olarak tümüyle edinir. Her bir kişinin bu ortak alana, ortak arzuya ve özleme katkısı ve bütünleşmesi sayesinde herkes birlik algısını ve yeni bir kavrayış seviyesini edinmeye başlar.

Bütünsellik yolu ile kavrayış, kişisel ve bencil kavrayışın tam tersidir. Bunu edinen bir kişi dünyayı biraz farklı bir biçimde hisseder ve kavrar.

Başkalarına dâhil olduğu için, sanki bu başkalarından oluşmuş gibidir. Onları kendi içinde hisseder ve ortak birliği yaşantılar. Aynı zamanda bu dünyayı da kendi içinde hisseder ve bu dünyanın algısı tamamen kişinin niteliklerine, eğilimlerine, durumuna, huyuna ve dünyaya ve kendisine karşı tavrına bağlıdır. Bu, onun birdenbire dünyanın kendi dışında değil ama kendi içinde olduğunu anlamaya başlaması demektir.

Bu tamamen doğal olarak, birleştiği grup arkadaşlarının zıt niteliklerini kendi içinde birleştirmesi sonucunda olur. Hep beraber, tek bir ortak arzu biçimlendirirler, bu da herkesin yeni bütünsel dünyayı hissedeceği ortama dönüşür, aynı zamanda herkes kendisi de bütünsel bir kap ve algılama organı haline gelir.

Kişi de dünyanın dışarıda var olmadığını anlar. Ancak dünyanın tamamen kendisine bağımlı olduğunu gördüğü zaman, onda psikolojik bir değişim oluşur.

Dünya zaten bundan önce de ona bağlıydı. Ancak, o yalnızca kendi bireyciliğinin içine gömülmüş olduğu için dünyayı sadece kendi dışında olarak algılayabilir. Ama bu, dünyanın yanlış bir resimlemesidir.

Ama şimdi bireysellikten çıkıp dünyanın bütünsel algısına gelerek her şeyin önceden de zaten böyle olduğunu anlar ve bu algı yalnızca böyle edinilir. Dünyayı kendi içimizde kendi niteliklerimizin içinde algılarız. Toplumun veya çevrenin etkisi altında bu nitelikleri değiştirme yeteneği kazanırız ve bir şekilde de değişiklik yaparız. Kişi, dünyayı kendisinin gibi gözüken nitelikler yolu ile değil ama şimdi kendisine ait olarak algıladığı tüm dışsal nitelikler yolu ile de görür.

Eğer daha önce yaşadıklarının izlenim ve algısı ile yüklü olan yetişkinin tam tersi olan bir çocuğu alır ve onu tamamen tecrit edersek çocuk dünyayı kendi içinde hissedecektir. Her şey kişinin hayatı boyunca hangi izlenimleri aldığına bağlıdır.

Kalabalığın Parçası Olmak Yerine Birlik Algısında Olmak

- Bir grupta kaç kişi olmalıdır? Psikologlar 8-12 kişilik bir grubun en iyi olduğunu ve bunun bir toplum modelini canlandırdığını fark etmişlerdir.

- Bizim yaptığımız da tam olarak şudur: 10 çocuktan olan bir grup ve iki de eğitimci vardır.

- Bu 10 çocukluk grup ve 2 eğitimci içinde yeni bir nitelik, yeni bir algı ortaya çıkar. Eğer bin veya 10 bin kişiyi bir araya getirsek bu daha da canlı olmaz mı?

- Kişi sayısı daha az önemli. En önemli olan birbirleri ile birleşip birleşemeyecekleridir ve bu da kişinin toplumla birleşme hatırına bencilliğinin ötesine yükselme yeteneğine, hassasiyetine, topluluk duygusunun ne kadar gelişmiş olduğuna bağlıdır.

Dr. Anatoly ULIANOV

Bütünsel Toplumun Psikolojisi

Kalabalığın etkisi altındaki birleşme bir sonuç vermez. Bu bütünsel bir etkileşim değildir. Ortak bir slogan altında birleşmiş, heyecan verici bir amaç için kendini yırtan bir kalabalık bütünsel bir toplum değildir.

İnsanların bütünsel toplumda birleşmeleri için, bunu karşılıklı özveri, birleşme, birlik niteliklerini bulmak için yapıyor olmaları gerekir. Bu durumda her biri kendi bencilliğinin ötesine yükselir ve "kaba" doğal dürtülerine rağmen birbiri ile birleşir. Kişi onun başkaları ile birleşmesine asla izin vermeyecek olan kişisel istekleri doğrultusunda hareket etmez.

Bu birlik onların yeni elde ettikleri algılama organlarıdır ve içeride değil ama dışarıda çalışır. Bu şekilde içeriden dışarıya doğru, özveriye doğru yönlendirilir. Herkes diğerleri ile bağlanmak için kendi egosunu aştığı zaman, bencilik ötesine yükselerek elde edilebilir. Bu nedenle de bu duygu özel değil ama ortak bir duygudur.

Ortaktır çünkü o hep beraber yarattığımız bir olgudur ve her birimiz onu kendi dışsal ve özverisel algısı içinde algılarız. O hepimiz için tektir, yani hepimizin içinde tek ve aynıdır.

Bu da bize, hep beraber oluşturduğumuz ve içinde hep beraber var olduğumuz, ortak bir yürek ve ortak bir zihinden söz etme olanağı verir. Bu durumda her şeyi, içimizde dolaşan düşünce ve duygular ile tamamen aynı olarak algılarız.

Dünyayı kendi dışımızda hissetme seviyesine yükseliriz. Gerçekte dünya bizim içimizdedir, ama önceki bencil durumundan çıkmaya başlarız ve onu hep birlikte hissederiz. Yani, her yeni seviyeye geliştiğimizde, buna hep birlikte erişeceğiz.

147

Bütünsel Toplumun Psikolojisi

Dr. Michael Laitman

Her yeni seviyeyi, her birimize bireysel olarak bağımlı olmayan bir var oluş olarak algılarız. Bunun anlamı, bedenlerimize ve şimdiki "ben"imize bağımlı olmadığıdır. Bu bütünsellik içinde var olan "ben"e yakınlık gösterirsem, böylece bu dünyasal hayatımdan kendimi ayırırım.

Bu hayat giderek artarak bana daha bulanık ve daha az gerçek görünür. Bedenim ve bu dünyanın ve hayatın tüm önceki izlenimleri ve duyumlarının bencil algı içinde algılandığını anlamaya başlarım. Ama şimdi yeni bir duruma sıçradığım için dünyayı başka türlü görürüm.

Dünyanın bütünsel algısı bana yeni ve çok daha canlı izlenimler verir. Geçmiş giderek daha uzak ve daha az önemli, sıkıcı, düz ve çocukça görünür. Onun o kadar az etkisindeyimdir ki, en ufak biçimde pişmanlık duymadan ondan ayrılmaya hazırımdır.

Kişi yeni bütünsel durumunda o kadar gelişir ki geçmiş kaybolur.

"Nasıl kaybolabilir? Sonuçta, bedenlerimiz işte buradadır!" diye düşünebiliriz. Bu bedenlerimizin yalnızca bizim sürekli olarak değişen algımız içinde var olduğunu anlamayız. Böylece, bu dünya algısını bir sonraki seviyedeki dünya algısına dönüştürürüz. Ama bu, ancak ortak arzu ve düşüncemizde vardır, bedenlerimizde değil. Yalnızca düşünce ve arzular yapar.

Bireysel Algılar Kusurludur

- Bu yüce amaca erişmek için birleşmiş olan bir grup insanın var olduğunu farz edelim. Bu grupta yeni bir insan belirdiği zaman ne olur? Onu bu sisteme dâhil etmek zorunda mıyız? Bu nasıl olur?

Dr. Anatoly ULIANOV

Bütünsel Toplumun Psikolojisi

- Gruba uyum sağladığı ölçüde, bu kişi kendisini bu yeni bütünsel algı içinde, dünyasal olandan daha yüce olan bir dünyada bulacaktır.

Dünyayı kendi bireysel algısı içinde hisseder. Ancak eğer bütünsel algıyı kuran grupla paylaşma özlemi yoksa ruhsal dünyada var olamaz.

- Bu da giderek maddesel dünyanın önemini kaybetmesi ve sadece bir arka plana dönüşmesi anlamına gelir.

- Bu, kişinin algısında var olmayı sürdürür, çünkü bir toplum içinde, bütünsel algının tersi olan bireysel algılar içinde var oluruz. Bu kadar büyük sayıda benciller bulunduğu sürece biz onların dünya görüşü ile kuşatılırız. Yanlış bencil bireysel algılamalarını bize yansıtırlar çünkü hepimiz tek bir bütünüz ve bütünsel olarak bağlıyız.

Karşılıklı evrensel bağımlılık dünyamızda şimdi ortaya çıkmaktadır, ancak gerçekte biz hep böyleydik. Umarım bu açığa çıkış yakın bir gelecekte olacaktır, bizim neslimizde değilse bile bir sonraki nesilde veya ondan sonrakinde. Bu bütünselliğin kendini ifade etme hızına bakarak değerlendirilirse, bunun çok yakın zamanda açığa çıkacağı söylenebilir.

Tüm dünya istenen durumun, evrenin küçük parçalar halinde var olduğumuz çarpıtılmış algısı yerine gerçekliğin doğru algısına erişmek olduğunu anlamak zorundadır. İsteyerek veya istemeyerek herkes bu algıya erişecektir.

Bu dünyada, algımızın parçasal ve bulanık olduğu belirsizlik durumundayız. Bazı belirsiz içsel ön tatlar vardır; bir şeyin var olduğu ve var olacağı gibi. Bilmeceler ve cevaplar vardır. Falcıların tahminleri doğru çıkar, herkes kaderin ve ölümden sonra bir hayatın olduğunu söyler.

> Bütünsel Toplumun
> Psikolojisi

Dr. Michael Laitman

Şunu anlamalıyız ki, doğru durum, bütünsel Doğa'ya benzer hale geldiğimiz, Doğa gibi tek bir bütün haline geldiğimiz ve kendimiz üzerinden Doğa'nın tüm diğer parçaları ile bağlandığımız zaman ortaya çıkacaktır.

Böylece onun parçalarının zaten her zaman bağlantılı olduğunu keşfedeceğiz. Yalnızca insan bencilliği içinde her şeyi bölünmüş olarak algılamış ve bu onun içindeki her şeyi harap etmiştir. Ama bizim dışımızda, Doğa tam olarak, kusursuz, lekesiz ve mükemmeldir. Bunu ortaya çıkararak biz de onunla aynı hale gelir ve onun seviyesine, mükemmelliğe ve sonsuzluğa yükseliriz.

Dünya Zıtların Yanyanalığıdır

- Hindistan'da tur rehberi olarak çalışan bir arkadaşım işinde zorluklar çekmeye başladı, çünkü turistler onun nirvanada olduğu, doğru dürüst karşılık vermediği ve hiçbir şeyi gerektiği gibi açıklamadığından şikâyet etmeye başladılar. Bu bütünsel sisteme giren çocuklar gerçeklikten kopup melekler gibi mi olacaklar?

-Hayır, bu durumu melekler gibi diye adlandırmam. Şizofrenik, acı veren ve parçalanmış yanlış dünya parçacıkları kişinin kendini düzeltmediği gerçeğini açıklar.

Kendi bencilliği ile onun ötesine yükselmek ve hayata karşı iki ayrı davranış seviyesini algılamak için çalışmıyordur. Buna hazır değildir ve beraberce yeni algıyı yaratacak olan toplumun içinde değildir.

Sizin arkadaşınız, hayata karşı olan normal bencil dünyevi yaklaşımını riske atmış ve kötü ve yetersiz bir durumla sonuçlanmış talihsiz bir kadınmış. Bizim yetiştirme sistemimiz bencilliği azaltan ve yok eden Hint

yönteminden temellenmez ama garip görünse de tam tersine bencilliği geliştirir. Biz her şey zıtların yan yana oluşu üzerine kurulmuştur deriz.

Dünya zıtlardan değil ama bunların uygun olmayan birleşiminden dolayı zahmet çeker. Diyalektik mantık dünyanın zıtların birliğinden oluşmuş olduğunu söylerken haklıdır ancak bunlardan birinin yok edilmesi gerektiğini söylerken yanlıştır.

Biri diğerinin ötesine yükselmeli ve her ikisi de doğru olarak kullanılmalıdır, zil (müzik aleti) gibi. Bu iki kutupludur. Artı ve eksi arasındaki gerilim sayesinde onları başlayan niteliği bulabiliriz. Bunun yardımı ile gerçek bütünsel dünyayı keşfedebiliriz. Bu, bütünseldir; kendi parçalarından herhangi birisini yok etmez.

Bu kadının durumunu anlıyorum ama ona bir çare sunamam. Bu bizim çocuklarımızın başına gelmez. Tam tersine her gün daha da sağlıklı bir bencilliği ifade ederler, daha fazla, daha yoğun ve daha sert olarak.

Aynı zamanda da onlara, bu bencilliği açıkça görmeleri, anlamaları ve ondan ayrılmaları ve onu onun dışından incelemeleri için uygulamalı ve kuramsal çalışmalar yaptırırız, hem kendi hem de başkalarının bencilliğini öğrenmeleri için. Herkes bir diğerine dâhil olmak için yer değiştirir: Şimdi ben sen oldum, sen de ben oldun ve bunun gibi.

Bütün arkadaşlarımı tanımam gerekir, kendimden çıkıp onların hepsini rol yapabilmeliyim. Bu bizi bütünsel olarak bir diğerine dâhil eder ve karşılıklı dâhil olma giderek yeni bir varlığı, bütünsel algıyı yaratır, bu da "beni" değil ama "bizi" içerir.

Bütünsel Toplumun Psikolojisi   Dr. Michael Laitman

Her Şey İçimizdedir, Dışarıda Hiçbir Şey Yoktur

- Neden insanlar birdenbire birleşmeye başlasınlar ki? Bunu, ruhsallığı ortaya çıkarabilmek için 100 veya 200 yıl önce yapabilirlerdi. Ama her nedense bu olmadı. Daha da ötesi ancak 20. yy içinde insanlar grup etkileşimi üzerine söz etmeye başladılar. Gruplar oluşturmak ve ortak sorular üzerine tartışmak bir 20. yy buluşudur. Geçmişte böyle bir şey asla mevcut değildi.

- Bilim antik çağdan beri mevcuttur. Örneğin, Aristo, Platon ve onların izleyicileri ruh üzerine ve algı üzerine yazılar yazmış, ruhun var oluş yerini araştırmışlardır. Ancak, psikoloji bir bilim olarak 20. yy'da ortaya çıkmış ve gelişmiştir.

İnsanlar neden yüzyıllar boyunca beklediler? Bu bilim adamları binlerce yıldır neredeydiler, bu süre boyunca insanoğlu kim olduğunu ve ne olduğunu anlamadı mı? Kendimizi inceleyen bazı girişimler daha önce de oldu ancak bu o kadar ilkel bir seviyede yapıldı ki insan bunlardan yalnızca utanç duyar!

Şehirler, ülkeler kurdular, topraklar fethettiler ve onlara hükmettiler ama kendileri hakkında hiçbir şey öğrenmediler. Yeni topraklar keşfettiler, yeni teknolojiler ve ekonomiler geliştirdiler ve devrimler yaptılar. Ancak bütün bunları yapmaya onları güden neydi? "İnsan, sen kimsin?" sorusunu sormak ve cevabını bulmak için neden içsel bir talepleri yoktu?

Belli ki bu bizim içsel gelişimimize bağlıdır. Daha önce içimizde bu ihtiyaç belirmedi ve bu nedenle de bununla uğraşmadık; böyle bir sorumuz yoktu. Eğer soru yoksa ortaya çıkarılacak bir cevap, üzerinde çalışılacak bir şey

de yoktur. Elimde bir altıncı parmak yok ve ona ihtiyaç da duymam. O zaman elimde altıncı bir parmağın büyümesini nasıl isterim ki?

Şimdi artık, içimizde kendimizi tanıma talebinin ortaya çıktığı belli bir aşamaya giriyoruz. Bu ortaya çıktı çünkü bir ileri seviyedeki algı ve erişime girmek zorundayız.

Modern psikoloji 100 yıl önce oluştu ve günümüzde de hâlâ gelişmekte. Ama bakın nasıl da hayatımızın bir parçası haline geldi. Daha önceleri, bırakın ev kadınlarını ama aristokratlar arasında bile moda bir merak değildi. Psikolojiye hiç değer verilmezdi.

Ama şimdi dünya bütünsel, birbirine bağlı ve birbirine bağımlı hale gelmektedir. Ve psikolojiden anlamak ihtiyacı ortaya çıkıyor - kitleleri, kalabalıkları, bireyleri, farklı ulusları, farklı yaştaki insanları ve aile psikolojisini anlamak ihtiyacı.

Giderek artan bir ölçüde kişinin içsel durumunu, kişinin algısına, dünya erişimine ve dünya görüşüne bağlamaya başladık. Dünyanın bizim içsel durumlarımızın bir sonucu olduğunu hissetmeye başlıyoruz.

Psikolojiye paralel olarak fizikte de aynı fikirler gelişmeye başladı. Einstein dünyadaki her şeyin göreceli olduğunu düşündü, Hugh Everett de böyle düşündü. Ancak fizik kuru bir bilim gibi görünür. "Oh mühendislik mi, bunun neresi önemli ki?" diye düşünürüz. Ancak fizik de anlama, ortaya çıkarma ve deneyimlemede gözlemcilerin içsel nitelikleri nedeniyle dünyada yer alan değişimleri birbirine bağlamaya başladı.

Eğer gözlemci içsel bir davranış veya değişimde bulunursa bu, dünyayı değiştirir. Zaman, mekân ve mekânsal hareketin bizim içsel algılarımız olduğu ve bizim

dışımızda var olmadığı ortaya çıkmıştır. Bunlar farklı kişiler için farklı olabilirler. Bu nedenle de bizim ortak anlayışımız bunları ne ölçüde yan yana barındırdığımıza bağlıdır

Işığı bazen parçacıklar bazen de dalgalar olarak düşünürüz. Bir şeyin hareket edip etmediği gözlemciye bağlıdır. Gözlemci duruyor mu yoksa hareket mi ediyor? Bütün bunlarla olup biten nedir?

Bilim adamları maddesel dünyanın sınırlarında her şeyin bulanıklaştığı, açıklığını kaybettiği ve her şeyin gidiyormuş gibi olduğu yere geldiler. Bu fizikçiler için de, psikologlar için de açık değildir, ancak dünyanın bütünsel erişiminin bizi bir sonraki seviyeye götürecek tek yol olduğunu anlamak üzeredirler.

Kendimize ve dünyaya ancak dünyayı kendi içimizde keşfettiğimiz zaman erişeceğiz. Böylece de onun önümüzde bir ayna gibi sanki dışarıdaymış gibi var olduğunu ama gerçekte ise onun kendi içimizde olduğu ve dışarıda hiçbir şey olmadığı sonucuna erişeceğiz. Katı, hacimsel ve küresel olan her şey - uzay da dâhil - yalnızca varmış gibi görünür. Ancak gerçekte bunlar yalnızca bizim algımızdan ibarettir.

Psikologlar bunu anladıkları zaman, psikoloji en önemli bilim haline gelecektir! Kendi içimizdeki bütünsel gücü ölçebileceğiz ve buna göre de dünyanın sınırlarını, niteliklerini ve erişimimizi de ölçebilir olacağız. Bu yeni bütünsel algı organının işlevsel bağımlılıkları ile onun içinde hissedilenler üzerinde kontrol kazanacağız. Bu yeni psikoloji bilimi olacak. Bu bütün diğer bilimleri içerecektir çünkü insan bu algının merkezine yerleşecektir.

Dr. Anatoly ULIANOV

Bütünsel Toplumun Psikolojisi

Dünya Bizim Kusurlarımızın Aynasıdır

- Buradan çıkana göre benden başka hiçbir şey yok?

- Var olan her şey, içsel, kişisel kusurlarınızı yansıtan bir ayna gibidir. Şimdi dışarıdaymış gibi algılanan her şey içsel olarak hissedildiği zaman mükemmelliğe erişilir.

- Bu yol özellikle benim için midir yoksa örneğin siz de aynı biçimde mi hayal edersiniz?

- Hayır, ben yalnızca sizinle ilişkime göre ve sizin beni "siz" diye adlandırdığınız parçayı özümseyip onunla iki su damlası gibi tamamen birleşip kaynaşmanız için var olurum.

- Eğer sırt üstü yatıp hiçbir şey yapmıyorsam, etrafımdaki dünya da tamamen durur mu? Ya da "her şeye rağmen hayat sürer" mi?

- "Hayatın sürmesi" veya "durması" kavramları mevcut değildir. Sizin ne hissettiğinize bağlıdır. Bu tamamen kişisel bir resimdir! Fizik, gözlemlenen resmin gözlemcinin nitelikleri tarafından betimlendiğini açıklar.

- Burada yalnız olmak yerine, benim gibi olan başka öznelerle birlikte olmak, benim için neden bu kadar önemlidir? Tek başıma olmaktan neden bu kadar çok korkarım?

- Çünkü içinizdeki dünya ile tam bir bütünleşmeye erişeceğiniz bir program içinize işlenmiştir. Siz bu programı, içinizde ortaya çıkan bu bilgi genlerinin farkına varana kadar, tatmin olmamış olarak kalacaksınız. Bilinçsizce dünyayı bu daha sıkılaşan bağlantıya getirecek bir şey yapmaksızın, koltuğunuza yayılıp oturamayacaksınız.

Fetihler ve başkaları üzerinde kazanılan zaferler bizim bağlantı talebimizin ifadeleridir. Bu talep bilim, sanat,

politika, ekonomi ve diğer her alanda da kendini gösterir. Şüphesiz bütün bunlar bütünleşmenin yanlış biçimleridir, ama gene de bir bütünleşmedir.

Ben ve Diğerleri "Biz" Haline Gelir

- Eğer dünyanın algısı sonsuz biçimde ise, o zaman neden bu yöntem diğerleri için de doğru olandır ve neden herkes bunu kullanmak zorundadır?

-Çünkü Doğa böyle çalışır. Doğa bütünseldir. Doğa'da bütünsel olmayan bir tek biziz, yani tek bencil olan yaratık biziz. Doğa bizim beşiğimizdir, ama biz kendimizi ondan ayrı tutar ve onun dışında bir yere hatta ondan üstün bir yere yerleştiririz.

Bu küçük, önemsiz kişinin, sanki ne yaptığını bilirmiş gibi, kendisinin Doğa'yı fethetme, değiştirme ve bozmaya yazgılı olduğuna dair fikirleri vardır. Sürekli olarak hiçbir şey bilmediğinin farkına varıyor olmasına ve her şeyi harap edip yıkmasına, bozmasına rağmen, bu duyguya sahiptir.

Bu yöntem bize onu ret edebilmemiz için verilmiştir ve "çifte olumsuzlama" kanununa göre de bizim Doğa'nın bütünsel olmayan tek parçası olduğumuz sonucuna ulaşabilmemiz için verilmiştir. İnsanlık Doğa içinde, kendisini ve tüm organizmayı yiyip bitiren kanser tümörü gibidir. Birbirimize ve etrafımızdaki her şeye Doğa'nın tek bir organizması gibi davranmak zorundayız.

Gerçekte nasıl olduğumuzu anladığımız zaman, kendi insan doğamız içindeki tüm acıların kaynağını ve nedenini de keşfedeceğiz. Böylece de onu, bilinçli olarak veya ortaya çıkacak sorunların etkisi altında zorla ve istem dışı olarak değiştirmeye başlayacağız.

Dr. Anatoly ULIANOV

Bütünsel Toplumun Psikolojisi

Bu problemler çok yakın bir gelecekte, dehşet vererek, tehdit ederek ve bizi tamamen bağımlı kılarak ortaya çıkmış olacak ve bizden değişmemizi talep edecektir. Doğa tarafından gelen bu talep bizi değişmeye zorlayacaktır. Ancak bunu bencil doğamıza son vererek değil ama onun ötesine yükselerek yapacağız! Sizin Hindistan'daki arkadaşınızın kaçırdığı şey de tam budur işte.

Bencilliği baskılayan psikolojik yöntemler vardır, onu kapatan veya belli bir seviyede tutan veya kişiyi sanki mevcut değilmiş "Haydi, sanki küçük bir hayvan veya bir bitki olalım. Haydi, hayatı sanki bencilliğimiz yokmuş gibi yaşayalım. Haydi, yeşil kırlarda bir daire olalım, el ele tutuşalım ve dans edelim," gibi bir ruh haline sokan yöntemler. Bunların hepsi de yanlıştır!

Bazen akordeon çalan ve şarkı söyleyen halk dansları topluluklarının gösterilerini seyrederim. Bunlar bir kültürel olay olarak hoş ve güzel gösterilerdir ancak kitlelerin günlük davranışlarına bir örnek teşkil edemezler. Bu ancak sahnede yöresel kültür gösterileri için güzeldir.

Bencilliğimizi yok etmemeli ve bu saflık derecesine düşmemeliyiz. Tam tersine, zamanımızın gerektirdiği şey, bencilliğimizin çok büyük ölçülerde sürekli olarak büyümesi ve onun ötesine geçerek bütünselleşmemizdir.

- Sıradan bir kişi büyük ihtimalle şu soruyu soracaktır: "Ama uygulamada, hayattan keyif almakta, bunlara neden ihtiyacım var? Bu bana ve çocuklarıma ne sağlayacaktır?"

- Bunun kısa cevabı, sonsuzluğa ve mükemmelliğe erişeceksiniz. Ve bu cevaptan sonra ayrıntıları açıklamak da mümkündür.

Herkesle ara-bağlantılar kurarak kendinizi sonsuz, mükemmel bir organizmaya dönüştürecek olan eksik

parçaları bulursunuz. Küçük bencil "ben"inizi kaybeder ama muazzam bir yalnızca var olmakta olan "ben" duygusu edinirsiniz. Peki ya diğerleri? Diğerleri yoktur. Ben ve diğerleri "BİZ"e, ortak bir bütüne dönüşür. Bundan sonra, dünyadaki kusurlar, eksiklikler ve sorunlar - bugünkü algımız - ortadan kaybolur.

Doğru Toplumda Cezalandırma Gerekli Değildir

- Hayatta sık olarak bir çocuğun kendisine verilen bir ödevi tamamlamak istemediği ama tamamlamazsa ceza göreceğini bildiği durumlarla karşılaşırız. Çocuğun kendisini iki istenmeyen durumun arasına sıkışmış olarak bulduğu söylenebilir.

-Bu yaklaşımın yanlış olduğunu bütün açıklığı ile belirtmek gereklidir. Çocuk başka bir "kontrol mekanizmasına" devredilmelidir: bir yanda kendi üstündeki toplumun baskısını hissetmeli ve diğer taraftan da kendisini bu toplumla özdeşleştirmelidir. Bu tamamıyla onun için, kendisini, kendi "ben"ini ölçme ve değerlendirme yöntemidir.

Diğer yandan da çocuğa bu zorunlu düzeltici gücü "kontrol mekanizmasını" kontrol edebilme becerisi verilmelidir. Bu, eğer çocuk ev ödevini yapmak ve odasını toplamakta kendiliğinden uzlaşma gösterirse mümkün olur.

Farz edelim benim ebeveynlerim beni evde bırakıp tatile gittiler ve evi bana emanet ettiler. Bunun keyfini çıkaracak yerde, evi temizlemem gerekir, eğer bunu yapmazsam ebeveynlerim eve döndükleri zaman beni

cezalandıracaklardır. Bu nedenle de cezadan kaçmak mümkün olmadığı için küçücük hayatıma lanet eder ve benden beklenenleri yaparım.

- Ya da yapmam.
- Bu durumda her şey cezaya bağlıdır. Eğer bu doğru ise bir sonrakinde bundan kaçınmanın bir yolunu arıyor olmam.

Farz edelim ki ceza beni kendi tembelliğimi yenmeye zorlasın. Bundan dolayı çekeceğim acı gereken işleri yapmamış olmaktan alacağım hazdan fazla olmalıdır. Suçluları da böyle ıslah etmeye çalışırız, onları tekrar suç işlemesinler diye cezalandırırız.

Çocuğun ona Doğa, toplum veya ebeveynlerinin ne tür bir görev verdiğini anlaması için ne yapabiliriz, eğer bunu anlayabilirse kendisinden istenen yapmaktaki isteksizliğini böylece yenebilir mi? Gerçeği konuşursak, kişinin tembelliğini, bencilliğini, keyif alma duygusunu yenmesi için ona verilen her görev, ona hiçbir keyif vermeden yerine getirilir. Bunun için gereken enerjiyi nereden bulurum?

Ceza korkusu bana olumsuz olarak bu enerjiyi verir. Ceza o kadar korkunç görünür ki, istemeyerek ve tüm dünyaya lanet ederek de olsa bu görevi yerine getiririm.

Ancak, bu görevi bana olumlu bir ışık altında gösterecek bir çevre - kitaplar ve topluluk - oluşturmak da mümkündür. Bir çocuk için bu bir keşif gezisi gibi bir şey, yetişkin için de ilgi çekici bir keşif gibi bir şey olabilir. Bu ancak çevrelerindeki toplum gerçekten de bu görevi onaylar ve överse mümkün olur.

Böylece de işin kendisi keyifli hale gelir. Hem ceza görmeyeceğim hem de ebeveynlerim belki de beni bir külah dondurma ile ödüllendirecekler. Önemli olan bu değildir, çevremdeki insanların gözünde bu iş önemli olduğu için bu işi yapmaktan keyif alırım. Bu işi hiç kimseye vermek istemem. Benim açımdan önemli olduğu için kendim yaparım.

Her şey kendi çevremizi nasıl yarattığımıza bağlıdır, bu çevre, bencil olmayan hareketlerin en zor olanlarını bile öyle bir övgü ile destekler ki, bu da bize bu işi keyifle yapma keyfini verir. Ve böylece de sevinçle ilerleriz.

Bunu yerine getirebilmek için, çocuğa kendi psikoloğu olmayı ve nasıl doğru bir çevre yaratacağını öğretmek gerekir. Bu onun önünde, sürekli olarak, yeni problemler ve engeller olmasına rağmen, hayatını keyifli yapacaktır. O bu problem ve engelleri toplumda onu daha değerli kabul edilen bir seviyeye götüren yol diye görecektir.

Problem, çocuğun hemen yanında, ona her zaman bencil olmayan çabalarını teşvik edecek bir toplumsal çevre yaratmaktadır. Yapmamız gereken ve herkese de yapmasında yardımcı olmamız gereken şey işte budur.

- Bunu nasıl yapabiliriz? Arkadaşlarımdan biri, bu onun işi ve gelişmesi açısından önemli olduğu için tezini yazacak. Böylece onun etrafındaki kişiler bunun herkes için ne kadar önemli olduğunu mu söyleyip durmalıdır?

- Şüphesiz! Oturacak ve yazacaktır ve iki ayın içinde de tamamlayacaktır! Bilirsiniz tezler için yıllarca çalışmak söz konusu olabilir veya bir kaç ay içinde de bitirilebilir. Her şey içsel baskıya bağlıdır ve bu baskının olumlu olması gereklidir.

Çalışmanın tek yolu da budur. Beni işi yapmaya zorlayan, teşvik eden, cesaretlendiren, yücelten gerekli duygusal izlenimleri biriktiririm. Ve böylece kendimi hevesli ve canlı hissederek tamamen yeni algılama, duyumsama ve şeyleri ifade etme yolları keşfederim. Bu gereklidir.

Dr. Anatoly ULIANOV

Bütünsel Toplumun Psikolojisi

"Bu nasıl yapılabilir?" diye bana soracaksınız. Herkesin etrafında, onun kendisini bencil olmayan davranışlar için akort edecek, akort çatalı olacak olan küçük bir topluluk oluşturmalıyız. Bunun yardımı ile kişi sürekli olarak kendisini yukarıda tutacaktır. Ve bu onun teşvik ve mutluluk kaynağı olacaktır.

Kitlelerin Depresyonuna Şifa Olmak

- Psikolojide duygusal ölçüm diye bir kavram vardır, burada heves ve coşku en sağlıklı durumun ifadesi kabul edilir.

- Evet, bu en yüksek durumdur.

- Ancak modern toplum depresyon ve hiçbir şeye ilgi duymama durumunun içine batma eğilimi göstermektedir ve bu da ölçümün en düşük seviyesidir.

- Bu Doğa'nın bize bir birleşme örneği ve merdiven olarak görev yapacak olan bir topluluk veya çekirdek yaratmak için olan çağrısıdır. Aksi durumda hepimiz sırt üstü yatıp hiçbir şey yapmayacağız.

Bir kaç gün önce Rusya'nın sağlık bakanlığı tarafından hazırlanmış bir raporda önümüzdeki 10-15 yıl içinde Rusya nüfusunun yarısının depresyonda olacağının yazılmış olduğunu duydum. Bunlar gazetecilerin tahminleri değil ama sağlık bakanlığı tarafından yapılan açıklamadır.

Gerçekte şu anda ne kadar çok problem olduğunu ancak hayal edebiliriz. Eğer sağlık bakanlığı 10-15 yıl içinde nüfusun yarısı depresyonda olacak diyorsa bunun anlamı şu anda da çok fazla sayıda depresyonda insan var demektir.

Bugün gizli depresyon her yerde mevcuttur. Bu, toplumun ne kadar gelişmiş olduğuna veya yaşama standartlarına bağlı değildir. Hiçbir şeye bağlı değildir.

Doğa'nın tüm elemanlarının bütünselliği olgusunun dünyamızda açıkça ortaya çıkmasına rağmen bizim henüz ona benzer hale gelemememiz yüzünden, gizli depresyondan açık depresyona geçiş sürecini yaşıyoruz.

Hep beraber tek bir insanlık haline gelmek için aramızda bütünsel olarak bağlanmak zorundayız. Ancak şu anda hepimiz korkunç kötü bireycileriz. Bu, birbirine karşıt durum içimizde acımasız duygular uyandırmaktadır. Bunların farkına varmak ve bu problemi çözmek zorunda kalacağız.

Kutsalın Modeli

- Neredeyse herkes bir şeyi "kutsal" kabul eder. Bu bir bayrak veya bir ordu alay sancağı olabilir. Bu bir şeyin kutsal ve değiştirilemez olduğunu gösteren bir kavramdır. Bu yöntemde kutsal diye adlandırılabilecek bir şey var mı?

- İnsanlar her zaman buna ihtiyaç duydular. Heykelleri, ağaçları ve taşları veya bazı yetişkinleri veya hatta çocukları kutsal diye ilan ettiler. İsmi olmasa bile daima bir modele ihtiyaç duyuldu. Gerçekte bu yukarıdaki bir güce, Tanrıya, Yaradana ve daha yüce bir şeye olan ihtiyaçtır.

Bugün bu ihtiyaç açıkça ifade edilmese bile hâlâ varlığını sürdürür. Dinler ölmedi. Bir süredir saklı duruyorlar ama tekrar su yüzüne çıkacaklar ve hayatın en önde gelen şeyi olacaklar. Dinler kendi normal veya aşırı tutucu biçimleri ile ifade bulacaklar. Bu gelecekte olacak.

İnsan toplumunda kutsal olması gerekli olan şey bütünsellik ve Doğa ile tamamen aynılaşmamızdır. Eğer buna erişirsek, hiçbir şeyin bize dokunamayacağı ve zarar veremeyeceği bir duruma gireceğiz, hiçbir şey bizi bu mükemmel ve ölümsüz durumdan ayıramayacaktır.

Dr. Anatoly ULIANOV

Bütünsel Toplumun Psikolojisi

Bu duruma girdiğimiz zaman tüm Doğa bize dâhil olmuş olacaktır. Onun içinde tamamen kapalı bir devrede olacağız ve onu sonsuz, mükemmel ve ölümsüz bir bütün olarak algılayacağız. Hayata ve ölüme dair problemler, zorluklar ve acılar ortadan kalkacaktır, çünkü bireysel olarak değil ama ortak, analog ve bütünsel bir sistem olarak var olacağız. İşte kutsal olması gereken model de budur.

Kutsal ne demektir? Bu modeli gerçekleştirmek amacı ile nasıl bir içsel davranış oluşturduğumu, bulduğumu ve biçimlendirdiğimi incelemek için yaptığım davranışları inceleyen denemelerde bulunacak mıyım? Başkalarına nasıl yardım edebilirim - onları kendi dışımda olarak algıladığım ölçüde - bu modeli nasıl görürüm ve nasıl anlarım ve bunun bizim için doğru olan tek gelecek olduğunu nasıl kabul ederim? Bu kutsal olandır - gelecektir, insanlığın mükemmel olan durumudur, bugün bizim tarafımızdan yaratılabilecek olandır.

- Kutsal olan bu şeylerle bir şekilde oynayabilir miyiz?

- Bu bizim içimizde yaratılmış olarak vardır! Sen ya da ben değil ama hepimiz birden yaratıldık. Bir çeşit küçük bir tanrı veya başkaları tarafından kabul edilmeyen ama kendi egomuza hoş gelen bir şey şekillendirmiyoruz. Mutlak olanı yaratıyoruz! Bizden daha yüce olan bu üst gücü yaratıyoruz ve biz oyuz.

Anekdot (Fıkra) Bütünselliğin Paradoksik (Mantık Kurallarına Uymadan Yapılan) Bir Açıklamasıdır

- Bir keresinde anekdot biçimindeki sözel oyunları sevdiğinizden söz etmiştiniz.

- Evet, ama acımasız kaba olanlarını değil ama temel olarak bağlanamaz kabul edilen zıt parçaların beklenmedik

Bütünsel Toplumun Psikolojisi

Dr. Michael Laitman

birleşiminden oluşanları severim. Bağlanamayan şeyleri birbirine bağlama yeteneği özel bir zihinsel yetenektir.

Bazı kişilerin iki karşıtlıktan oluşan bir ruhları vardır ve bu karşıtlığı bir bütün olarak birleştirmeye heves duyarlar. Bu kişiler özeldirler ve eğer onlar bir fıkra anlatırlarsa bu gerçek bir fıkradır. Tüm diğerleri kaba taklitlerdir.

- Bu formu bizim yöntemimizde kullanabilir miyiz, böylece çocuklar da kendileri de güzel hikâyeler uydurup birbirlerine anlatabilsinler?

- Evet. Ama bunlar kocalar, karıları ve sevgilileri hakkındaki dünyevi hikâyeler olmamalıdır. Küçük görmeyi ve alışılmış basmakalıp sözleri içermemelidir. Burada başarılması gereken şey, iki zıt şey bulmak ve alışılmış fikirlere rağmen bunları birleştirmektir.

- Hangi yaştan itibaren bu sözel oyunlar çocuklar arasında oynanabilir? Ne zaman buna hazır olurlar?

- Bunun erken yaşlarda yapılabileceğini düşünmüyorum çünkü bu ciddi bir içsel gelişim ve yaşam tecrübesini gerektirir, insanın en karanlık içgüdülerini dile getiren ve bu nedenle de anlatanın kendisine hoş gelen şakalar yani kamufle edilmiş hakaretler veya saldırganlıklar ve kara çalmalardan - zaten bunlar anekdot değildirler - farklı olarak anekdot anlatma yeteneği çok özeldir.

Anekdot iki karşıtı tamamen beklenmedik bir biçimde bir araya getirir ve bu zıtları çevirip onlara özel bir bakış açısı, bir arayüz, bir birleşim, aralarındaki bir bütünleşmeyi ortaya çıkarır. Anekdot bütünselliğin beklenmedik bir ifadesidir.

Dr. Anatoly ULIANOV

Bütünsel Toplumun Psikolojisi

BENCİLLİKLE SAVAŞ ARACI OLARAK TİYATRO

- Her Zaman Sahnedeyiz
- Rol Yapma Yeteneği
- Bencillik İle Toplu Oyunlar
- Rol Yapmayı Öğrenmenin Doğru Yaşı
- Peri Masalları Değil Ama Gerçek Hayatı Oynamak
- Rol Yaparak Tarafsız Hale Gelmek
- Biçimi Olmayan Bir "Ben"den Güvenilir "Biz"e Doğru
- Tiyatro Gösterileri Neden Alay Konusu Oldu
- Birlik Kişileri "İnsan" Seviyesine Getirir
- Oyuncu Sahne Yönetmeni Haline Gelir
- Her Rol Oynanmak Zorunda Değildir
- En Keskin Algılar İhtiyaçtan Gelenlerdir
- Amaç: Bütünsel Bir İnsanlık

Şimdi de bütünsel yetiştirme yönteminde rol yapmanın öneminden söz edelim. Siz pek çok kere, herkes gibi çocuk da kendi durumunun ötesinde çalışma yeteneğini geliştirmek için kendisini değiştirmeyi öğrenmelidir, dediniz.

- Kişi farklı roller oynamayı öğrenmelidir ve bu yolla da kendisini başkalarına gerçekte olduğundan farklı maskelerle sunabilir.

- Yalnızca oyuncuların değil ama herkesin rol yapma yeteneği olduğunu fark ettim. Bu insan niteliğinin özü nedir?

Her Zaman Sahnedeyiz

- Şüphesiz hepimiz rol yapıyoruz. Çünkü sonuçta nasıl davranacağımızı bilemiyoruz. Hayvanlar doğal olarak davranırlar. Onlarda utanç ya da haset duyguları yoktur. Eğer bir hayvan duygusuna bu ismi verirseniz, doğrudur, biyolojik bir haset duygusu yaşarlar. Onlarda olan bu duygu biyolojik etkenlerle belirlenir. Ama hayvanlar Doğa'nın onları programladığı biçimde davranırlar.

Ancak insanın arzuları daha yüksek bir seviyededir. İnsan sosyal beğeni, saygı ve onur kazanmak için çok çalışır. Onlardan bilgi ve çeşitli ayrıcalıklar edinmek için sanki hep başkaları için çalışıyormuş gibidir. İnsan kendi gibi olan diğerleri üzerinde güç edinmek ister ve onların önünde rol yapmaya mecbur olur. Kendisine doğal niteliklerini ifade etme özgürlüğünü veremez. Doğuştan gelen niteliklerimiz bizi bir hayvan sürüsüne döndürecektir. Ancak kişi rol yaptığı zaman (bu hepimizin yaptığı şeydir), böylece artık o bir hayvan sürüsü değil, bir insan topluluğudur.

Farklı rolleri oynayarak, hayvan sürüsünü insan topluluğuna dönüştürürüz. Hayvanlardan farkımız budur. Her zaman bir karakteri oynarız ve hiçbir zaman gerçekten olduğumuz gibi davranmayız, yalnız olduğumuz zaman bile.

İnsanlık ilerledikçe daha sıkı bir iletişimin içine giriyor ve insanlar birbirlerinden daha çok etkilenmeye başlıyor. Bu bakımdan oyunculara benzemekteyiz, başkalarında gözlemlediğimiz rolleri tarıyor ve uygun durumlar ortaya çıktığı zaman bunları "oynuyoruz". İşte böyle davranıyoruz. Ve bu durumu hepimiz doğal karşılıyoruz. Bazen bu durumu başkalarında gözleriz, gençlerin Hollywood oyuncularını rol modeli edinip onların oynadığı popüler karakterler gibi davranmaya özenmeleri gibi.

Ancak rol yapma yeteneği daha farklı bir şeydir. Çocukluğundan itibaren çeşitli rol modelleri biriktirmiş olan ve başkalarının davranışlarını taklit eden ortalama bir kişinin tersine, oyuncu oynadığı rolü farkında olmadan değil ama bilinçli olarak oynar.

Belli bir aşamada, insanın görevinin, her birimizin tamamen doğal olarak uyum içinde düzenlenmiş parçalar olduğunu hissetmek üzere, tam bir bütünleşmeyle tek bir insan haline gelmesi olduğunu anlamaya başlarız.

Bu amaçla, insan diğerlerinin doğasını hissetmek ve onlarla "beraber oynamak" zorundadır. Belli ki, insanın doğuştan rol yapma yeteneğine sahip olması tesadüf değildir. Herkes herkesi hissetmek ve anlamak zorundadır. Ve ancak böylece benim doğal niteliklerime tamamen zıt olan şeylerin varlığını kabul edebilirim.

Ben, sürekli olarak her şeyi "kapmak" isteyen küçük, ilkel bir bencilim. Ancak toplumla uyum sağlayıp doğru bağlantı kurabilmek için oyuncu haline gelmek zorundayım.

Başka kişilere rol yapmam harika bir şeydir. Kendi doğam beni, başkalarını benim isteklerimi yapmaya zorlamak için baskı yapar, hatta ne istediğimi bilmediğim zamanlarda bile.

Ancak bir oyuncu için, bunun tersini yapmak, başka insanlardan öğrenmek önemlidir. Kendi niteliklerini başkalarına göre uyarlamak ve onlarla beraberce oynamak kendi içindeki kişiyi hiçbir şekilde yok etmez. Tam tersine bu onun çevresi ile bağlantı kurması ve bir üst seviyeye yükselmesidir. Böylece, kişi, insanlarla doğru iletişim yeteneğini geliştirerek onları öğrenir ve onlara yakınlaşır.

Bütünsel Toplumun Psikolojisi

Dr. Michael Laitman

Rol Yapma Yeteneği

Rol yapmanın özel bir niteliği de, kişinin çevresi ile yakın temas haline geldiği zaman, kendi o anki problemleri ve niteliklerinin "dışına" çıkmasıdır.

Varsayalım ki belli bir kişisel dramı yaşıyor olayım. Çevre ile doğru bir ilişki içinde olmak için bundan farklı bir durumda olmak zorundayım. Bunun anlamı, "kendi dışıma çıkmak," kendi endişelerimi unutmak ve farklı bir "role bürünmek" zorundayım demektir. Ve bu farklı rolün içinde toplulukla çalışmaya devam ederim.

Bu biçimde çalışarak, giderek belli ölçüde kendi çelişkilerimi çözümler ve nedenlerini anlayabilirim ve başka insanların istek ve özlemlerini özümser ve kendime katabilirim. Çelişki bir süre varlığını sürdürebilir, bu durumda gelecekte bir noktadan sonra bu çelişkiyi hatırlayabilir ve onu anlayabilirim, ona dâhil olabilir ve ona katılan kişilerin durumunu deneyimleyebilirim.

Kişi kendi doğasının "dışına çıkabilir" ve başka bir role bürünebilir. Tamamen bu rolün içinde eriyip, ne kadar trajik de olsa problemlerinden bir süreliğine tamamen kopabilir. Oyunculardan öğrenebileceğimiz durumlar vardır.

Bencillik İle Toplu Oyunlar

Oyuncunun çalışmasındaki her şey, bencilliğinin ötesine yükselmek amacı ile kişiye başkalarının içselliğine dâhil olma yeteneği vermektir.

Bencilliğimle öyle bir oyun oynarım ki, onun içinden çıkar ve özverisel bir role girerim. Bu rolde diğer insanları, onların gerçekten nasıl olduklarını hissederim. Onlarla

bağlantı kurmayı öğrenirim. Ve tüm bunların hepsi kendimin ötesine çıkabilmem sayesinde olabilir.

Kişi herkesin rolünü oynamayı öğrenmelidir ve böylece söylendiği üzere "alışkanlık ikinci bir doğa" haline gelecektir. Giderek, bunun ne kadar yararlı olduğunu görür ve bu durumda olmayı isteriz, yani doğru iletişim biçiminde olmayı isteriz.

- Bu kendinden çıkma durumu benim için açıktır. Bu gerçekleştiği zaman sonuç hayret vericidir. Ancak "doğru iletişim" ile neyi kast ediyorsunuz?

- Aramızdaki mutlak iletişimi keşfetmek zorundayız. Bütünsel bir sistem içindeki iletişim kanunları çok basittir. Her birimizin kendi doğası vardır. Her birimiz kendi etrafında öyle bir anlayış alanı yaratmalıdır ki bunun vasıtası ile başkaları ile iletişim kurabilsin. Hepimiz bunu yapmak zorundayız. Her kişi kendi etrafında bu kabuğu yaratabildiği ölçüde etrafındaki insanlarla bu genişlikte bir bağlantı kurabilecek ve böylece kendini düzeltecek ve diğerleri ile uygun biçimde etkileşecektir.

Toplumun her elemanının verimli olduğu duruma, herkesin sadece kendi ana, ilk temel niteliklerini, "ben"ini koruduğu durumda erişilir. Bu sahip olduğumuz ilk nitelik çok küçüktür. Kişinin tüm diğer nitelikleri bu "ben"i diğer herkesle bağlamaya ve diğerleri ile bağlantı kurmak amacı ile onların istekleri ve nitelikleri hatırı için çalışmaya yönlendirilmelidir.

Bu 15 tane kaz yavrusu tarafından çevrelenmiş ana kaz gibi olmaktır. Onların hepsini düşünür ve hepsine bakar. Küçük kazlar anne kazın önünde yürürler, anneleri arkadan yürür. Yavruların hepsi onun görüş alanı içindedir, onların hepsi ile temas halindedir.

Dr. Michael Laitman

Kişi de kendisini çevresi ile ilişkide işte böyle bir yere yerleştirmeli, herkesin isteklerini, özlemlerini, düşüncelerini, endişelerini anlamalıdır. Tüm bu insanların rüyalarının gerçekleşmesine yardımcı olmalıdır. Her iyi çalışan mekanizmada olduğu gibi ancak işleyen tüm parçalar uyum içinde olduğu zaman iyi çalışabiliriz.

Rol Yapmayı Öğrenmenin Doğru Yaşı

- Kişi içinde yeni bir yüz yarattığı zaman, kendisinin ne kadar çok yüzlü olduğunun farkına varır. Kişinin kaç tane yüzü olabilir? Ve hangi yaştan sonra çocuklara bu öğretilebilir?

- Bu çok küçük bir çocuğa öğretilemez, çünkü 3 yaşından önce "sürü duygusu" çocukta yoktur. 3 yaşına kadar küçük bireyselliği içinde, kendisi dışında başka ihtiyaçları olan, kendisinden başka birileri olduğunu hayal edemez. Bu yaşta bir çocuk iletişim kuramaz ve yalnızca almayı hedefler.

Ancak 3-6 yaş arasında, çocuklarda karşılıksız olarak verme ve iletişim kurma anlayışının temeli gelişmeye başlar. 6-9 yaş arasında, bu anlayış güçlenir ve hayatı boyunca da böyle kalır. Bu hassas yaşta, Doğa bize çocuğun içine, çevresine karşı doğru tavrı işleme olanağını verir.

- Çocuğa bunu rol oynama yolu ile öğretmek mümkün müdür?

- Yapmaya çalıştığımız budur. Bu rolün iki taraflı olması gerektiğini düşünüyoruz. Ve bizim eğitim sistemimizin çatısı içinde çocuklara rol yapma becerisinin öğretilmesini istiyorum.

Çocuklara kendisinin dışına çıkmasının ve kendi niteliklerinin ötesine yükselmesinin mümkün olduğunu göstermek zorundayız. Öncelikle çocuklar bu yolla kendi sorunlarının ve endişelerinin dışına çıkabileceklerdir. Ve sonra da onlara farklı roller öğretiriz. Çocuk kendi iç dünyası ile bir oyuncu gibidir: Önce oynaması gereken oyunu öğrenir ve sonra da onu oynamaya başlar. Neden? Kişi diğer kişinin içsel görünümünü yaratır ve onun içsel gerçekliğine girmeyi öğrenerek, onunla etkileşim kurmayı öğrenir.

Bu amaçla, çocuklara rol yapma sanatında uzmanlaşmayı öğretmek faydalıdır. Bizim çalışmalarımızda çocuklar zaten bu rolleri oynuyorlar, arkadaşlarının kimliğine girmeye çalışıyorlar. Bu şekilde birbirlerini daha iyi anlamaya başlıyor ve ortak bir şeyin parçası haline geliyorlar. Tüm grubun paylaşılmış kimliği onların her birinde yaşamaya başlıyor.

- Bir çocuk için özellikle bir arkadaşının kimliğini oynamak mı iyidir yoksa onlardan uzaklaştırılmış olan başka imajlar üzerinde çalışmaları da mümkün müdür?

- Çocukların bakış alanı içinde olan her olgu üzerine çalışmak gereklidir.

Peri Masalları Değil Ama Gerçek Hayatı Oynamak

- Buradaki sınırları nasıl belirleyeceğiz? Çocuk hayvanları ve bitkileri oynayabilir mi? Yoksa yalnızca insanları mı oynamalıdır?

- İnsanları oynaması en iyisidir. Hayvanları neden oynasınlar ki? Bu yalnızca antik kavramlardaki kalıntıları

su yüzüne çıkarır, konuşan ağaçlar gibi veya güneşin ayla konuşması gibi veya kurdun balta ile konuşması gibi.

Bizim yetiştirmemiz çerçevesinde bu tür peri masalları ve kişiyi daha aşağı seviyeye indiren her şey zararlıdır. Bu yalnızca hayvansal yaşam hakkında değil ama genel olarak tüm dünya hakkında da doğru olmayan fikirler verir.

Kendi emsalsiz durumumuzu anlamak zorundayız. Hayvanlar farklı bir gelişim seviyesindedir. Onlar insan değildir. Ağaçları hayvanları veya mekanik oyuncakları putlaştırmamalı ve kişileştirmemeliyiz, insan yüzlü mekanik bir oyuncağın birdenbire ortada dolaşmaya ve konuşmaya başlaması gibi.

Çocuğa yetişkin gibi davranmalıyız. Her çocuğun içinde bir yetişkin vardır. O bize bir çocuğun değil ama bir yetişkinin gözleri ile bakar. Bazen içimizde olgun, ciddi çocukluk anıları uyanır. Bu hatıralar hayatımızın sonuna kadar bizimle kalır ve hayata karşı tavrımızı belirlemeye devam eder.

Ne yazık ki, çocukken gördüğümüz bu konuşan ağaçlar, güneş veya çuf çuf trenler de her zaman bilinçaltımızda kalır. Tam da bu nedenle hayata ciddiyetle bakamayız. Bu bizi bir biçimde geride tutar. İçimizdeki bir çeşit peri masalında gibi oynarız ve gerçekten yaşamayız.

- 10 yaşındaki bir çocuk bir büyükbabayı oynayabilir mi?

- Evet. İnsanlarla doğru ilişki ile her yaştaki erkek ve kadını oynayabilir.

- Bir grup gençle çalışırken farkına vardığım ilk şey onların bir an önce sahneye çıkmak, alkışlanmak, bir şeyler kazanmak için büyük bir istek duymaları oldu. Onların

bu özlemleri bastırılmalı mıdır, yani onları gerçek işe dikkatlerini verdirmeye çalışmalı mıyız?

- Kişi olumlu duygular olmaksızın ilerleyemez, ödüller, hediyeler ve övgüler gibi. Bizler bencilleriz. Eğer bir çocuk sıkı çalışmış ve güzel bir gösteri yapmışsa toplum buna değer vermeli ve beğenisini göstermek için onu alkışlayarak takdir etmelidir.

Ancak çocuğa, ona bu ödülü kazandıracak olan, doğru özlemler edinmesi için yardım etmeliyiz. Belki çalışmalarının video kaydını yapmalı ve analiz etmeliyiz, kimin rolü en iyi oldu ve neden böyle oldu gibi. Örneğin on çocuğun her birisi kendi yanındakini ve onun yanındaki de bir sonraki çocuğu oynarken video kaydına alabilirsiniz.

Rol Yaparak Tarafsız Hale Gelmek

Ben rol yapmanın temellerini çalışmadım ancak oyuncunun çalışması doğru bir iletişim kurmak amacında olmalıdır. Bu, doğal olandır. Arkadaşlarımızın rolünü oynadığımız zaman bunun sonucunda birbirimizi daha iyi anlarız, anlaşmazlıklar büyük ölçüde çözülür. İstatistik bilgiler de bunu destekler. Kişi herkesi kendisi ve arkadaşları da dâhil yargılamaya başlar. Kendi rolünün yanı sıra başka bir rol oynamayı da öğrenir ve bunların ikisinde birden yaşar. Kendi yargıcı ve arkadaşının avukatı olabilir. Bu kişilikler tamamen eşit hale gelir! Rol yaparak kişi tarafsız hale gelir.

- Bu sanatın çalışılması sırasında, çocukların ne ölçüde birbirlerini anladıklarını ve hak verdiklerini izlemeli miyiz?

- Evet, şüphesiz. Eğer başka birinin rolünde yaşamaya başlarsam, bu, sonunda ona hak vereceğim anlamına gelir. Tamamen kendimi suçlarım. Bu doğaldır. Ben artık "o" olmuşumdur böylece de ben oyumdur, o da bendir.

Diyelim ki gruplarımızdan birinde bir anlaşmazlık çıktı. Çocukların bencillikleri birdenbire ve büyük ölçüde arttı ve bu konuda hiçbir şey yapamıyor olsunlar. Çalışmalar sırasında dostluk ve belli bir amaca ulaşmak için olan birleşme konusunu dinlediler ve ilgili makaleleri okudular, beraber şarkılar söylediler, iletişim kurdular. Her şey normaldi. Ve sonra birdenbire, bir dakika sonra bir bencillik ve anlaşmazlıklar patlaması oldu, sanki bu çocuklar gitmiş ve yerine başka çocuklar gelmiş gibi. Ve yarım saat sonra, başka bir derste aralarındaki dostça ilişki yeniden kurulur.

Bu tür bencillik patlamalarının olmaması için neler yapabiliriz? Bencilliğin su yüzüne çıkmasını ve bunun sonucunda da ayrılıkların ortaya çıkmasını nasıl engelleriz. Çocuklar bu tür patlamaları kontrol edemediklerini itiraf ederler.

Bunun için ne yapmayı planlamalıyız? Öncelikle tüm süreci bu karşılıklı krizler ve suçlamalar da dâhil olmak üzere video kaydına almalıyız. Bu bize başkalarında gurur, haset, başkalarını kontrol altına alma arzusu yani genel olarak insanda doğuştan gelen tüm duygu ve dürtüleri görme olanağını verecektir. Sonra bunu çocuklara da gösterebiliriz. Hepsine arkadaşlarının rolünü oynattırırız.

Diyelim ki sen ve ben kavga ettik, bu filme alındı ve şimdi bunu dışarıdan izliyoruz. İlk önce, yüzde yüz haklı olduğumdan eminimdir, kendi rolümü tekrar tekrar yaşarım. Ne yaşadıysak onu hatırlarız.

Dr. Anatoly ULIANOV

Bütünsel Toplumun Psikolojisi

Ancak öğretmen, "Haydi bakalım şimdi öteki kişinin davranışından bir şeyler öğrenelim ve onun neden öyle davrandığını anlamaya çalışalım," der. Ve ben şimdi de tüm sürece arkadaşımın gözünden bakmak zorundayımdır, kendimden çıkıp senin durumuna girmek zorundayımdır. Kendimi "senin içinden" görmek zorundayım, beni nasıl gördüğünü, neden ve nasıl beni suçladığını ve bende neyi eleştirdiğini görmek zorundayım. Bundan sonra ben arkadaşımın, arkadaşım da benim rolümü oynamak zorundadır.

Bunun çocuklar için kolay olmadığını biliyoruz. Daha sonra birinci ve ikinci rolü ne ölçüde başarı ile oynadığımızı tartışırız. Böylece gerçekteki anlaşmazlıkta yer alan birinci kişiliğiniz, yalnızca bu iki rolden birisi haline gelir. İlk durumunuza daha tarafsız olarak bakarsınız, durumunuz yer değiştirir ve siz artık bu iki görüntünün arasında bir yerdesinizdir.

Her şey hemen şimdi en iyi durumda olmasa da artık o kadar önemli değildir. En önemli şey sonuçta çocuğun niteliklerinin "çok yüzlü" bir kişilik edinmeye başlamasıdır. Farklı olmanın ve kendisinin ötesine çıkabilmesinin mümkün olduğunu anlamaya başlar.

Çocukta bencillik patlamaları çok güçlü olarak ifade bulur ve derhal oluşur. Ancak çocukların bunun ötesine geçmeyi öğrenmelerine yardım edebiliriz.

- Sahnede, bencillik bu tarzda bir çalışmayla uzlaşır.
- Başka bir rol oynayarak mı?
- Evet. Ve bunu yapar! Bu büyük bir keyiftir.
- Bize gereken de bundan fazlası değildir zaten.

- Ancak gerçek patlama durumlarında, bencillikle pazarlık etmek çok zordur.

- Gerçekte o kadar da zor değil. Bu tam da, bencillik üzerine çalışma sürecinde çocukların yer alması durumudur. Onları arkadaşlarının önünde yarım daire etrafına oturtun ve rol yaptırın. Çocuk kendi egosunun esiri olmanın ötesine çıktığı ölçüde içinden gelerek farklı rollere büründüğü ve arkadaşları ile "yer değiştirdiği" ölçüde toplumdan beğeni ve takdir kazanacaktır.

Bunları bir deste karttan biri gibi çekerek ve yabancı imajlar içinde yaşayarak oynadığında, çocuk bu rollere tarafsızca davranır ve artık kendini bunların hiçbiri ile özdeşleştirmez.

Çocuğun kendi "ben"ine karşı tavrı değişir. "Bu 'ben'den geri kalanın ne olduğu" sorusunu sorar. Kişi kendisinin katıksız saf olduğunu ve hiçbir şeyle dolu olmadığının farkına varır. Her şeyin tamamen oyun olduğunu görmeye başlar. Bu yolla, kişi kendi dürtülerini kendi içine işlenmiş olan unsurlar olarak görmeye bile başlar.

Biçimi Olmayan Bir "Ben"den Güvenilir "Biz"e Doğru

- Öyleyse bizim gerçek "ben"imiz nedir?

- Bizim gerçek "ben"imizin bir biçimi yoktur. Bir imajı yoktur.

- Bütünsel midir?

- Hayır. Bütünsellik bizi her dakika belli bir rol veya imaj içinde olmaya zorlar. Ancak bizim esas isteğimizin belli bir biçimi yoktur.

- Pedagojide "saldırganlık maskesi" diye bir teknik vardır, burada bir yetişkin kızmış gibi davranır ancak çocuğa yumuşak bir biçimde davranıyordur. Çocuk gerçekten de belli bir duyguyu yaşıyor mudur, mesela, öfkeyi ya da bu duyguların rolünü yapmayı mı öğrenmelidir?

- Bu çocuğun yaşına bağlıdır. Şüphesiz ki, 11 - 12 veya hatta 13 yaşından önce, aynı anda, onların birbirinden farklı içsel ve dışsal imajları olamaz. Bu yaşta kişi henüz çok-yüzlü değildir. Ancak bu gene de deneyim kazanmaya bağlıdır. Eğer çocuklar sürekli olarak kendilerini yeni biçimlerde ifade etmeyi denerlerse, bunu da daha erken yaşta yapabileceklerdir. Ve hiç şüphe yok ki, yetişkinliğe eriştiklerinde birkaç tane çok-katlı rolün içinde olacaklar ve bu maskeleri çok çabuk değiştirebileceklerdir.

- Kendilerini bu durumlarla özdeşleştirmemeli midirler?

- Bu rol kendini kandırmak değildir. Bunu yaparak başka insanlara yalan söylemiyorlar. Kişi kendisini, ortak çalışma mekanizmasında, toplumda, ona uyum getirmek yolu ile kanıtlar.

"Bu biçimde yaratıldım, işte bu kadar. Değişemem; başkası kendini bana kanıtlasın, başkası kendisini paralasın," diye düşünmekteki amaç nedir? Sonuçta bu, kişiye hiçbir şey kazandırmayacaktır. Bunun sonucunda nasıl bir iletişim ortaya çıkacaktır ki? Kişi kendi gerçek ve daha yüce kişiliğini nasıl yaşayacaktır? Bunu yapamayacaktır.

- Çocuğa işte bu nedenle aynı anda birçok durumda olmayı öğretiyoruz, değil mi?

- Çocuklara farklı biçimlere "bürünmeyi" öğretiyoruz, sanki biçim değiştiriyormuş gibi. Her çocuk, onlarla çalışabilmek için, bu rolleri kendi içinde biriktirecektir, ne yaşadığını anlayacaktır, hiçbir şeyin olumlu veya olumsuz olmadığını ama her şeyin göreceli olduğunu görecektir. "Ben" yalnızca başkaları ile bağlantı kurmak için vardır.

Böylece, herkes içinde rolleri, yetenekleri ve anlayışları ve en önemlisi de iletişim seviyelerini biriktirecektir.

- Her biçim değiştirme, her rol oyuncunun kendi kontrolü altında olur. Rolü oynarken her zaman, kendisine yukarıdan bakmak denebilecek belli bir algıyı muhafaza eder. Bu doğru mudur? Ya da kendini tamamen role kaptırmalı ve kontrolünü kaybetmeye, tamamen kendisinden çıkmaya mı gayret etmelidir?

- Çocuktan her şeyi bir defada talep edebileceğimizi sanmıyorum. Önce tek bir ödev vermeliyiz. Giderek, farklı rolleri oynamaya alıştıkça, onlara ikinci ve üçüncü görevleri de verebiliriz. Örneğin, önce başka birisinin kişiliğini oyna ve aynı zamanda, çift rol oynayarak kendi kontrolün altında kal.

Sözünü ettiğimiz mekanizmanın içinde, çocuk dünyadaki diğer kişilerle iletişim kurmalıdır. Bunun için de onları çok güçlü bir biçimde hissedebilmeli ve bununla üçüncü ve dördüncü bir düzlemi hissedebilmelidir.

Ben seni oynuyorum, sana "bürünüyorum" ve bunu yapabilmek için senin kişiliğini ve niteliklerini öğreniyorum. Bu yolla, içsel olarak senin kişiliğini deneyimleyerek, örneğin senin çocukların ile nasıl ilişki kurduğunu hayal ederim. Ve bu da zaten üçüncü düzlemdir. Bunun gibidir.

- Farklı çocukların farklı yetenekleri vardır ve rol yapma yetenekleri aynı değildir. Bu çeşit biçim değiştirme birisi için kolay bir diğeri için ise zor olabilir. Çocuklara eşit mi davranmalıyız yoksa onları ayırmalı mıyız? Örneğin,

yetenekli çocuklar özel bir grupta çalışmalı ve rol yapmayı zor bulanlar ayrı bir gruba mı yerleştirilmelidir?

- Grup grup olmalıdır, grubun ilerlemesi birbirlerine bağlıdır. Çocuk buna alışmalıdır. Giderek, çocuklar değişecekler, birbirlerine alışacaklar ve birbirlerini anlamayı öğreneceklerdir. İşte böyle, beraberce büyüyeceklerdir.

Bu tür gelişme tüm insanlığa verilmiş olan programdır. Bunu değiştirmemeli ve birbirine benzerlerden oluşan ya da yapay gruplar oluşturmamalıyız. Bu tür şeyler çocuğu çok korkutur, kendine güvenini yok eder ve ilerlemesini olumsuz etkiler.

- Eğer çocuklardan biri başka bir kişiliğe bürünmeyi eğlenceli ve kolay bulurken bir diğeri utanır ve bu duygusunu yenmekte zorlanırsa ne yapmalıyız?

- Çocuk yetenekli arkadaşının yanında bulunarak ondan öğrenecektir. Tüm süreç arkadaşlarının onu rol yapmaya itmesine ve ona yardım etmesine hedeflenmelidir. Bu, eğitmene bağlıdır. Çocuğun ikincil roller oynayarak başlaması önemli değildir. Öğrendikçe ilerleyecektir.

Grubun iyi olanlar ve kötü olanlar diye ayrılması gerektiğini düşünmüyorum. Çocuklar daha büyük gruplarla (10 kişi yerine 20, 30 kişi veya daha fazla) katıldığı zaman, farklı kişilikleri olan farklı kişilerden oluşan, bir çeşit minyatür toplum haline geleceklerdir.

Tiyatro Gösterileri Neden Alay Konusu Oldu

- Eğer oyunculuk, insanın gelişimi için bu kadar önemli ise neden yüzyıllar boyunca alay ve suçlamalara konu oldu? Bu nedenle yakılan insanlar bile oldu.

- Oyuncular her zaman alay konusu olmuştur. Yalnızca bizim "gelişme" dönemimizde saygı gördüler. İnsanlık aramızda bağlantı kurmak için doğru bir yaklaşıma sahip değildir. Bencilliğimiz yolu ile bağlantı kurarız. Bunu başkalarını da göz önüne alarak değil ama her birimizin kendisi için en uygun olanı bulması olarak yaparız. "Ben sana verdim, sen de bana ver," biçiminde bir tampon aracılığı ile bağlantı kurarız. Mal ve hizmet alışverişini böyle yaparız. Yaşımıza ve diğer etmenlere göre konum, güç ve etkinlik seviyelerimizi takas ederiz.

Kişinin ses tonundaki küçük bir değişikliği bile farkına vararak ilişkilerimizin beklenmedik bir biçimde bize karşı dönmesi olasılığına karşı güvenli bir uzaklıkta durarak, her yönden mümkün olan maksimum bencil bağlantıyı kurarız. Bu bizi içimizden kontrol eder. Ve insanlık kendiliğinden, herkesin yerini hemen belirleyebilmesini mümkün kılan bu ilkeyi izler. Bu, bizler sanki, bir sürünün her bir üyesi kendi yerini ve işlevini bilen bir hayvan sürüsüymüşüz gibi işler. Bir şeyi yapıp yapamayacağını bilir. İnsan topluluğunda bu aynen böyle olur. Çünkü bizler bencil yapıda olduğumuz için aynı ilkeye göre davranırız.

Ancak oyunculuk ortaya çıkınca bu belirsiz bir durum alır. Bu insanlar kimlerdir? Halktan olanlar mı yoksa efendiler mi? Güçlü mü yoksa zayıf mı? İyi mi yoksa kötü mü? Ya da bekli de haydutlar mı? Birisinin kişiliği kaybolduğu zaman bu bizi normal olanı biçimlendirmekten, bencil bağlantıdan alıkoyar.

Geçmişte her şey açıkça belirlenip tanımlanmıştı. İnsanlar kendi sabit yerlerine konulmuş olmayı isterlerdi – örneğin siz psikologsunuz, o zaman siz siyah gömlek giyersiniz bu başka türlü olamaz.

İnsanlar kendi mesleklerine, loncalarına göre ayrı yerlerde ikamet ederlerdi. Size verilmiş olan caddede yaşar

Dr. Anatoly ULIANOV

Bütünsel Toplumun Psikolojisi

ve belli bir çevreden eşinizi seçebilirdiniz. Aileniz belli bir modele göre belirlenmiş kurallar içinde yaşamak zorunda idi ve şapkanız ve kıyafetiniz belli bir modelde olmak zorunda idi ve başka bir seçiminiz de yoktu. Her şey kurallara göre belirlenmişti, insanların yiyeceği şeylere kadar kesinlikle her şey. Hatta size "bu senin mezarlığındır" bile denmişti.

Her şey açıktı – kim nerede yaşar, nerelidir, kimlerle ilişki kurabilir, kimlerden uzak durmalıdır.

Ancak oyuncular bunların hepsini birbirine kattılar. Bunları alaya aldılar ve herkesi güldürdüler. Sıska bir oyuncu bir prens rolü yapıyor! Bu ancak eğer halk oyunculuk işinin mevcut mesleklerin en aşağılığı – ahlaksız ve bayağı - olduğu fikrini içselleştirirse izin verilebilecek bir şeydi.

Toplumun zorunlu olarak ayrı olduğu, Orta Çağ boyunca hiç kimse başkaları ile ilişkiler geliştirmeyi, kendisini başkalarına anlatmayı düşünmezdi bile. Herkes tamamen itaat etmek zorundaydı. En fazlası yabancılara birlikte bir menüet dansı yapmak için izin verilirdi.

Ama bugün her şey bunun tam tersidir. Başkaları ile doğru biçimde ilişki kurmak zorundayız. Ve bunun için de, başkalarının kişiliklerine "bürünmek" zorundayız.

İnsanlığın bugünkü aşamaya erişmek için tüm o aşamalardan geçmek zorunda olduğunu anlamak zorundayız. Bugün geçmişin tüm sınırlarını aşmak ve doğru sosyal iletişime geçmek zorundayız. Ve bunun için de kişi diğer insanların kişiliklerini oynamayı öğrenmek zorundadır.

Birlik Kişileri "İnsan" Seviyesine Getirir

- Devamlı olarak rol yapmak oyuncuya çekici gelir, büyük bir tatmin verir ama aynı zamanda da kendinizi kaybettiğinizde acı veren bir duygu da ortaya çıkar. Kişi bundan nasıl kurtulabilir?

- Kendinizi aramak zorunda değilsiniz. Bırakın, kendinizi kaybedin. Kendinizi yalnızca başkaları ile ilişki kurduğunuz, onları anladığınız zaman hissedin.

- Kim olduğu önemsiz mi? Sonunda kişilerin birbirinden çok farklı kişilikleri var.

- Bu arada biz zaten insanların birbirlerinin niteliklerini kendilerine dâhil etmeye özlem duyduğu bir toplumdan söz ediyoruz. Onların bu özlemi gerçek insan dostluğunun başlangıcıdır.

Eğer herkes, diğer herkesin içinde içerilmek isterse böylece ortak bir şey biçimlenir. Bu bizlerin birleşimidir, birleşmek için kendimizden çıkma girişimimizin bir sonucudur. Bu durum "karşılıklı güvence" diye adlandırılır ve herkesin "tek bir yürek" olarak, tek bir istekte ve niyette olduğu anlamına gelir.

Kişi bu ortak niteliğin ayırdına vardığı zaman, kendi "ben"i saklanır ve neredeyse yok olur. Bundan sonra da yeni bir nitelik ortaya çıkar.

Artık, ben, sen ya da o yoktur. Üçümüzden oluşmuş olan tek ve bütün bir şey bizim ötemizde biçimlenir. Ancak bu, üç niteliğin bir toplamı değil ama tek bir niteliktir.

Eğer birliğimizi bu ölçüde hissetmeye başlarsak, bunun içinde, daha üst bir boyutu hissedeceğiz. Yalnızca bu seviyedeki gelişmeye "insan seviyesi" denir. Bugün hâlâ

bencil, hayvansal durumdayız. Ancak birlik "insan" diye adlandırılan seviyeyi getirir.

Bu seviyede, bütünsel, küresel ve tümsel Doğa'yı hissetmeye başlarız. Ölümsüz ve mükemmel hayatı hissetme duyusunu ediniriz, tüm sorunlarımızdan, huzursuzluğumuzdan ve acı veren durumlardan ve zorlayıcı dürtülerimizden ayrılırız. Kişi farklı ve yeni olan bir şeye dâhil olur.

Oyuncu Sahne Yönetmeni Haline Gelir

- Birisi aktörlük mesleğine girdiği zaman, yeni bir hayat biçimi içine doğru çekilir ve de pek çok korkular edinir. Mefistofeles (şeytan) imajı derhal bilinçaltından su yüzüne çıkar. Neden bu korku ortaya çıkar?

- Kişi kendisini kaybetmekten korkar. Belli bir rolün içine gömüldüğünde bazen orada bir dakika daha kalırsa artık çıkıp geri gelemeyecekmiş gibi hisseder.

Bu korkuların haklı bir nedeni vardır. Kişinin psikolojik yapısı dengede değildir ve onu işleten davranış programı tamamen yeniden yapılandırılabilir, bilgisayarlarda olduğu gibi. Eğer oraya yeni bir program yüklenirse, kişi her şeyi unutabilir ve tamamen farklı davranabilir. Bu uygulamalar ve yöntemler dünyada çeşitli ülkelerde güç sahipleri tarafından uygulandı.

Bizim çocuklarımız, arkadaşlarının doğasını hissetmek amacıyla, arkadaşlarını anlamak için çalıştıklarının açıkça farkındadırlar. Bunu başarmak için, arkadaşımın niteliklerine dâhil olurum ve içimde onun bir imajını yaratırım. Ve arkadaşım da bana ilişkin olarak aynı şeyi yapar. Böylece benim içimde iki görüntü, onun içinde de iki görüntü olacaktır. Bu bizim doğru biçimde iletişim kurmamıza ve birbirimizi anlamaya başlamamıza olanak verir. Rol oynamamızın nedeni de budur.

Bugün birbirimizi anlamamız yarın birbirimizi anlayacağımız anlamına gelmez. Karşılıklı olarak birbirimizi anlamamız sürekli yenilenmelidir. Bencilliğimiz sürekli büyüdüğü için yarın yeni bir yapıda olacaktır. Çevremizdeki pek çok şey - aile koşullarımız, okuldaki arkadaşlarımızla ilişkilerimiz ve benzeri gibi huyumuz da değişecektir. Bunların hepsi kişiliğimizi etkileyecektir. Değişiklikler her an olmaktadır.

Takım içinde, bir başkasını gözlemleyip, onun çalışmasını eleştirdiğimiz veya övdüğümüz türden bir çalışma bizim büyük ölçüde analitik araçlar edinmemize, tüm süreci dışarıdan bakabilmemize fırsat verir, farklı roller oynayan bir oyuncunun değil ama sahne yönetmeninin bakış açısını kazandırır. Tıpkı Doğa'nın etrafta emirler vermesi ve bizimle oynaması gibi, ben de oyunu görmeye başlarım. Olup bitene karşı çok duyarlı bir tavır geliştirir ve hayatın yalnızca farklı roller oynamaktan ibaret olduğunu anlarım.

Böylece eğer çocuklar arkadaşları ile beraber farklı durumlar üzerinde çalışır ve kendi davranışlarını hep beraber gözlerlerse hiçbir problem kalacağını zannetmiyorum.

- Sahne yönetmeni rolünü oynamak da mümkün müdür?

- Burada çocuklardan, küçük çocuklardan söz ediyoruz. 7 veya 8 yaşına girdikleri zaman, içlerinde bencillik şiddetli bir biçimde artar. İşte o zaman giderek onlara rol oynamanın unsurlarını tanıtmaya başlamalıyız; "Şimdi sen onun durumunda olmayı dene ve o da senin durumunda olmayı denesin. Onun dün sana nasıl bağırdığını hatırla ve şimdi sen onun rolünü oyna," gibi.

Bu yaşta yönetmek ve idare etmek mümkün müdür? Ben bu olasılığı yok saymam. Bu, grubun ne kadar zamandır öğrendiğine ve hangi becerileri edindiğine bağlıdır.

- Her defasında bir sahne oynandığında, aynı sahne bile oynanıyor olsa, farklı olur.

- Bu açıkça böyledir, özellikle de aynı rolleri oynadığımız zaman.

- Çocuklar aynı sahneleri defalarca oynamalı mıdırlar?

- Bu zaten olacaktır.

- Buradan ne öğrenebiliriz?

- Bu süreçte, çocuklar sürekli olarak kendileri üzerinde çalışırlar. Olan her şeyi video kaydına almak, bu kaydı izlemek ve çocuklara gördükleri şeyin değerlendirmesini yaptırmak ve bunu tekrarlamanın gerekli olduğunu düşünüyorum.

Çocuk kendi davranış ve bakış açısının ne kadar göreceli olduğunu görecektir, kesin olan hiçbir şey yoktur. Kesin olan tek şey, hepsi birleştikleri zaman, bu birleşmiş olan bütünün kendisidir. Ancak her birimizde var olan ne varsa, bu her zaman değişir.

Her Rol Oynanmak Zorunda Değildir

- Oyuncular psikolojik olarak dengesiz kişi rolünü veya sahnede ölmeyi oynamayı sevmezler. Çocuklarla çalışırken, hangi rollere izin verileceği konusunda sınırları nasıl belirleriz?

- Çocuklar yalnızca iletişim kurmaları gereken kişilerin karakterlerini canlandırmalıdırlar. Bu bir prens veya fakir bir kişi veya dürüst veya kötülük yapan bir kişi, bir kadın veya bir erkek olarak canlandırılabilir, bu önemli değildir.

Ancak başka kişiliklere bürünmemelidirler. Çocuk da olsa, yetişkin de olsa veya yaşlı bir adam da olsa içinde bulunduğum toplumda ilişki kuracağım herkesi anlamak zorundayım. Kendi içimde onların durumlarını oynamalı ve onların niteliklerini edinmeliyim.

- O zaman çocuk örneğin ölmüş birinin rolünü oynamamalı mıdır?

- Ölü biriyle neden ilişki kursun ki? Bunun ne gibi bir yararı olabilir? Veya neden çok küçük bir çocukla ilişki kursun ki?

Şüphesiz eğer olanak varsa bir bebekle ilişki kursun. Ancak genellikle bebeklere anneleri bakar. Anne bebeği içgüdüsel olarak anlar. Doğa'da da bir hayvan bir diğerini böyle anlar, içgüdüsel olarak. Gerçekte onlar tek bir organizma gibidirler, anne çocuğa karşı hayvansal sezgiyi gösterir.

Çocuk ve anne arasındaki ilişkiyi anlamak için, onlara dâhil olmak ve bu durumun içinde oynamak zorundayız. Ancak bunun için bebekle ilişki kurmak zorunda değiliz anne ile ilişki kurmak bebekle ilişkiyi de kapsar.

Ancak tüm dünyayı, tüm insanlığı içimde biriktirmek için tüm diğer insanlarla da ilişki kurmak zorunda değilimdir.

- Çocuk soyut şeyler yerine hayatın farklı durumlarını mı oynamalıdır? Soyut bir korku yerine gerçek bir korkuyu mu canlandırmalıdır?

Dr. Anatoly ULIANOV

Bütünsel Toplumun Psikolojisi

- Ne çeşit soyut bir korku olabilir ki?
- Mesela çocuk bir filmde bir şey görebilir.
- Hayat gerçek imajlar ve izlenimlerle doludur. Çocuğa, hayatta karşılaştığı her durumu ve her olayı doğru anlamasını ve bunlara doğru şekilde katılmasını öğretmek gereklidir.

Belli bir sosyal katmandan olan bir grup insanla doğru biçimde iletişim kurmayı çocuk nasıl öğrenir? Veya kendisini nasıl anlar? Kimdir? Kendisini oynamayı nasıl öğrenir? Ona kendisi her zaman kendisiymiş gibi görünür, kendi doğası içindeymiş gibi. Haydi, ona bunun aksini hayal ettirelim.

Ben sahne yönetmeniyim ve bu durum içinde sahne yönetmeni beni gözlemleyerek "beni" oynuyor. Bu benim kendime kendi "benimi" nasıl ifade ettiğime eleştirel olarak bakmamı sağlar. Bu sanki iki ayrı boyut içimde aynı anda var olmak gibidir.

Buradan kendimle bile iletişim kurmakta bunun tek yol olduğu ortaya çıkar. Kendimi yalnızca bu yolla anlayabilirim.

Belki oyunculara rol yapmak başka bazı yöntemlerle, olasılıkla mesleki deyimler kullanarak öğretilir. Ben rol oynama temellerine aşina değilim; ben burada bu süreci nasıl anladığımdan ve nasıl gördüğümden söz ediyorum.

İnsan doğasını bilmek öğrenmek zorundayız. Daha şimdi hepimizin bencil olduğunu ve bir diğerini hissetmediğini anlamaya başlıyoruz. Ancak uygarlığımızı yok olmaktan kurtarmak için, Doğa'ya benzer hale gelmek ve bütünsel olarak bağlantıda olmak zorundayız.

Rol yapmak ve oynamak kişinin gelişimi için çok önemlidir. Bir seviyeden bir yukarıdakine yükseltir, gerçek anlamı ile bir sonraki seviyeyi oynamak zorundayım. Bu bir çocuğun örneğin, bir şoförü veya berberi oynaması gibidir ve sonra büyür ve gerçekten de bunlardan birisi olur. Oynamak Doğa tarafından içimize işlenmiştir.

Bizim atölyelerimizde de aynı şey olur. Başka insanları sanki onlarmışım gibi oynadığım zaman onların kişilikleri içime yerleşir. İnsan böylece tüm dünyayı kendi içinde biriktirir.

En Keskin Algılar İhtiyaçtan Gelenlerdir

- Ben olumsuz karakterleri oynamayı çok daha ilginç bulurum. Olumlu olanlar sıkıcı gelmesine karşın, olumsuz olanlar bana daha çok dokunur. Bu roller bizi daha çok etkilediğine göre bunları nasıl değerlendirmeliyiz?

- Olumsuz imajlar, üzüntülü müzik, trajik olaylar her zaman, bize tekdüze gibi gelen olumlu olanlardan, daha canlıdır. Bunun nedeni açıktır çünkü kişi haz alma isteğinden ibarettir. Bunun sonucu olarak da en keskin duyumlarımız bir şeyin yokluğundan kaynaklanır. Kişi haz duyduğu zaman, "bencil" birisi olarak, "bu benim hakkımdır" der ve o kadar da büyük bir haz duymaz. Ancak hakkı olan bir şeyin yokluğunu çok keskin olarak hisseder. Bencillik kendisini böyle, tek taraflı olarak değerlendirir, yoksunluk hissi ağırlıklı olarak değerlendirir.

Çocuklar hangi rolleri oynamalı, olumlu mu olumsuz mu? Böyle bir soru olmamalıdır. Rolü nasılsa o haliyle oynarım. Kişi öncelikle, tüm karakteri parçalara ayırmalı ve bunları olabildiğince tarafsız olarak incelemeli, en belirleyici

olanları seçmeli, bu durumları kendi içinde canlandırmalı, sahne yönetmeni haline gelmeli ve sonra da bunları ifade etmelidir.

Örneğin, Ali'yi oynamam istendi. Bu, onunla hangi koşullarda karşılaştığımı, kişilik özelliklerini, nasıl hareket ettiğini ve Ali'ye özgü her şeyi hatırlamalıyım demektir. Neyin bana hoş geldiğini ve neyi sevmediğimi anlamalıyım. Bunların hepsini kendi bencilliğimle ilişkili olarak incelemeliyim.

- Eğer bir şeyi sevmiyorsam ne olacak? Bu nitelikleri haklı çıkarmaya ve onları kabul etmeye mi çalışmalıyım?

- En önemlisi bunları oynamak ve dışa vurmaktır. Karakteri belirgin bir biçimde hatırlamak çok önemlidir, neye benzer ve nedir? Kişi bu rolü oynamaya başladığı ve bu kişiliğe büründüğü zaman, olup bitene karşı kendi yeni tavrını hissetmeye başlar. Böylece de kişi rolünü yaptığı karakterin bu durumdaki davranışını kabul eder. Rolünü yaparak, oynadığım kişiye yakınlaşırım.

- "Oynadığı karaktere âşık olmak" diye bir deyiş bile vardır.

Amaç: Bütünsel Bir İnsanlık

Her durumu ve her karakteri titizlikle inceleriz ve sonra bunları oynayarak dışarı vururuz ve bunlar kişinin içinde kalır. Kişiyi dünyaya bağlayan böyle onlarca ve belki de yüzlerce karakterden oluşan bir mekanizması vardır. Kişi, herhangi birisini anlamak için çok-yüzlü, çok-katmanlı bir hale gelir ve böylece herkesle ilişki kurabilir.

Bu anlayış insanlara hile yapmak veya bu iletişimden kazanç sağlamak veya kişinin kendi "benini" yerleştirmesi için, "her bakımdan hoş bir hanım" gibi uygun bencil bir yol bulmak amacı için değildir.

Bütünsel Toplumun Psikolojisi

Dr. Michael Laitman

Bizim burada söylediğimiz en önemli olan şey kişinin her karakteri kendi "beninde" canlandırabilme yeteneğidir. Bu biçimde tüm insanlıkla iletişim kurabiliriz ve tek bir bütün yaratabiliriz. Böylece her birimiz kendi etrafında bir karakterler "alanı" oluşturacak ve bununla da bütünsel bir insanlığa erişeceğiz.

Giderek insanlık, herkesin kendi içinde var olan tüm insanları içerdiği bir noktaya doğru, böyle ilerleyecektir. Bu süreç hiç de zor değildir. Psikologlar çok fazla insan karakter tiplemesi olmadığını bilirler. Psikologlar bunu kaç tane olarak sayarlar?

- Yirmi.

- Peki, o zaman sorun ne olabilir ki? Eğer kişi bu karakterleri benimserse, bunlar yoluyla iletişim kurduğu herkesi anlayabilecektir. Beni de anlayacaktır. Benim içimde iyi bir ışık görecek ve bana karşı iyi bir yaklaşım içinde olacaktır. Böylece de dünyada iyi ve olumlu bir bütünselleşme uyandırıyor olacağız.

- Çocuklara rol yapmayı kim öğretmelidir? Bunun için ünlü oyuncular davet edilebilir mi? Ya da bu çocuklara kendilerinden 2 veya 3 yaş büyük çocuklar tarafından öğretilebilir mi?

- Daha büyük çocukların bu süreci yürütebileceğini sanmıyorum. Bu çeşit bir çalışma bir yetişkini gerektirir. Bizim amaçlarımızı anlamadıkları sürece en iyi oyuncu ve yönetmenler bile bizim sınıflarımızdaki çalışmayı yönetemezler. Mesleki ustalık bizim için o kadar da önemli değildir.

Öncelikle, bizim eğitimcilerimiz tarafından yapılacak olan her çalışmanın açık bir amacı vardır: arkadaşları anlamak, onlarla doğru biçimde birleşmek, onlarla ortak bir bütün oluşturmak.

Dışarıdan bir kişinin bize bir yardımı olamaz, çünkü bu işler onun bakış alanı içinde değildir. Meslekten bir oyuncu için en önemli şey ikna edici, gerçekçi rol yapmaktır. Ancak bu bizim için önemli değildir. Her çocuk kendisini tamamen ve etkili bir biçimde ifade edemeyebilir. Ve bu gerekli de değildir.

Ancak bunun yerine, bizim çocuklarımız giderek neye heves duyulması gerektiğini ve önlerinde ne gibi olanakların açılmakta olduğunu fark edeceklerdir. İsteklerini birbirleri ile tutarlı olarak tamamlayacak ve birbirlerini anlamaya başlayacaklardır.

Her bir belirli durumun içinde diğer kişinin doğal davranışlarını hatırlayacak ve her biri arkadaşının rolünü oynayacaktır. Bundan sonra kendi ilk kişiliklerine dönecek ve kendi doğal davranışlarını tekrarlayacaklardır.

Örneğin, ben seni belli bir şey için suçlamaktayım ve sen de beni belli bir şey için suçlamaktasın. Şimdi her birimiz bir diğerinin rolünü oynamak zorundadır. Sonra bir kere daha kendi doğal niteliklerime dönerim ve bu ilk durumu bir kere daha oynayıp dışa vururum.

Çocuklar tüm bu imajları içlerinde biriktirirler ve bütünsel bir insanlık haline gelmek amacı ile bunların onlara birlik olmak için nasıl yardımcı olacağını tartışırlar.

Ben arkadaşımın doğasını anlamaya başlarım ve o da benimkini anlamaya başlar. Böylece kendi doğamızın ötesine yükselir ve tüm niteliklerimizi nasıl birleştirebileceğimize karar veririz. Bu tartışmaların sonuçları, çalışmanın en önemli bölümüdür.

Her kişi kendi içine tüm dünyayı dâhil etmek zorundadır.

Dr. Michael Laitman

TOPLUM İÇIN İYİLEŞTİRİCİ BİR PROGRAM

- Tarihten Öğrenmek
- Uygarlığı Kurtarmak
- TV İle İnsan Yetiştirmek
- Bu Yöntemi Uygulamaya Koymak
- Çocuklar ve Yetişkinler İçin Kendi Kendine Öğrenim
- Uygulama, Örnekleme ve Karşılıklı Etkileşim
- Genç Suçlular İçin Yetiştirme
- Toplum İçin İyileştirici Bir Program

Tarihten Öğrenmek

Bu yöntemin temellerini biçimlendirmek için çok eski kaynakları kullandık. Bu kaynaklar aynı sorunun, yanlış bencil bağlantıların, bütünsel bir toplum içinde ilk defa ortaya çıktığı yer olan, Antik Babil'de yaratılmıştır.

Babil'de yaşayanlar göklere yükselen bir kulenin yapımını planlamak üzere bir araya geldiler ancak kısa bir süre sonra birbirleri ile anlaşamadıklarının farkına vardılar. Bu karışıklık ve dil kargaşası bencillikleri nedeni ile birbirlerini anlamaktan yoksun oluşlarındandır.

Josephus Flavius bunu çok ilginç bir biçimde yazmıştır. Üç milyon insan (bu o zamanlardaki uygarlığın tümü idi) Dicle ve Fırat nehirlerinin arasında kalan küçük bir bölgede yaşıyordu. Güneş ışığı ve su çok boldu, insanlar arpa, buğday ve sarımsak yetiştiriyor ve balık avlıyorlardı. Yiyecekleri gerekli tüm unsurları içeriyordu. Antik bir

Dr. Anatoly ULIANOV

Bütünsel Toplumun Psikolojisi

medeniyet için bunlar çok güzel koşullardı. Ama birdenbire Babil'de yaşayanlar beraber olmaya tahammül edemez oldular. Bunun sonucu olarak da dört bir yana göç ettiler. Her bir aile, klan ve lonca farklı bir yöne gitti ve farklı uluslar kurdu. Ama o zamanlar onların birbirlerinden ayrı dağılabilmeleri için yer vardı ve böylece de ayrılmak durumlarını rahatlatmıştı.

Bugün gene aynı durumdayız. Biz de uygarlığımızı "göklere yükselen kuleler" gibi her şeyi tüketmek isteği içinde kurmaktayız. Yeryüzünün bize sunduklarını – mineralleri, metalleri, kömürü, petrolü ve doğal gazı - son damlasına kadar kurutmaktayız. Ancak insanlığın yeryüzüne soktuğu boru ucu boşalmış olarak yüzümüze bakmaya başladı bile.

Uygarlığın sonuna vardığımızı anlamaya başladık, çünkü artık kurduğumuz uygarlığı sürdürmek için hiçbir şey kalmadı.

Böylece de şu çok önemli sorular ortaya çıktı: Ne yapmaktayız! Aklımız başımıza nasıl gelebilir? İnsanları sonumuz gelmeden önce nasıl eğitebiliriz?

Uygarlığı Kurtarmak

İnsanlığa sonun çok yakında olduğunu göstermek zorundayız. İnsanlık bu boruya bir göz atsa ve boş olduğunu görebilse! Petrol, benzin ve su, nükleer veya solar güç santralleri ile temin edilemez. Bir araba bir litre benzin ile on kilometre gider. Ve elimizde, bu bir litre benzinin yerini tutacak, böyle sonuç verecek başka bir yakıt veya enerji yoktur. Başka bir deyişle uygarlığımız petrole dayalıdır ve petrol bittiği zaman uygarlığımız da son bulur!

Bütünsel Toplumun Psikolojisi

Dr. Michael Laitman

Yapmamız gereken tek şey tüketimimizi en az seviyeye indirmektir. Kalan kaynaklarımızı yalnızca hayati ihtiyaçların temini için kullanmalıyız. Hiç kimse aç kalmayacak ve zorunlu ihtiyaçlarından vazgeçmek zorunda kalmayacaktır. İnsanlar normal bir hayat sürdüreceklerdir! Günümüzde normal bir ailenin bir apartman dairesi, aile bireylerinin her birinin işleri ve çocuklarını yetiştirmek ve eğitmek için gerekli imkânları olmalıdır.

Gönüllü olarak kısıtlama fikrini aşağıdan yukarıya kadar aşılamalıyız. Buna aç olanları doyurmak ve zenginlerin yaşamını normal seviyeye indirmek de dâhil olmalıdır. Gerçekte bu, sosyalizmdir. Ama kim buna razı olacaktır? Ne tür acılar bizi mevcut kaynakların yeniden dağıtımına, toplumun tüm üyelerini eşit olmaya, bizi birbirimizle birlik olmaya ve aramızda doğru bir etkileşim kurmaya zorlayacaktır?

Böyle bir sisteme ulaşmak için, bir aile gibi birbirimize olan kesin bağımlılığımızı hissetmeye başlamak zorundayız. Günümüz insanı bu histen yoksun ve buna tamamen yabancıdır. Aileye, çocuklara, akrabalara ve arkadaşlara ihtiyaç duymaz. Onun tek ilgilendiği şey, Doğa'nın ona var olması için ayırdığı ve "hayat" diye adlandırılan zamanı iyi geçirmektir.

İnsan yetiştirmek için zamanımız var mı? Bu tüm bir sistemin yaratılmasını gerektiren uzun süreli bir süreçtir. Ne yazık ki zamanımız kısıtlıdır çünkü önümüzdeki 10 ile 15 yıl içinde kalan kaynakların tümünü kullanıp bitireceğiz ve geriye hiçbir şey kalmayacak.

Yayınlanmış ve yayınlanmamış olan araştırmalardan gelen bilgi budur.

Dr. Anatoly ULIANOV

Bütünsel Toplumun Psikolojisi

Bu nedenle de bizim bütünsel insan yetiştirme yöntemimiz öncelikle ebeveynlere yöneliktir. İnsanın çocuklarını koruma doğal güdüsüne güveniyoruz. Onları insana dönüştürelim! Onları bu kaçınılmaz olarak, zorunlu olarak herkesin herkesle etkileşimde olacağı geleceğe hazırlayalım!

Bu etkileşime doğru olarak katılan kişiler bundan fayda görecekler. Yalnızca doğru olarak yetiştirilmiş olmayacağız ama hayatta kalmak için gerekli becerileri de edinmiş olacağız, çünkü birbirinin elinden kapmak diye bir şey olmayacağı için, hayatta kalan güçlü olan olmayacaktır. Hayatta kalmak bu bütünleşmeye uyum sağlama, anlama yeteneğine bağlı olacaktır, birbiri ile iletişim kurmak, karşılıklı güvence, karşılıklı ödün vermek, bağlantı kurmak ve birlik olmak Doğa'nın bize olan çağrısıdır. Doğa'nın amacı insanlığı dengeli bir uyuma getirmektir.

Bu sistem internet üzerinde her dilde geliştirilmelidir. Bunun başka bir çözümü yoktur. Öncelikle ve önemle ebeveynlere yönelik olmalıdır çünkü çocuklar geleceğimizdir. Bugün 10 yaşında olan çocuklar bu yeni insanlığı oluşturacak olanlardır. Onlar uğruna her şeyi yapmak zorundayız.

Kişinin bencil doğal isteği olan çocuğuna güvenli bir hayat sağlamak kaygısına seslenmenin tek çözüm olduğunu düşünüyorum. Bunu insanların önüne atmanın çölde avazı çıktığı kadar bağırmaktan farkı olmayacak. Ama ebeveynlere seslendiğimiz zaman, onlarla bağlantı kurabileceğimiz hassas bir noktaya dokunuruz.

> Bütünsel Toplumun Psikolojisi

Dr. Michael Laitman

TV İle İnsan Yetiştirmek

- Sizin antik kaynaklara ve Doğa kanunlarına dayanan sağlıklı ve uyumlu bir yönteminiz var. Bunun sonuçlarını şimdiden, sizin sisteminizde yetiştirilen çocuklar üzerinde görmekteyiz. Ama gene de bu, "insanlardan" kilometrelerce uzakta. Sizin yönteminizi dünyanın her yerinde ebeveynlere nasıl ulaştırabiliriz?

- Her evde televizyon aygıtı bulunduğu için TV programları yaratabiliriz diye düşünüyorum. Sürekli olarak ilginç ve seyretmesi hoş olan programlar yayınlayan bedava bir TV kanalı olmalıdır.

Bu tür bir kanal otoriteler ve zengin insanlar tarafından da destek görür, çünkü bu insanları sakinleştirir ve onları daha dostça yapar ve basıncı azaltır. Bu çocuk yetiştirmek amaçlı olur ve halkın talebini, sosyal toplumun olumlu unsurlarını geri getirme isteğini de bir anlamda karşılar. Bu noktada otoritelerin yeniden dağıtım yapmasını gerektirmez ve yalnızca insan yetiştirmek amaçlıdır.

Bugün henüz mülkün yeniden dağıtımı ve bunun tüm nüfus veya tüm dünya tarafından kullanımına ulaşılabilir olmasına başlamaktan söz etmiyoruz. Biz insanlar arasındaki dostluk, işbirliği ve birlik ruhunu yükseltmenin gereğinden söz ediyoruz. Bu durumun herhangi bir resmi aleyhtarı olamaz. (Her ne kadar bazı milliyetçi hareketler her zaman bunu kendi fikirleriyle çelişkili görebilecek olsalar da gene de bu önemsiz bir güç olacaktır.)

Bu gerçekten de çok güçlü bir fikirdir! Çok doğaldır! Ve hiçbir zorlamayı içermez! Bunu hayatta kalmak için insanların birleşmesine olan ihtiyaç ölçüsünde, hayata geçireceğiz ve bu gereksinimi önümüzdeki birkaç sene içinde göreceğiz. Bu olmadan önce, bunu dinleyecek, anlayacak ve öğreneceğiz, tıpkı bir öğrencinin çalışmaya ve bu öğrendiklerini uygulamaya başlamadan önce 5 veya 6 yıl öğrenim görmesi gibi.

- Birkaç aydır bu yöntem hakkında açıkça konuşmaktayız ve halen, ünlü bilim adamları, akademisyenler, dünya çapında uzmanlar da dâhil olmak üzere, pek çok kişi bununla ilgilendi bile. Etkin bir biçimde bizimle işbirliği yapmak istiyorlar. Onlarla iletişim kurmalı mıyız?

- Evet şüphesiz! Bu insanlar neredeler? Benden ne duymak isteyecekler? Ben herkesle konuşmaya, açıklamaya ve yöntemi geliştirmeye hazırım, temel olarak şimdi yalnızım. Ama başka kişilerle, özellikle başka araştırma alanlarından gelenlerle etkileşim, gerekli olanı açığa çıkarır ve tamamlamaya yardım eder.

Bu Yöntemi Uygulamaya Koymak

- Bu yöntemi herkese götürmek gerekli midir? Aynı zamanda, bu işi kim yapacak – belki artistler, bilim adamları veya eğitimciler mi? Ve hangi olanakları kullanacağız?

- Bu konu ile ilgili belgeseller ve filmler yapabiliriz, oyunlar, TV programları ve bilgisayar oyunları üretebiliriz. TV ve basında, bu konuda açık oturumlara, tartışmalara yer vermeliyiz.

Bu yöntem gelecekteki toplumdan ve bu toplumun yapısından söz ettiği için toplumun her katmanını içine alabilir. Uygulanmasında ve insanlara sunuluşunda farklı yollar vardır. Devlet yönetimlerinin de buna ilgisini sağlamak gerektiğini düşünüyorum.

Bu fikirlerini, yazılı bildiriler ve danışmanlıklar aracı ile tepeye ulaştırabilen kişiler tarafından yapılabilir. Her toplumda ve her devlet yönetiminde fikirleri alınan

araştırma enstitüleri, sosyal bilim ve politik bilim grupları vardır. Bunlar aracılığı ile çalışabiliriz.

Aynı zamanda TV yönetmenlerinin ilgisini çekmekte de fayda vardır. Sonuçta konu çok ilgi çekicidir. Bu konunun tartışılmasında birkaç ünlü kişi yer alırsa, şüphesiz böylece yeteri kadar ilginç olmaya değer bulacak ve bunu seyircinin değerlendirmesine sunmak için güven duyacaklardır. Uzmanların, ekonomistler, sosyologlar ve psikologlar dâhil olmak üzere, her birinin kendi bakış açısından yakın gelecekteki toplumunun neye benzeyeceğini göstermeleri gereklidir.

Doğa genç nesli yetiştirmemizi zorunlu kılıyor. Burada kendimizden – yetişkinlerden - değil ama çocuklarımızı yetiştirmekten söz ediyoruz.

Bugün hiçbir ülkenin aklı başında bir çocuk yetiştirme programı yoktur. Tüm eğitim sistemleri UNESCO da dâhil olmak üzere çaresiz bir durumdadır. Bu konuda belli bir görüşü olan herkesi dinlemeye hazırlar çünkü kendilerinin bu konuda bir fikri yok.

Eğer bütünsel yetiştirme fikrini – bu psikologların, sosyologların, eğitimcilerin ve öğretmenlerin hakkında konuştuğu bir şeydir – sunmaya başlarsak, bunu geleceğin toplumunun ihtiyacının ne olduğunu farkına varmak çerçevesi içinde onlara göstereceğiz. Biz var olabileceğini ümit ettiğimiz bir gelecek hakkında konuşuyoruz ve bu ancak eğer biz bugünün evrensel, çok yönlü, sistematik krizlerini –bu da insanoğlunun bencilliğinden başka bir şey değildir - yenebilirsek mümkün olacaktır.

Nasıl bunun ötesine yükselebiliriz? İnsanı kendisini kapatmadan diğer insanlarla bağlantı kurabilecek şekilde nasıl yükseltebiliriz ve böylece doğru biçimde bir aile

Dr. Anatoly ULIANOV

Bütünsel Toplumun Psikolojisi

kurabilsin, eşi ve çocukları ile komşuları ve çalışma arkadaşları ile doğru biçimde bir arada var olabilsin. Bunu toplumun zorunlu ihtiyacı olarak ortaya sürmeliyiz.

Devlet yönetimi, dini kuruluş, okul veya aile tarafından bir engel geleceğini görmüyorum. Hiç kimse insanlar arasına birliğe doğru yönelmeye karşı çıkmaz. En azından görünür bir karşı çıkış olmayacaktır.

Bu durumda, eğitim bölümünden başlamalıyız.

Çocuklar ve Yetişkinler İçin Kendi Kendine Öğrenim

- Bu yöntemi gerçekleştirebilmek için, özel olarak yetiştirilmiş, bütünsel insan yetiştirmeyi anlamış olan eğitimciler olmak zorunda. Bu kişilerin hazırlanması nasıl düzenlenmeli?

- Her yaş grubu için televizyon kursları düzenlemek zorundayız. Bu eğitimciler 10 yaşındaki erkek ve kız çocukları, onların 40 yaşındaki anne-babaları ve hatta büyük anne-babaları olabilir. Herkes öğrenecektir. Örneğin üç ay sürecek olan bu TV kursunu tamamlayan ve öğrenmeye devam etmek isteyenler için profesyonel eğitimci olma imkânı olacaktır. Bunları davet edeceğiz. Bize seminere katılmak için gelecekler orada onların ne kadar kavradıklarını ve içselleştirdiklerini, temelini ne kadar öğrendiklerini ve en önemlisi de ne kadar hevesli olduklarını göreceğiz. Onların ne ölçüde insanlarla ve özellikle de çocuklarla etkileşebileceklerini hissedeceğiz. Sonra onlara burs verecek ve öğretmeye başlayacağız. Ve bu öğrenimleri yanı sıra çocuklarla ilişkileri olacak ve gruplar kurmaya başlayacaklar.

Çocuklar normal okullardaki çalışmalarını tamamladıktan sonra (hiçbir şeyi değiştirmediğimizi düşünerek), orada bütünsel yetiştirme ile sarılacakları bir

okul-sonrası programda bir araya gelecekler. Orada açık oturumlara, tartışmalara katılacak, ilişkilerini geliştirecek ve anlaşmazlıkları doğru biçimde çözecekler.

TV'de, bu gruplara verilen kurslarda bunları göstererek öğreten çalışmalar olur ve onlar da bunu kendi gruplarında uygularlar. Hazırlık sistemi, eğitim sistemi ve tüm sistemin daha sonraki gelişmesi için işlemesi böyle başlar.

Herkes orada kendi yerini bulur. Çok sayıda eğitimciye ihtiyacımız var ve tüm dünyada da büyük ölçüde gizli işsizlik var. Eğitimciler ortalama bir ücret alırlar. Çocuklar faal olurlar. Çok büyük bir masraf da gerektirmez.

Bunun sonucunda, çocukları ve büyük sayıda bir yetişkin nüfusunu kendi-eğitimine ve yetiştirmesine sokmuş oluruz. Bu süreç karşılıklıdır. Sürekli olarak hem bireyin içine hem de başkaları ile olan ilişkisinin içine işler.

Birkaç ay içinde ciddi sonuçlar görmeyi bekleyebiliriz diye düşünüyorum. Toplum yeniden canlanacak ve masrafı da kendini karşılayacaktır. Bu reformlar için gerekli kaynakları zenginlerden isteyip talep edebiliriz, toplumun geleceği tehlikede olduğu için, onlar buna katkıda bulunmamaktan utanç duyacaklardır. Devlet programı kapsamı içindeki günümüz öğrenimindeki boşluğu doldurmak ustalık isteyen bir adımdır. Bu nasıl algılanacaktır. Hiç kimseyi ikna etmemize gerek yoktur. Günümüz toplumunu iyileştirecek olanın bu olduğunu anlayan çok sayıda bilim adamı, psikolog, sosyolog ve siyaset bilimci vardır.

Dr. Anatoly ULIANOV

Bütünsel Toplumun Psikolojisi

Uygulama, Örnekleme ve Karşılıklı Etkileşim

Binlerce öğrencinin öğrenim gördüğü bir eğitim merkezinde çalışan birisi bizim programlarımızı izledi ve çok ilginç buldu. Ve şu soruyu sordu: "Bu programın bazı unsurlarını normal okullara tanıtmak şimdiden mümkün olur mu? Yoksa bu yöntemin parçaları birbirine bağlıdır ve bölük pörçük olarak çalışmaz mı?"

- Bu yöntem parçalar halinde de uygulanabilir, herhangi bir biçimde ve herhangi bir sıra ile uygulanabilir, bu önemli değildir. Yayın bu yöntemin geliştirildiği yerdeki televizyon merkezinden yapılmalıdır diye düşünüyorum. Deneyimli çocuk grupları ve eğitimciler mümkün olan tüm yöntemler; açık oturumlar, açıklamalar, mahkeme uygulamaları, çeşitli oyunlar ve iletişim biçimleri ile kendileri bunu uygulamalı olarak göstermek için oraya davet edileceklerdir.

Bu, çocuklar için çok ilginç olacak ve eğitimciler için de kesinlikle güvenilir bir iş olacaktır. Aynı zamanda onlara yardım gönderebiliriz. Mesajımızı her yere göndermekte ve hemen geri bildirim edinmekte hiçbir sorun yoktur. Her şey etkileşimli olarak yapılmalıdır.

- Öğretmenlerin çalışacakları bir alan, çocuklar ve bunlarla ilgili soruları hazır olduğu zaman, onları hangi temellerde bunu gerçekleştirmek üzere desteklemeliyiz? Öncelikle ne yapılmalı ve neler daha sonraya bırakılmalıdır?

- Bu, çocukların yaşına bağlıdır. Yaşa göre kesin bir ayrım olmalıdır. 3-6 yaştan başlayarak sonra 6-9 yaş sonra da 9-12 veya 13 yaş arası için uygun yöntemler vardır.

Bütünsel Toplumun Psikolojisi
Dr. Michael Laitman

Eğer 3-6 veya 6-9 yaş grubu ile çalışıyorsak kuramsal bilgiye veya geniş açıklamalara yer yoktur, yalnızca uygulama vardır. Bu yaş çocukları her şeyi ağızlarına alarak veya elleri ile hissederek öğrenirler. Böylece duyumlar edinirler. Bu dünyayı araştırmaları sözel olmak yerine tamamen duyumsaldır. Ama daha büyük çocuklar açıklamalar alabilir ve şeyleri yazıya dökebilirler.

9 yaşından sonra, çocuk eylemlere paralel olarak, "Ne yaptık ve bunu neden yaptık?" "Neden birçok birbirini izleyen eylemi yerine getirdik; bunlarla ne elde ettik?" gibi sorulara yanıt veren açıklamalara da gerek duyar. Bu sistemde kişinin açıklamalar alacağı ve kendi kendisinin öğretmeni olacağı açıkça belirtilir.

13 yaşın üzerindeki çocuklar kesin mantıksal bir yaklaşıma gerek duyarlar: nereden, neden, Doğa nedir, coğrafya ve tarih nedir, gibi. Onlara şu andaki durumumuz ve neden karşılıklı olarak bağlantı kurmamız gerektiği, neden ya iyi bir bağlantı ile ya da kötü bir bağlantı ile bağlanmak zorunda olduğumuz, bizim için en yararlı olanın ne olduğu ve sonuçta nereye varacağımız açıklanmalıdır.

Şüphesiz yetişkinlerle çalışırken onlara gereken ilk şey oyunlar değil ama açıklamalardır, sohbet programları gibi. Ve şüphesiz bu saygılı bir biçimde yapılmalıdır.

Genç Suçlular İçin Yetiştirme

- Genç suçlular gibi davranışları uygunsuz ve belli bir yapıya uymayan çocuklarla çalışan pek çok kuruluştan bize talepler geldi. Tamamen pes ettikleri ve ne yapacakları hakkında hiçbir fikirleri olmadığı için bu kuruluşlar bize, "Bize gelin ve ne isterseniz onu yapın," dediler. Onlarla bir diyaloga girmeli miyiz?

Dr. Anatoly ULIANOV

Bütünsel Toplumun Psikolojisi

- Öncelikle bu kuruluşlar bize açık ve bu da onları bizim için iyi bir seçim yapar. İkinci olarak da, eğitimci ve öğretmenler için ödeme yapma olanakları vardır. Bu da oralara girmeliyiz demektir ama öncelikle psikoloji üzerinde çalışmalıyız.

Oradaki çocuklar hiçbir şey almaya açık değiller ve kendi içlerine kapanmış durumdalar. Belli bir davranış tipleri vardır, bu katı bir biçimde sabittir ve bu onların hiçbir şeyi duymalarına imkân vermez. Ama kendileri hakkında bir şeyler duymaya hazırlar, "Beni güden nedir? Bu güdü neden bende var da başka birisinde yok? Bu neden böyle?" soruları böyle devam eder.

Genel psikolojinin bakış noktasından onlara yaklaşılmalıdır. Bu ilginçtir. Bu kişinin kendisini ve başkalarına olan davranışını açığa çıkarır, "Neden saldırgandır? Neden başkaları ile kavgalara girer?" Dışarıdan onları video kaydına alın ve onlara kim olduklarını gösterin. Bu onlara dokunacaktır. Kendilerini volta atarken veya bir kavgada dışarıdan göreceklerdir ve sonra eğitimci onlara her birini neyin güttüğünü ve her birinin neden öyle davrandığını açıklar.

Bu nedenle de onların ilgisini çekecektir. Kendilerini dışarıdan görmeye ve daha önce var olduğunu hiç bilmedikleri davranışlarını belirleyen dürtüleri dinlemeye başlayacaklardır. Bu onları etkileyecek ve gözlerini açacaktır.

Bundan sonra onlarla konuşabiliyor olacaksınız, "Kişiyi böyle davranmaya zorlayan onun içindeki bu karanlık güçler nelerdir? Yoksa Doğa kasten mi onunla böyle oynuyor, onunla alay edermiş gibi, onu bir canavara dönüştürüyor? Kuklalar gibi, ipleri çekiliyor."

Bütünsel Toplumun Psikolojisi

Dr. Michael Laitman

Bu tür bir çocuk kendisi de dâhil herkese burun kıvırır, ama eğer bunu onlara gösterirsek bu kolayca onların hepsini etkiler. Bu tür bir çevrede kendini değersiz hissetmek olabilecek en korkunç şeydir.

Bunun anlamı eğer ilk önce onların kendi-sevgilerine dokunursak, onları kazanabilir ve onlarla çalışabiliriz. Diğer bir deyişle onları kendi-sevgisinin tamamen tatmin olacağı bir duruma getirmeliyiz.

Onlara şimdi içgüdülerinin etkisi altında hareket ettiklerini gerçekte kendi içlerinde programlanmış olana göre rollerini oynadıklarını ve kendilerine ait hiçbir şeyleri olmadığını göstermeliyiz. Ancak kendini ifade etmenin başka bir yolu da vardır, rol değiştirerek çalışmaya başla – ben senin yerine geçerim, sen de onun yerine geçersin, vs.

Çocuklara birbirlerinin rolünü oynamayı ve bir diğerine "bürünmeyi" öğrettiğimiz zaman, onlar birbirlerini daha iyi anlamaya başlayacaklardır. Bundan sonraki yol ise doğrudan doğruya onların birbirine bakmaları ve birbirlerini inceleyip anlamaları ve birbirleri içerir olmalarıdır. Çocuk başka birisinin rolünü oynadığı zaman, o kişinin bir örneğini kendi içinde yaratır ve böylece de bir şekilde o kişi ile birleşir, bağlantı kurar ve onu anlar.

Islahevleri çocuk yetiştirmek için ideal bir düzendir, çünkü oradaki çocuklar kapalı bir alandadır. Ancak, bizim yaklaşımımızın çok iyi öğretiliyor olduğundan iyice emin olmak zorundayız. Aynı zamanda sabırlı olmalıyız, özellikle başlangıçta. Ama kısa zamanda sonuç vermeye başlayacaktır. Eğer video kaydına almayı ve psikolojik analizleri kullanırsak, onların kendi-sevgileri çok gelişmiş olduğu için, sorunlu çocuklar bunları çabuk kavrayacaklardır ve sonuçta böyle yerlerde büyük başarıya ulaşabiliriz.

- 80'lerde, pek çok bakımdan hapishaneye benzer biçimde kurulmuş olan, Sovyet ordusunda görevliydim. Dış görünüşte başka bir şey, ama içerideki uygulamada ise tamamen farklı bir şey vardı. Gün boyunca kahramanlık tartışmaları ama gece olunca da taciz ve aşırı ölçüde anormal ilişki biçimleri vardı.

Gün boyunca yer alan resmi tartışmalar insanları daha da çok kızdırırdı, hatta onların öfkeden gözünü döndürürdü, çünkü gece olanlarla gündüz tartışılanlar arasında çok büyük bir uçurum vardı.

Biz kendi yöntemimizi uygulamaya başladığımız zaman, bu uçuruma ne olacak? Gece vahşeti için ne yapılmalıdır?

- Kişi kendi rolünün yanı sıra başka kişinin rolünü de oynamaya başladığı zaman, kendisini güden şeyin ne olduğunu görmeye başlar ve daha önce davrandığı gibi davranmak için olan dürtülerini kaybeder. Aynı tür davranışlar için artık enerjisi yoktur. Çünkü o kendisi değildir, onun içinde oturan ve onu güden bir şey vardır. Kendisine olan sabrını da kaybeder.

Hem kapalı topluluklardaki hem de açık toplumlardaki çocukların davranışlarında bunun etkisini derhal göstereceğinden eminim.

Toplum İçin İyileştirici Bir Program

- Farz edelim ki, bir çocuğun içinde biçimleneceği en iyi çevreyi oluşturduk, ama o daha sonra daha geniş bir topluma dâhil olmak zorundadır. Sorun şudur ki, içine dâhil olunacak hiçbir şey yoktur. Tahrip edilmemiş olan hiçbir toplum veya toplumsal kurum yoktur. Çocuklar hiçbir yer için heves duymayacaklar, çünkü gidecek hiçbir yer olmadığını göreceklerdir.

Bu çocukları Doğa kanunlarına göre yetiştirirken, onlar büyürken bir yandan da yeni toplumsal kurumlar oluşturmamız gerekmez mi yoksa onlar şekilsiz ve tamamen belirgin olmayan bir şeyin parçası haline mi gelecekler?

- Şimdi çocuklar hakkında değil ama toplum hakkında konuşuyoruz. Hiçbir şeyi yıkmadan ve yeni hiçbir şey oluşturmadan bizim yetiştirme sistemimizi herkese ulaştırmalıyız.

Eğer toplumdan söz ediyorsak burada özel bir devlet programına olan ihtiyacımız vardır, herkese bu programı izlemesi ve katılması için her gün işvereni tarafından işinden bir saat izin verileceği bir düzenlemeye ihtiyaç vardır. Her zaman aldığı ücreti almaya devam edecek ama bir saat öğrenim görmeye mecbur kılınacaktır.

İşyerinde bir veya birkaç bölümün bir salonda toplanarak TV programları izlemesinden söz ediyoruz. Bir grubun kendilerini örnek olarak göstererek onlara doğru iletişimi ve belli anlaşmazlık durumlarını çözümlemeyi gösterdiği programlar yayınlarız.

Her kuruluşta, bunun gibi pek çok programı izlemiş olan kişilerle çalışmaya başlayacak olan hazırlayıcı eğitimciler olmalıdır. Her şey kişiye bencilliğin ötesine geçip birlik olmanın üretkenlik sağladığını göstermeye hedeflenmelidir.

Topluluğun tümünün sonuçları derhal hissedeceğini düşünüyorum, çalışanlara bu bir saati vermenin zaman kaybı olmadığını düşünen memnun işveren de dâhil olmak

üzere. Her ne kadar uygulamada aynı programı izlese de artık bu bir okul programı değildir. Kişiye kim olduğunu, onu kimin güttüğünü, nasıl kendisinin ötesine yükselip diğerini içereceğini ve nasıl kendisinden çıkacağını gösteririz. Bu rol oynamayı gerektirir, farklı rolleri dışa vurarak kendimizi dışarıdan görmeye başlarız.

İnsanların bu yöntemi anlayıp içtenlikle kabul edeceğini göreceğiz diye düşünüyorum. Bu program başlangıçta çocuklar için hazırlanmıştı. Gerilimi ve suç oranını düşürerek, toplumu daha sağlıklı ve daha sıcak yapar ve canlandırır. Devlet tarafından mutlaka minnettarlıkla kabul edilir ve hoş karşılanır. Eğer önde gelen ünlü bilim insanları ve toplum bilimciler yolu ile doğru biçimde sunulursa, başarısız olması mümkün değildir.

Başka bir çözümümüz yoktur. Eğer şu anda olmasa bile gelecek birkaç yıl içinde bu çok daha gerekli olacak ve talep edilecektir, ama zamanı boşa geçirmek yazıktır.

Bir toplumun diktatörlüğe dönüşmesinin çok kolay olduğunu biliyoruz, bu durumda o artık bir toplum olmaktan tamamen çıkar. Dünyadaki var olmuş olan veya halen varlığını sürdüren demokratik toplumlar pek çok koruyucu koşul, yasa ve sınırlamalar ile var olmuştur çünkü insanın doğasında olan, her şeyi satın almak, bitirmek, hiç kimseye vermemek için üstünlük kurmak ve yalnızca eğer başkaları sizi bir şekilde memnun ediyor veya hizmet ediyorsa onlarla paylaşmaktır. Bu, bencilliğin yasasıdır.

Bugün demokrasi diye adlandırılan yapı, yalnızca insanın bencilliğinin kontrolden çıkmasını engellemek için kurulmuştur. Diğer insanların da toplumun yönetimine katılması bir zorunluluktur. Bir benciller çevresi kurmak için bu gereklidir. Diğerlerine biraz daha az izin vererek, kendileri hemen her şeyi yapabilirler. Onlara var olabilmeleri için de bir şeyler vereceğiz ve hatta daha geniş ve daha aşağıdaki çevreye daha da az vereceğiz. Kendisini koruyup sürdürebilmesi için bencil toplumda bir hiyerarşi oluşturulmuştur denebilir.

Dünya, üyelerinin her birinin birbirlerini çok iyi tanıdığı küçük bir grubun içindeki kişiler tarafından kontrol ediliyor. Diğer herkes kendi payına düşen ne ise onu alır. Yukarıdan böyle düzenlenmiştir.

Şimdi artık bu güçlü çevrelerin de varlıklarının sonlu doğasını anlar bir duruma geldikleri duruma erişiyoruz. Çok büyük miktarda metalleri, taşları ve paraları olabilir ama bu onları kurtaramaz, çünkü bütünsel bir dünya haline gelmeden, kendi kendimizi kanser gibi tüketecek ve yok olacağız. Bu nedenle başvuracağımız bizi dinleyecek olan kişiler ve ulaşacağımız bir amaç olduğunu düşünüyorum.

Dr. Anatoly ULIANOV

Bütünsel Toplumun Psikolojisi

YAZ OKULLARINDAKİ EĞİTİM PROGRAMI

- Sevgi ve Dostluk Üzerine Yoğun Bir Kurs
- Yetişkinler İçin "İyi İnternet"
- Benim Arkadaşım Bencillik
- Kişinin Tüm Boş Zamanı İçin En İyi Olan
- Çevre Herkesin Üzerinde Çalışır
- Dönüşümlü Olarak Yapmak Gereklidir
- Birleşmek Uğruna Kendi Kendine Hizmet Etmek
- Doğa'ya Merhametli Olmayı Öğrenmek
- Bir Sırt Çantası Al ve Uzun Bir Yürüyüşe Çık
- Küçük Gruplarla Başla
- Yapay Engellerden Öğrenmek
- Gece Maceraları
- "Biz" En Önemlidir
- Dış Dünyayla ve Ebeveynlerle İletişim
- "İşbirliği" Yapmayan Çocuklar
- Kamp Ateşi Etrafında Dostlarla Oturmak
- Kendi Kendinizin Psikologu Olmak
- Oğlanlar ve Kızlar

Bizim zamanımızda, biz "öncü kamplara" giderdik. Başka yerlerde yaz kampları vardı, erkek ve kız izci kampları, vb. Bu bizim sistemimizde de var ve sizin bunu uygulama tecrübeniz var. Bu gibi kamplara neden gerek var? Bunları yapmaktaki amaç nedir?

- Çocuk kamplarının temel amacı burada gençlere veya çocuklara birbirleri ile doğru ilişki kurmayı öğretmektir. Karşılıklı yardım ve dostluk kavramlarını içselleştirirler.

Sevgi ve Dostluk Üzerine Yoğun Bir Kurs

Bizim uluslararası eğitim kuruluşumuzda farklı yaşta birkaç bin çocuk vardır. Biz bu çalışmaya 3 yaş çocukları ile başlar 18 yaşına kadar sürdürürüz. Bu çok geniş bir süredir.

Çocukların yetiştirilmesi ve birbirleri ile iletişiminde yaş kriterinin ne kadar önemli olduğunu biliyoruz. Doğal olarak da farklı ülkelerden çocukları bir araya getirirken bu ilk önce göz önüne aldığımız şeydir. Gerçek bir bütünsel kamp kurmaya çalışıyoruz.

Pek çok geziden, açık oturumdan, şarkılar ve ortak yemeklere katılımdan oluşan bir program düzenliyoruz. Yemekleri çocuklar kendileri hazırlar, sofrayı kurar ve sonra da temizlerler. Tamamen kendi kendilerine hizmet ederler. Eğitimciler de 24 saat onlarla beraberdir. Ve bu birlik kurma yöntemi üzerinden çok ilginç bir yolla geçerler.

En önemli şey çocuğa, "İşte böyle sen başkalarına bağlamlısın ve başkaları da sana bağımlıdır. Dünyayı böyle algılıyorsun ve neden böyle algılıyorsun, başkalarına karşı olan tavrın değiştikçe dünyayı algılayışın da değişir ve bu nedenle başkaları ile doğru bir etkileşim içine girdiğin zaman birdenbire kendini güvende, canlı, hevesli ve daha güçlü hissedersin," düşünce ve duygularını hissettirmektir.

Çocuklara karşılıklı olarak doğru iletişim kurmayı gösteririz. Onlara insan psikolojisi ve kendi olumsuz niteliklerimiz hakkında uygun malzemeyi veririz. Gerçekte, bizim hiçbir olumlu niteliğimiz yoktur. Şöyle; "Kişinin kalbi doğuştan kötüdür," yazılmıştır. Bu, hepimiz doğuştan benciliz demektir. Çocukların, kendi kişiliklerinin, alışkanlıklarının ve birbirleri ile ilişkide her zaman kârlı çıkmaya çalışan bencilliklerinin gerçek ifadesini anlamaları için bunu tam olarak kavramaları önemlidir.

Bu doğal güdümüzü nasıl aşabilir? Başkaları ile onlardan almak yerine onlara karşılıksız olarak vermek üzere nasıl bağlantı kurabiliriz, bu kolay ve hoş mudur? Bu çok büyük ölçüde irade gücünü gerektirir.

Ancak biz çocuklara karşılıksız olarak vermenin basit, kolay, heyecan verici ve büyüleyici olduğunu göstermek zorundayız. Bu harika bir macera olabilir, orada biz birbirimize o kadar çekilmiş oluruz ki kendimizin ötesine yükseliriz ve sanki uçuyor gibi hissederiz.

Çocuğa yeni tür bir iletişim duygusu vermek çok önemlidir. Bu onun içinde bir "bilgi kaydı" izlenimi bırakır.

Eğer bu kayıtlar birbirini yoğun olarak izlerse ve aynı zamanda da çocuklar sürekli olarak bencilliğin içine düştüklerinin farkına varabilirlerse; bu bir dizi iniş-çıkış-inişe neden olur. Ve böylece çocuk kendisini kontrol etmeye başlar ve nasıl her zaman güvende, sevgi, dostluk içinde ve iyi dostlar tarafından çevrilmiş olabileceği bir seviyeye nasıl yükselebileceğini anlar.

Çocuğa, bu tür iletişimin ve birliğin faydasını apaçık böyle gösteririz. Bu süreçteki en önemli şey ona hızla kendisinden çıkıp bu iletişim içine girmeyi öğretmektir. Bu küçük bir psikolojik gerilimdir ve daha sonra bu bir gerilim olmaktan çıkar. Çocuk bunu birçok defa yaptıktan sonra bu bir alışkanlık veya ikinci bir doğa haline gelir. Böylece de artık ona kolay gelir.

Çocuklar böyle bir kamptan sonra eve döndükleri zaman, kendileri benzer bir küçük topluluk kurabilir ve bu topluluk içinde bunu uygulayabilirler. Bunun yanı sıra, sanal olarak da birbirleri ile bağlantıda kalırlar. Bizim sürekli çalışma sistemimizde, devamlı olarak kendilerinin üzerine yükselmeyi ve aralarındaki birliği mükemmelleştirebilirler.

Gerçekten de onlar birlikleri içinde özel bir şey, farklı bir psikolojik durum, rahatlık ve hiçbir şeye bağlı olmayan ve dar sınırları olmayan özel bir hayat olduğunu hissetmeye başlarlar.

Yetişkinler İçin "İyi İnternet"

Zamanla aynı yöntemi yetişkinlere de sunabileceğimizi umuyoruz, böylece onlar da bu duygusal rahatlık durumunu yaşayabilecekler ve kişinin hayatının tamamen farklı olabileceğini fark edebilecekler. Kişinin hayata, topluma ve kendisine farklı bakmasını, farklı yaşama olanaklarını görebilmesini ve hayata şükran duymasını sağlayan pek çok psikolojik uygulamalar var. Böylece kişiler, insanlığın yarısının olduğu gibi depresyonda olmayacaklar, sürekli olarak üzgün, baskı altında, kaygılı, kapalı ve savunmada hissetmeyecekler. Kendi toplumumuzda giderek artan bir düzeyde gözlenen budur.

Yetişkinler için bunu "iyi TV" veya "iyi internet" yolu ile yapmayı umuyoruz. Ve kendini kötü hisseden, hayatı zor ve dayanılmaz bulan kişileri, çeşitli programlar, açık oturumlar ve yapımlar ile kendimize çekmeyi umuyoruz.

Kişi zihnini olan bitenden almak ister ama bugün bu mümkün değildir. Şiddeti, sorunları, vahşeti ve sürekli bir

mücadeleyi görmek için herhangi bir TV kanalını çevirir. Ve sonuçta da zihni bu doğrultuda etkilenir.

Eğer insanlara başka bir şey gösterirsek, giderek onlara kitle iletişim araçları tarafından verilen bu kötü örneklerden uzaklaşacaklardır diye düşünüyoruz.

Benim Arkadaşım Bencillik

- Yetişkinler için halen bunun gibi durumlar var, örneğin psikoterapistler yaz kursları için bir araya geliyorlar. Bunu kolaylaştırmak için bunun uygun biçimde çalışması için birkaç şeye karar vermeliyiz. Kampın yaz kampı olması şart mıdır yoksa yıl içinde birkaç defa yapılabilir mi?

- Bu tür toplantıları elimize geçen her fırsatta düzenlemeye çalışıyoruz; çocukların boş vakti olduğu zamanlarda, günün ikinci yarısı, hafta sonları, tatiller gibi. Bunun yanı sıra evlerinden de sürekli olarak çevrimiçi olarak birbirleri ile bu "iyi topluluk" içinde iletişimde olabilirler.

Bu topluluklardan koptukları zamanki durumlarını gözlemlemek çok ilginçtir. Bir an onlar "biz dostuz, beraberiz, ortak bir ruh haline girdik ve her şey çok iyi" durumunda gibi görünürler. Ve birdenbire, birkaç dakika sonra bencilliğin nereden geldiği ve ne nedenle geldiği belli olmaksızın nasıl patlak verdiğini görürsünüz, onlar rekabete başlarlar ve aralarında çatışmalar başlar.

Bu onları durup düşünmek ve olan biteni anlamak üzere eğitmek için çok güzel bir fırsattır. Bu yalnızca saldırganlığı dizginlemek için değil ama birbirlerine farklı biçimde davrandıkları iyi durumu hatırlamak içindir ve böylece onları şimdi bencilliklerini aralarındaki iyi bir bağa

ve dostluğa dönüştürerek daha yüksek bir seviyeye erişmeye itmesi içindir de.

Ve çocuklar birden bencilliklerinin onların arkadaşı, onların dostu olduğunu anlamaya başlarlar. Onları sürekli teşvik eder, kışkırtır ve onları arkalarından ileriye doğru iter ve birbirleri ile çatıştırır, ama gerçekte ise onun ötesine aralarındaki yüce bağlantıya erişmek için bu gereklidir.

Çocuklar sürekli olarak Doğa'nın planının ne olduğunu sezmeye başlarlar. Kendi doğalarının bencil olduğunu – kişinin sürekli olarak başkalarını kendisine boyun eğdirme, yönetme, başkalarını kullanma özlemi içinde - olduğunu ve bunun sürekli kışkırtılmasının ise onları devamlı özverili olmaya yönelten, gerçek bir kutsama olduğunu anlamaya başlarlar.

Doğa'nın çok derin ve bilge planı, sürekli olarak aramızdaki bağlantıyı geliştirerek bizleri bağımsız insanlara dönüştürmektir. Böylece sürekli olarak kendi dünyamızın ötesine yükseldiğimizi sezeceğiz. Böylece kendimizi bütünsel olarak algılayacağız, Doğa'nın tamamen yeni katmanlarında onun daha yüce güçleri ve bütünsel planlarını hissedeceğiz. Bu, bireycilerde var olmayan yeni bir şeydir.

Bireycilerin içinde çalıştığı bir sistem vardır, her birinin yalnızca kendi içinde bulunduğu durumu hissettiği bir sistem. Ama biz aramızdaki bütünsel bağlantıyı kurarsak, bu sistemin tümünü, bilginin tümünü ve bu sistem içinde devretmekte olan tüm güçleri hissedeceğiz. Ve artık kendi bedenimizin bireysel algısı, düşünce ve isteklerinin sınırları ile bağlı kalmayacağız. Hayatı hissetmenin bir sonraki aşamasına geçeceğiz ve bu "insan" diye adlandırılır.

Önce Adem yaratıldı ve sonra o pek çok insana "bölündü". Kutsal kitaplar alegorik olarak böyle açıklarlar. Bu nedenle biz de ortak birliğimizi "Adem" diye adlandırabiliriz ve ortak algımız Doğa'nın belli bir temel algılanma durumudur ve bu gerçekliğin bireysel algısından çok farklıdır.

Kişi kendi kişisel sınırlamalarından çıkar ve kendisini sınırsız olanla bağlantılanmış, ölümsüz ve sonsuz bir enerji ve bilgi akışı içinde hisseder. Bu ona hayatın öyle bir aydınlanmasını verir ki bunun hatırına her türlü bencil dürtüsünün farkına varmayı ve onu düzeltmeyi kabul eder.

Kişinin Tüm Boş Zamanı İçin En İyi Olan

- Bu sistemin kitlelere uygulanması için interneti kullanabiliriz. Ancak gene de sürekli olarak internet üzerinden iletişim kuran insanların fiziksel olarak bir araya gelmeleri için yollar bulmak da önemli olacaktır. Bu kamplar, dünyanın her yerinden internet üzerinden halen iletişimde olan çocukların gerçek hayatta da bir araya gelecekleri bir yer olabilir. Bu bir araya gelişler ne sürede olmalı, bir hafta, iki hafta, bir ay veya belki de tüm yaz boyunca mı?

- Bu, koşullara bağlıdır, ama temel olarak ne kadar uzun olursa o kadar iyi.

Çünkü bu, kişinin tedavi gördüğü ve gönderildiği bir çeşit şifa yeri gibi bir şey değildir. Bu kişilerin gittiği ve dinlendiği ve sonra eve döndüğü bir tatil de değildir. Bu, belli miktarda çalışma saati ile sınırlı bir çalışma da değildir.

Bunun yerine kişinin yeni bütünsel bir toplum oluşturma yönteminde ustalaşana kadar durmaksızın iletişim kurmasıdır. Çocuklar bunu kolayca alırlar. Bu onlarda, her zaman canlandırılarak, yenilenerek ve destekleyerek onların içine yerleşir.

Bu nedenle de onların boş zamanlarının tümünü bunu yaparak geçirmeleri en iyi olanıdır. Eğer mümkünse çocuk daima bu çevrenin içinde olmalıdır.

Şöyle güzel bir düşü hayal edin: Eğer tüm dünyadaki çocukları alsak ve onlar için orada eğitimcileri ile yalnızca böyle bir çevre içinde iletişim kuracakları koşulları yaratabilseydik.

Çevre Herkesin Üzerinde Çalışır

- Çocukların oraya gelip, kalabileceği ve dönebileceği devamlı çalışan merkezler olmalı mıdır? Ve orada bir araya gelen gruplar büyük mü küçük mü olmalıdır?

- Bu yöntemi öğretmek için küçük grupları yönetmek daha kolaydır, onları birbirleri ile doğru iletişimin içine koymak tartışmalar, açık oturumlar, araştırmalar, incelemeler ve kendi kendilerini ve başkalarını yargılayacakları "mahkeme davaları" koyabilmek için.

Bu genç bir insanın yapması gereken, çok büyük ölçekli içsel, psikolojik çalışmadır ve belli koşulları gerektirir. Doğal olarak bu çalışmanın arasına fiziksel çalışmalar, yemekler, geziler, yürüyüşler vb. de konulmalıdır. Böylece her şey uyum içinde düzenlenmelidir. Onlarla oturup bir şeyler tartışmaya başlamadan önce, içlerinde biriken enerjiyi dışarı vurabilmeleri için onlara zaman vermeliyiz.

Dr. Anatoly ULIANOV

Bütünsel Toplumun Psikolojisi

Bu açık havada yapılabilir, Doğa'nın içinde, bir orman veya park yürüyüşü vb. ile. Diyelim ki hayvanat bahçesine gitsinler veya nehir kenarına ve orada aralarında bir şey olsun, bu durumda derhal oturup bunu tartışmalıdırlar.

Ve göze çarpmadan belli bir mesafeden kendimizi video kaydına alırız. Özel bir şey gözlemlediğimiz zaman, bunu not ederiz. Daha sonra bu kaydın bu bölümünü seyrederiz ve olup biteni tartışırız, nasıl olduğunu ve neden olduğunu tartışırız.

Bu süreç içinde herkes kendisinin ötesine yükselir ve kendi içinde olup biteni açıklar ve bizim de yardımımızla her şeyi mutlak bir tarafsızlıkla değerlendirmeye çalışır. Aynı zamanda herkes farklı roller oynar. Bütün bunların arasına mutfak ve temizlik görevleri yerleştirilir.

Bu süre boyunca çocuğa kişinin başkalarına karşı davranışlarında bu tarzdan asla ayrılmamaya gayret etmesi gerektiğini göstermeliyiz. En önemli şey bunun yalnızca herkesin kendi bireysel içsel çalışmasından ibaret olmadığı gerçeğidir. Çevremizi herkesi etkileyen ve herkesi değişmeye zorlayacak bir biçimde kurarız. Kişi bu çevreyi onu her taraftan saran sanki bir çeşit küreymiş gibi derisi değiyormuş gibi hissetmeye başlar.

Kendi etrafında bu çevrenin yoğunluğunu, herkesin onu nasıl etkilediğini, onun başka türlü olmasına nasıl izin vermediğini sezer. Bu onun, başkaları tarafından, sürekli olarak herkese karşı doğru bir tutumda, karşılıksız verme ve sevgi durumunda tutulması durumudur. Kendi bencil içsel dürtülerini derhal anlamasına yardım ederler ve ona bunlar üzerinde nasıl çalışacağını gösterirler.

Çocuk kendi çevresini sevecen bir anne gibi onu sürekli destekleyen ve içsel düşmandan – bencillikten - koruyan iyi bir güç olarak görür. Çocuk tam da bu algıda olmalıdır.

Kendisini, kendi bencilliği ve dışsal çevrenin tam ortasında hissetmeye başlar. Ve sonra, bir yargıç gibi kimin tarafında yer almak istediğine sürekli olarak karar verebildiği bir duruma gelir. Her dakika, içinde doğan özgür seçim yapma fırsatlarını, özgür iradesini hissetmeye başlar.

Bu içimizdeki insanı besleyen noktadır, orada sürekli olarak büyüyen bencilliğimiz ile çevremizin üzerimizdeki sürekli etkisi bize analiz etme olanağını verir ve böylece ne ile bağ kuracağımızı ve devamlı olarak ne tarafa dayanacağımızı seçeriz, kendi bencilliğimiz ile mi özdeşleşiriz yoksa bu bencilliğe karşı toplumu mu kucaklarız.

Dönüşümlü Olarak Yapmak Gereklidir

Diyelim ki böyle bir kampı kurduk ve orada yer almaya hazır farklı yaşlardan çocuklar olsun ve bu bütünsel yetiştirme yöntemi zaten onlara aşılanmış olsun. Bunu örgütlemekle ilgili pek çok soru var: Çocuk grupları sabit mi olmalıdır? Yani bir çocuk tüm kamp süresince hep tek bir grubun içinde mi olmalıdır yoksa onları birbirine katabilir miyiz?

- Kesinlikle birbirine katabiliriz. Çocuğun kimlerin ismini bilip kimlerinkini bilmediğinin bir önemi yoktur, biz onları dünya çapında bütünsel topluma alışmaya hazırlıyoruz, böylece onlar kişinin kim olduğuna aldırmazlar. Hatta onun kişiliğine, düşüncelerine veya hislerine de aldırmam. Tek bildiğim şey, onun bana karşı

davranışının benim ona karşı davranışımla aynı olduğudur. Biz, kendi bencilliğimizin ötesine yükselmek için birlik olmaya çalışıyoruz ve birbirimize iyi davranıyoruz. Ama onun kendi içsel durumunu nasıl idare ettiği ve bunu yaparken ne hissettiği ve kendisiyle ne gibi zorluklar çektiği, bunlar onun kendi kişisel işidir.

Ben basitçe ona yardım etmek zorundayım. Belirgin olarak ona karşı iyi tavrımı göstermek zorundayım. Bu yolla onun kendi içindeki bencillik patlamalarının üstesinden gelmesine ve bunun ötesine, bana doğru aynı incelik ve dostluğa yükselmesine yardımcı olurum.

- Bu tür bir kampta farklı yaşlardaki çocuklar birbirleri ile nasıl etkileşirler?

- Bu zordur. Aynı yöntemi öğreniyor olsalar bile, gene de dünyaya kaşı farklı bir tavırları, hayatı farklı anlayışları ve farklı bir içsel yapıları vardır. Bu nedenle de gruplar yaş göz önüne alınmadan düzenlenemez.

Ancak bu grupların farklı birleşimlerini kurabiliriz. Örneğin, 10 ve 15 yaşındakilerden bir grup yapabiliriz ve beş tane 15 yaşındakine daha küçük çocuklara yönetici ve eğitimci olmak üzere izin verebiliriz. Küçük çocuklar onlardan doğal olarak öğreneceklerdir ve bu fırsatın verilmiş olmasından dolayı gurur duyacaklardır.

Grupları birbirine katmayız. Yalnızca daha küçük çocukların daha büyük olanlardan doğal olarak öğrendikleri ve büyük çocukların onlarla ilgilenmesinden gurur duydukları gerçeğinden faydalanırız.

Bütünsel Toplumun Psikolojisi
Dr. Michael Laitman

Birleşmek Uğruna Kendine Hizmet Etmek

- Böyle bir yer ne kadar rahat olmalıdır? Beş yıldızlı bir otel gibi mi yoksa açık alanda kurulmuş bir çadır gibi mi? Buna göre orada kendi kendine hizmet olmalı mıdır?

- Şüphesiz, olabildiği kadar çok kendi işimizi kendimiz görmeliyiz, ancak zamanın hepsi kendi kendine hizmet için kullanılmamalıdır.

Eğe açık havada bir yer seçtiysek ve oraya çadırları kurduysak bu durumda tüm zamanımız yerleşmekle geçecektir. Bu nedenle de her şey önceden hazırlanmalı, planlanmalı ve düzenlenmelidir, ama bu çocukların da katılımı ile olmalıdır.

Kendi hizmetlerimizi yapmaya katılmalıyız, bu bize birlikte çalışma fırsatı vererek aramızdaki birliğe temel olacak etkinlikler biçiminde olmalıdır. Tüm bu çalışmalar amacımız için olmalıdır.

Eğer patates soymak bizim çalışmamız için gereken zamandan çalıyorsa, bu durum yeniden düzenlenmeli ve patatesleri başka birisi soymalıdır. Ancak eğer patates soymayı ortak bir etkinlik ve ilginç bir çalışma halinde düzenlersek elbette bu durumda patates soymayı kullanırız. Her çalışmayı çocuk yetiştirmek için ne kadar yararlı olduğuna göre tanımlamalıyız.

- Çalışmayı bir etkinlik olarak ortaya koyabilir miyiz? Örneğin, çocuklara birkaç saat tarlada tarım işçiliği ayarlayabiliriz miyiz, belki de hayatlarında ilk defa böyle bir şey yapacaklardır?

- Olur tabii. Neden olmasın? En önemlisi, her iş ortak olarak yapılıyor diye algılanmalı ve böylece de herkes başarının kişisel olarak kendisine ve diğer herkesi

desteklemeye bağlı olduğunu görmelidir. Bu gereklidir. Sonucun herkese bağlı olduğu bir montaj hattında çalışmak mümkündür. Onlar için hangi tür işler düzenlemek gerektiği üzerine düşünmek önemlidir.

Doğa'ya Merhametli Olmayı Öğrenmek

- İnsanlar kırlık bölgelere gittikleri zaman, Doğa ile daha yakın bir ilişki içine girerler. Bu durumda gün doğumunda kalkıp gün batımında uyumaya mı gitmeliler? Bu olanağı nasıl insanın Doğa ile etkileşimini zenginleştirmek için kullanabiliriz?

- En önemli şey onlara Doğa'ya karşı sevecen, merhametli bir tutum içinde olmayı öğretmektir. Onlar için Doğa'nın cansız, bitkisel, hayvansal seviyeleri ile kendilerinin tek bir bütün olduğunu hissetmek çok önemlidir.

Kişi Doğa'nın daha aşağı seviyelerindeki (cansız, bitkisel, hayvansal) her şeyin, tam yaşaması için gerekli olan kadarını kullanabilir ama daha fazlasını değil. Böylece denge ve uyum içinde olabiliriz ve Doğa'yı saydam ve bizden geçiyor olarak hissetmeye başlarız.

Onu derinden hissederiz ve böylece de, bizi milyonlarca yıldır geliştiren, halen de geliştirmekte olan ve bize yol gösteren onun biricik gücünü tamamen hissederiz. Eğer Doğa ile birleşip kaynaşırsak bize ne olacağını anlamaya başlarız. Ancak bu birleşme ilkel seviyelerde oluşmaz ama tam da bizim Doğa ile birleşmemiz ve ona karşı merhametli tutumumuz ve ona olan sevgimiz ile olur.

- Öyleyse kırlarda veya ormanda otururken gene de insan seviyesindeki birlikten mi söz ederiz? Doğa yalnızca bir arka plan iken öncelik daima insanlar arasındaki iletişime mi verilir?

- Evet. Ama insanın Doğa'yı nasıl ve ne ölçülerde kötüye kullandığını, Doğa'yı ve Doğa'nın bize koyduğu sınırları tartışırız. Hayvanlar birbirlerini yerler biz de hayvanları ve bitkileri yiyecek olarak tüketiriz. Bu tüketim hangi noktaya kadar dengelidir ve hangi noktadan sonra aşırı olarak kabul edilir? Bu sınırları kesin olarak tanımlamalıyız ve bunlar algımıza işlenmelidir.

Yeni bir toplumun – gezegenimizin kaynakları tükenmekte olduğu için derhal erişmemiz gereken akıllıca tüketen bir toplumun – üyesi olmak üzere çocukları böyle eğitiriz.

Bir Sırt Çantası Al ve Uzun Bir Yürüyüşe Çık

- Farklı zorluk derecesinde olan geziler, bisiklet turları, uzun yürüyüşler veya kürek çekmek gibi etkinlikler düzenlemek yararlı mıdır? Bunların hepsi de birlik olmayı sözel olarak açıklamak yerine yararlanılabilecek eylemsel fırsatlar olarak kullanılabilir.

- Evet, tabii ki. Tüm bu koşullarda onlara karşılıklı yardımlaşma ve etkileşim ifadeleri göstermek isteriz. Kızları da berber götürebiliriz, bu durumda içgüdüler ve dürtüler su yüzüne çıkacaktır ve bencilliğin ötesinden bakılamayacak ama bencilliğin içinde olan pek çok farklı ilişki ortaya çıkacaktır. Kadınların grubuna ortak bir erkek yardımı olmak üzere ve böylece de kendilerini erkek olarak ifade edebilmek için, kendilerini ne kadar kontrol edebilip ne kadar edemeyeceklerine ikna olmaları gereklidir. Bu çok faydalıdır.

- Hangi yaştan sonra böyle yürüyüşler ve geziler düzenlenmelidir?

- 11 veya 12 yaşından sonra daha önce değil. Ve 13 veya 14 yaşından başlayarak bu geziler karma gruplar olarak yapılabilir.

- Hep aynı yerde olmak mı iyi yoksa her iki veya üç günde bir yeni bir yere gitmek mi daha iyidir?

- Pek çok defa yer değiştirebiliriz. Ancak onları yoğun bir içsel çalışmaya yöneltebilirsek, onlar gerçekte bu yer değiştirmelerin farkına varmayacaklardır, çünkü daha çok kendi içsel yer değişimlerinin farkında olacaklardır – birbirlerine ne kadar yakındırlar veya birbirlerinden ne kadar uzaktadırlar.

Bir kırsal alandan bir başkasına veya tahta bir kulübeden bir çadıra geçiş dışsal ve konu dışı bir koşul gibi daha az dikkat çekecektir. Eğer deniz veya nehir kenarı ve sonra orman ve dağlar veya çöl gibi olabilirse, bu durumda bu yerler arasında büyük farklar vardır. Ve bu onlar arasındaki etkileşimi de etkileyecektir. Ancak eğer yalnızca basit bir yer değiştirme ise bu önemli değildir.

Küçük Gruplarla Başla

- Pek çok çeşit kamp vardır – binlerce çocuğun olduğu büyük kamplar veya küçük yersel kaplar, yaz kampları veya kış kampları. Hangisi daha iyidir? Hangisi bütünsel ilkeye daha yakındır?

- Bu, çocukların hazırlık seviyesine bağlıdır. Başlangıçta büyük bir şeye girişmemeliyiz diye düşünüyorum. Herkesin erişmek istediğimiz amacı anladığı küçük gruplara ihtiyacımız vardır.

Eğitimcilerin yanı sıra orada hizmet edecek olan görevlileri de eğitmemiz gereklidir. Bu insanlar çok iyi bir eğitimden geçmeliler ve böylece birbirlerine doğru davranır ve kampın düzenini ve gerçek anlamının ne olması gerektiğini anlarlar. Orası çocuğun belki de birkaç ay boyunca tamamen farklı bir düzenleme içinde olacağı bir yerdir ve bundan, bu geziden önce bile üyelerinin birbirlerini destekledikleri ve yardım ettikleri doğru bir sanal topluluk oluşturmak yolu ile başkaları ile doğru bağlantılar kurmak onlara öğretilir.

Bunun için büyük bir çocuk kampına gerek yoktur. Büyük bir topluluğun içine katılmaya hazırlanacak olan küçük gruplarla, küçük topluluklarla ilerlemeliyiz, bunu herkese karşı doğru yönelişimizi kaybetmeden yapmalıyız. Ancak küçük gruplarla başlamalıyız.

- Bu tür kamplara gelen çocuklar önceden hazırlanmalı mı yoksa geldikleri yerde "yoğun bir hazırlıktan" geçebilirler mi? Yoksa kampın kendisi daha sonraki etkinlikler için bir hazırlık olabilir mi?

- Bu kampın ne kadar süreli olduğuna bağlıdır. Eğer çocukları iki veya üç aylığına alıyorsanız o zaman herkesi alabilirsiniz. Örneğin, diyelim ki 50 çocuk olsun. Bu 50 çocuk beş gruba ayrılır, bazen beş ayrı grup gibi çalışırlar bazen de hepsi bir arada çalışırlar. Ancak pek çok değişken özellik dikkate alınmalıdır: Çocuklar yaşça, sosyal kökleri ve anlayışları bakımından benzer midirler? Eğer dışsal, ailevi karakteristik özellikleri bakımından birbirlerine uygun iseler, iki veya üç ay içinde her çocuğu yeni birine dönüştürmek mümkün olacaktır. Bu durumda her çocuğu kabul edebilirsiniz.

Ancak, gene de bir temelin olması tercih edilir. Eğitimcilerin dışında, zaten hazır olan çocukların da olması iyi olur. Maya gibi bunlar tamamen yeni, doğru

fermantasyonun ürünü olan bir oluşum sağlayacaklardır, bu giderek kalıcılık kazanacaktır.

Her 10 çocuk için iki öğretmen ve 50 çocuk için ise en az bir kıdemli, yani daha önceden hazırlanmış olan grup olması gereklidir. Böylece oraya herhangi bir çocuğu almakta bir sorun çıkmaz. "Kıdemliler" çabucak diğerlerini de düzene sokacaklardır.

Yapay Engellerden Öğrenmek

- Çocuğun geçici alanının iyi düzenlenmiş olması gereklidir, demiştiniz. Bunu yapmanın en iyi yolu nedir?

- Çalışma günü veya okul günü, çocuğu yetiştirme unsurunun her yerde, her etkinlikte ve her günlük alışkanlığın içinde var olacak şekilde düzenlenmelidir. Örneğin, tek bir yıkanma noktası var olacak gibi düzenleme yaparız ve bunun için kavga edip etmeyeceklerine bakarız. Onları yetiştirmeye derhal orada başlarız. Yemek dağıtımı için çok dar bir yer düzenleriz veya yetersiz sayıda iskemle koyarız ve onların bu durumlarda nasıl davrandıklarına bakarız.

Bu yönteme istemeyerek de olsa uyum sağlamak zorunda kalacakları ve yeni tür ilişkilerin içine gömülecekleri durumlara onları sokmalıyız. Aksi takdirde buna dayanamayacaklardır.

Çocuk kendisini rahatsız bir durumda da rahat hissetmek zorundadır, çünkü tamamen kendi bencilliğinin ötesine yükselmek ve başkalarına farklı davranmak zorundadır.

Özellikle yerleştirilmiş olan engelleri kullanmak ve onlara önlerindeki her engelle ilgili küçük ipuçları

vermek fırsatlar yaratır, onlar kendilerini insan seviyesine yükseltmek zorunda kalırlar ve böylece de her şey onlara farklı görünecektir.

Gün boyunca böyle pek çok engel yaratılmalıdır, oyunlar ve geziler gibi ve gezilerde bir diğeri olmaksızın yapamayacakları şeyler gibi. Belki biri bir diğerinin üzerine çıkmak zorundadır çünkü bu bir engeli aşmanın tek yoludur gibi.

Bu, orduda iyi geliştirilmiştir ve bunu ordudan alıp uygulamakta fayda olan bir kavramdır. Birden birisinin sedye ile taşınması gerekebilir veya birisinin yere yatması ve herkesin onun üstünden koşup geçmesi gereken bir engel çıkar.

Özel engeller seçilmeli ve her köşe bucağa yerleştirilmelidir. Bunlar fiziksel veya ahlaksal engeller olabilir ve bunların amacı sürekli olarak çocukları birbirleri ile çatıştırmak ve sonra kendilerini daha yukarıya yükseltmeleridir. Bu, devamlı bir eğitim dönemidir.

Gece Maceraları

- Bir sonraki sorum gece vakti ile ilgili. Bu gibi yerlerdeki maceraların yarısı gece "ışıklar söndükten" sonra yaşanır. Bunlar nasıl düzenlenebilir. Sonunda onları uyumaya zorlamak mümkün değildir. Veya dışarıdaki ışıklar hiç söndürülmemeli midir?

- Şüphesiz her şey çok açık olarak düzenlenmelidir. Işıklar sönmelidir ama çocuklar özellikle uykuya gitmeden önce enerjileri tamamen tükenmiş olmalıdır, böylece gerçekten de çok yorgun oldukları için dinlenmek ve uyumaktan memnun kalacaklardır. Ancak herkes

Dr. Anatoly ULIANOV

Bütünsel Toplumun Psikolojisi

uyuyorken birisi uyuyamıyorsa onun diğerlerini rahatsız etmeye hiçbir hakkı yoktur. Sessizce kalkmalı ve kendisi gibi "gece kuşlarının" bir araya gelebileceği özel bir oda olmalıdır. Orada oturabilir, konuşabilir veya TV veya bilgisayarda bizim programlarımızdan birini izleyebilirler. Ve bu yararlanabilecekleri tek şeydir. Ancak daha sonra gün boyunca onların nasıl olduğuna bakmalıyız.

Bu bakımdan da onlara "basınç atmak" olanağı verir onları belli bir kuralın içinde "ehlileştirmeyiz", evde yaptıkları gibi onlara kendi kendilerine bir saat vb. gibi bir zaman veririz.

- Uyudukları oda 10 çocuğun uyuduğu büyük bir oda mı olmalı yoksa 2 veya 4 çocuk bir odada mı olmalı?

- Tüm grubun bir arada ve eğitmenlerin de onların biraz uzağında uyuması daha iyidir. Çocukların uyuduğu odanın kapısı açık olmalı ve eğitimciler de yakında uyumalı. İki eğitimci ve 10 çocuğun hep beraber olacağı bir apartman dairesi veya ev olmalıdır.

Tekrar, bütün bunlar başka gruplar olarak karışmalıdır, grup içinde olan çocuklar da eğitimciler de. Birbirlerini görmeye son vermelidirler. Bu çok önemlidir. Kişinin "bu benim arkadaşım" diye hissettiği bir senaryo olmamalıdır. Diğerleri ne olacak? Onlar da arkadaş değil mi? Başka bir deyişle benim yakınımda olanın kim olduğu önemli değildir çünkü herkes benim dostumdur.

"Biz" En Önemlidir

- Bu yeniden karıştırma nasıl olmalıdır? Bir oyun veya kura çekme gibi olabilir mi?

- Sürekli ve seçime bağlı olarak olmalıdır. Kura çekerek veya bir bilgisayarla kumar makinesinde olduğu gibi

rastgele seçim yöntemi ile yapılabilir. Rastgele sayı ölçüsünü kullanarak grup başına 10'ar çocuğun seçimini yapabiliriz.

Çocuklar gruplarında kimlerin olduğunun önemli olmadığını anlamalıdırlar. Tam tersine, daha az beklenen ve daha yabancı birisi benim yanımda yer alırsa, benim bu farklı duruma, bu kişi yolu ile şeyleri farklı olarak algılayarak ve yükselerek kendimi uyarlamaya fırsatım olur.

- Eğer çocuk onu saran çevreyi değiştirmek istemezse ne olacak?

- Gene de değişecek. Bu konuda ne yapabilir ki? Makine sonuçları verdi ve şimdi bu on kişi diğer 10 kişi ile değişecek, sonra başka bir 10 kişi ile daha sonra daha başka 10 kişi ile ve böylece hiçbir zaman tekrar olmayacak.

Ama eğer özel bir eğitimin yer aldığı belli bir zaman süresi varsa, örneğin dün bir şey oldu ise ve bugün de biz bunun hakkındaki bazı şeyleri tartışmak, anlamak istiyorsak, bu durumda tabii ki aynı grubu tutmak gereklidir. Ancak birkaç gün sonra grup gene de değişmek zorundadır. Grupları, öğretmenler de dâhil olarak mümkün olduğu kadar sık değiştirmek en iyisidir. Çocuk her toplumda rahat hissetmeli ve onunla bağlantı kurabilmelidir. Ve herkes diğer herkesi doğru biçimde etkilemelidir.

- Ama çocuklar nitelikleri bakımından her zaman birbirlerine uymazlar. Bunun yanı sıra, onları karıştırsak bile boş zamanlarını gene de kendilerine en yakın buldukları kişilerle geçireceklerdir. Bu duruma karşı tavrımız ne olmalıdır?

- Tabii ki buna karışmamalıyız, ortak merak veya zevkleri yüzünden veya aynı yerden gelmiş oldukları için birbirlerine çekilirler. Sonuçta onlar çocukturlar.

Dr. Anatoly ULIANOV

Bütünsel Toplumun Psikolojisi

Bu durum eğitimcilerin yaratıcı bir yaklaşımda bulunmasını gerektirir. Çocuklara ideal olanın herkese karşı aynı tutumda bulunmak olduğunu göstermek gereklidir. Dünya, herkesle tam bir dengeye erişmek zorunda olduğumuz bir şekilde yapılmıştır.

Şüphesiz bu idealden hâlâ uzaktayız ama onları buna doğru yöneltmeliyiz. Bu insanların senin arkadaşın olduğu ve senin boş zamanlarını onlarla geçirdiğin açıktır. Siz ikiniz birbirinize yardım eder ve beraber olmak, yan yana uyumak, aynı grupla geziye gitmek vb. istersiniz. Ama aynı zamanda onlara birbirlerinden ayrılmaları için de bir şekilde yardım etmeliyiz.

Şu ölçüdedir: kişi kendisini hiç kimseye bağlanmayan bir bireyci gibi hissetmek zorundadır. Topluma bağlıdır ama özel bir kişiye değil. Bu önemlidir, çünkü biri diğerinin önünü keser. "Biz" en önemli şeydir. Ben değil ve dostum ile ben de değil. "Biz" yalnızca bizdir, tüm insanlığın üzerindeki belli bir ortak üst yapıdır. Temel olarak belli bir yüzü yoktur. Bu, insanın tek ve ortak bir görüntüsüdür.

- Şimdi bu söylediğiniz psikolojinin yaklaşımından temel olarak farklıdır.

- Psikoloji insana bencilliğinin içinde değişmesi için destek verir ve bencilliğini besler. Ona şöyle der, "Şehrini sev, caddeleri temiz tut ... Kendini ve sana ait olanı sev ve bana ait olana da saygı duy" ve bunun anlamı da şudur: "Bencillik içinde oynamaya gayret et." Bu yolla psikologlar kişiyi bireyci bir durumdan daha sosyal bir duruma getirmeye çalışırlar. Ama bunun faydası olmaz. Bizim amacımız bunun tersidir: Biz kişiyi tamamen yukarıya çıkartmak zorundayız.

— Çocukların boş zamanı olmalı mı? Eğer olmalı ise, bu ne için?

— Çocukların boş zamana ihtiyacı yoktur. Hiçbir şeye ihtiyaçları yoktur. Tam tersine her zaman oyun oynarlar ve birbirleri ile bağlantı kurmaya çalışırlar. Eğer çocuğu kendi haline bırakırsan ne yapar? O gene birisi ile oyun oynar.

— Evet, ben kendi boş zamanlarımda ne kadar sıkıldığımı hatırlıyorum. Yapacak hiçbir şeyim olmazdı.

— Şüphesiz. Bu çok kötüdür. Ne yapacaksınız – kampın birindeki ormanda mı yürüyeceksiniz? Kesinlikle yapacak hiçbir şey yoktur. Çocuğun boş zamanı olmamalıdır, zaten çocuk bunu istemez de. Çocuk her zaman oyun oynuyor olmalıdır.

Dış Dünyayla ve Ebeveynlerle İletişim

— Dış dünya ve ebeveynlerle iletişim nasıl olur? Çocuğun bu özel çevrenin içine tamamen dalması çok önemlidir, böylece zamanın çoğunda onun içinde olacaktır. Ama gene de internet veya telefon ile bir dış bağlantısı olmalı mıdır? Akrabaları ve ona yakın olan insanlarla iletişim kurabilir mi?

— Çocuk, Skype ile her gün ebeveynleri ile konuşabilir ve onları görebilir. Kamp onlara kesinlikle bu olanağı vermelidir. Eğer kamp kırlık bir bölgede ise gene de herkesin ebeveynleri ile beş dakikadan daha uzun olmayan bir konuşma yapabileceği bir yere gidebilirler. Bu noktada, dış dünya ile bundan başka iletişim kurmak, bencil, düzeltilmemiş bir toplumda kesinlikle gereksizdir.

Eğer, yeni bir insanoğlu hazırlayarak yeni bir toplum yaratıyorsak, o asla dönüp geriye bakmamalıdır ama

daima ileriye bakmak zorundadır. Sonuçta çocuklar zaten ebeveynlerini dinlemek istemezler. Ebeveynleri geride kalırken, her şeyi kendi bildikleri gibi yapmak ve ileriye gitmek isterler.

Ebeveynler çocuklarına yalnızca doğru düzenlemeleri ve doğru yönü vermeli ve çocuğun ilerlemesi için ellerinden gelen her şeyi yapmalıdırlar. Asla çocuğu kendi dünyalarına çekmeye çalışmamalıdırlar. Tam tersine onlar için, içinde yalnızca çocukların olacağı ve oradan ileriye gidebilecekleri yeni koşullar yaratmalıdırlar.

Bu nedenle de daha önceden bu küçük insan eve, ailesine dönmeden önce, ebeveynleri yetiştirmeliyiz, onlara çocukları ile ilişkileri içinde kendilerini nasıl ifade etmeleri gerektiği konusunda açıklamalar vermeliyiz. Onları yeniden eğitmeye çalışmıyoruz. Bu tamamen farklı bir iş ve ancak kitle iletişim araçları ile yapılabilir.

Ancak böylece çocukları için doğru bir günlük program yapabilir ve onları her gün destekleyebilirler ve bu aynı program okulda da vardır yani çocuklarının dünyası tek bir bütündür. Onlara bunu sağlayabiliriz.

- Eğer ebeveynler çocuklarını fiziksel olarak da görmek isterlerse, eğer özellikle kamp uzun bir süreyi kapsıyorsa, bu durumda ne olacak? Ebeveyn günü düzenleyebilir miyiz?

- Evet, bu yapılabilir. Tabii ki çocuklarını "parmaklıkların arkasından" görmek zorunda değiller. Bu etkileyici ve hoş bir biçimde düzenlenmelidir. Örneğin, çocukların ebeveynlerinin önünde gösteriler yapacağı, ebeveynler ve çocuklarla hep birlikte bir piknik düzenleyebiliriz.

Çocuk annesinin yanına sokulmak ve onun yanına oturmak ister ve annesi de sevgili çocuğunu görmek ister. Bu çok açık ve çok doğaldır ve kesinlikle bunu engellemeyiz.

Ancak bu gene de ebeveynlerin önceden bilgilendirilmesini gerektirir. Örneğin, sevgili Ali'sinin güneş yanıkları için ağlamamalıdır, "Oh şuna bak, güneşten yanmış üstüne üstlük kaşımış da" gibi tepkiler vermemelidir.

Ebeveynler çocuklarına cesaret vermeli ve böyle özel bir kampta olduğu için onlara hayranlık göstermelidirler. Bu, çocuk için önemlidir.

- " Ebeveyn günü" hangi sıklıkta yapılmalıdır?

- Sık olması gerektiğini düşünmüyorum. Belki her iki haftada bir kere ve kesinlikle bir bütün gün boyunca değil. Bugünlerde de çocuklar normal günlerdeki gibi çalışmalarını sürdürmelidirler, ebeveynler onlarla beraber olabilir ve bütün bu yapılanları - oyunlar, açık oturumlar, mahkemeler, şarkılar ve danslar ve yemekler - bir kenardan izleyebilirler. Gün içinde birkaç defa yarım saat veya bir saat serbest zaman verilmelidir. Ebeveynlere bunun ne olduğunu göstermek gereklidir.

Bununla ebeveynlere daha sonra çocuklarıyla olup biteni anlamayı öğretmiş oluruz. Bugünleri öyle bir şekilde düzenlemeliyiz ki, bugünler ebeveynler için de eğitim günü olsun. Çocukları eve döndüğü zaman, çeşitli şeylerle nasıl bağlantı kuracaklarını ve iki veya üç aylık bir kamptan sonra nasıl bir "ürün" geri aldıklarını anlayabileceklerdir.

Çocuk artık tamamen farklı bir kişidir, dünyaya ve hayata karşı farklı bir görüşü vardır. Ebeveynler buna hazır olmalıdırlar. Bu nedenle de bugünler boyunca ebeveynler de yoğun bir öğrenim almalıdırlar.

Her ebeveyne bir broşür ve eğitim CD'si vermeliyiz ve onlar bir sonraki ziyaretten önce bunu izlemeli ve hazırlanmalıdırlar. Genel olarak bu karşılıklıdır, bu yoğun

Bütünsel Toplumun Psikolojisi

çalışma bize bu tür kampların etrafındaki toplumu yeniden yapılandırma olanağı verir. Yalnızca anne-babalar değil ama büyük anne-babalar ve akrabalar da oraya gelebilir.

- Ebeveynler de bu kamplarda çalışabilir mi, yoksa orada çalışanların çocuklarla herhangi bir aile bağı olmamalı mıdır?

- Sanırım gelecekte çocuklara ve ebeveynlere, çocukların ve ebeveynlerin beraberce eğitim dönemlerine katılabilecekleri bir çeşit yer yaratacağız ve burada karşılıklı olarak psikolojik bir hazırlıktan geçerek ve topluma karşı yeni bir tutum edinerek kendilerini ve aralarındaki toplumu yeniden yaratacaklardır.

Ancak bu bir sonraki adımdır. Bunu ancak genel hatları ile görebiliyorum, ama bugün bunun üzerine konuşmak için erken olur.

"İşbirliği" Yapmayan Çocuklar

- Disiplin ne kadar sıkı tutulmalıdır?

- Her şey tartışılmak üzere ortaya konulmalıdır! Hatta daha sonraları tartışmalar için nedenler aramalıyız. Ancak bu bir tartışma olmalıdır yoksa suçlama değil! Bu tartışmalarda her çocuk kendisini bir diğerinin durumuna koyar – bir defasında suçlanan bir diğerinde ise suçlayandır, önce karşı tarafı savunur sonra da kendisini savunur vb. Kişinin kendisinden çıkmasına böyle yardımcı oluruz. Doğamız gereği kavgacıyızdır, bu yabancı ve içsel bir mekanizmadır ve biz bunun ötesine yükselmeli ve bunu karşıt doğrultuda kullanmalıyız.

- Anlaşmazlıkları çözebilmek için, örneğin o gün içinde yaşanan zorlukları tartışmak için akşamları toplanan eğitimci ve öğretmenlerden oluşan bir çalışma kurulu oluşturmak yararlı olur mu? Yoksa her şey çocuklarla beraber mi yapılmalıdır?

- Eğitimciler kesinlikle bir araya gelmeli ve olanları tartışmalıdırlar. Ancak temel olarak, çocukları yetiştirmek için yapılan tüm çalışmalar ve içsel ilişkilerdeki düzenlemelerde çocukların üzerine düşen görevler olmalıdır.

Gerçekte olması gerekeni konuşursak, bizim kamptaki işimizin bitimine kadar, çocuklar her türlü işlerini yapabilir ve kendileri üzerinde bağımsız olarak çalışabilir hale gelmelidirler.

- Bazen çocuk etrafındaki alanı yıkar ve uyum sağlamaz. Gerçekte bu, sürece engel olur. Hangi durumlarda bu kişi kamptan atılmalıdır?

- Birkaç ihtimal vardır. Eğer çocuk zor bir çocuksa, dinleyemediği için anlayamıyorsa, bu onun hatası değildir. O böyledir, bu durumda onu olumlu bir şekilde etkileyecek olan daha büyük bir çocuğa eklemelisiniz. Bu en iyi şeydir.

Hiçbir yetişkin eğitimci bunu yapamaz. Yetişkin biri çocuk tarafından bir "eşya" gibi boş algılanır. Ancak kendisinden 3 veya 4 yaş büyük bir çocuk onun için her şeydir ve bu durumu kullanmalıyız. Büyük bir çocuk bu "işbirliği" yapmayan çocuğu değiştirebilir, mutfak veya başka bir yerde görevler için ondan yardım isteyebilir. Böylece onu bir süre meşgul tutar onu toplu olandan ayırıp onunla bireysel olarak çalışır.

Belki bu "işbirliği" yapmayan çocuk testere ile kesmeyi, odunların kabuğunu soymayı veya çivi çakmayı seviyordur. Ve bunlarla giderek genel havaya girebilir. Böylece daha büyük çocuğun etkisi altında burada olup biteni anlamaya başlayacaktır. Kesinlikle bu tür fırsatlar yaratılmalıdır.

Dr. Anatoly ULIANOV

Bütünsel Toplumun Psikolojisi

Çocuğu kamptan atmak ve eve yollamak en uç noktadır. Ancak eğer o artık genç bir yetişkinse yani artık çocuk değilse ve psikolojik olarak uyum sağlayamıyorsa yapılabilir. Bu tür kişiler vardır ancak buna çok az rastlanır.

- Alışılmış olan durumda eğer kişi uyum sağlayamıyorsa atılır ve de bu son olur.

- Kesinlikle hayır! Bunu yapamayız. Biz daima daha büyük çocukları ve daha önceden oluşturulmuş olan çevreyi daha genç olanlar üzerinde olabildiğince yoğun olarak kullanırız. Bu tür çocuklar daha büyüklerin grubuna bile aktarılabilirler. "Sen 12 yaşındasın, bak ne durumdasın!? Biz seni 15 yaşındakilere aktarıyoruz gör bak orada nasıl davranıyorlar." Daha büyük çocuklar kısa zamanda onu doğru yola getireceklerdir ve o doğru biçimi alacaktır.

- Kamptaki bu çevrede olan çocuklarla o yöredeki "serkeş" çocuklar arasındaki ilişkiyi nasıl düzenlemeliyiz?

- Yöresel veya "serkeş" çocuklar olmamalıdır. Açıkça seçmeli ve ne yaptığımızın farkında olmalıyız. Çocukları hammadde olarak alırız ve onları insan olarak geri yollarız.

- Ama diyelim ki yerleşik bir alana bir gezi düzenledik.

- Yerleşik bir alan olmamalıdır. Tam bir izolasyon olmalıdır.

Kamp Ateşi Etrafında Dostlarla Oturmak

- Sabahları direğe çekilen bir bayrak ve gün sonunda marşlar olmalı mıdır? Üniforma vb. olmalı mıdır?

- Bu yerde kendi bayrağımız olmalıdır ama üniforma yoktur. Belki özel şapkalar veya tişörtler, ama bunlar bile birbirinin aynı olmak zorunda değil. Belki her grubun kendisinin olabilir. Ama bu da gerekli değildir, çünkü nasılsa gruplar yeniden karıştırılacaktır.

- Ancak, bizim gelecekteki insanlık sancağımız veya buna benzer bir şeyimiz olmalıdır. Bu gurur nedeni ile "İşte biz buradayız, kendi dışımızdaki herkese karşıyız," der gibi yapılmamalıdır. Bu tür bir hisse orada kesinlikle yer yoktur. Tam tersine, herkese aydınlık bir yüz ve kalbimiz açık olarak yönelmeliyiz.

Sancağa "Biz" yazılmalıdır. Ve bu "Biz" bizimkiler veya sizinkiler değildir; herkes, hep beraberdir, tüm insanlıktır.

- Güne herkesin direğe bayrak çekmek için toplanması ve müzik ile mi başlanmalıdır?

- Sanırım bu iyi olur. Bu çocuklara yüce amaçlarını hatırlamak ve bununla gurur duymak için bir fırsat olur.

- Yetişkin müzik gruplarını bu kamplara davet etmeli miyiz?

- Ne için? Hemen orada kendi müzik gruplarımızı kuracağız. Çocuklar gitar dersi almalıdırlar. Bunu öğrenmekten hepsi de mutlu olacaklardır. Dışarıdan kimseleri asla oraya almamalıyız. Üç ay içinde harika müzik grupları yaratacağız. Bu, kişinin kendisini ifade etmesine çok büyük ölçüde yardım eder. Bırakın onlar orada istedikleri kadar davul çalsınlar.

- Orada bayramları kutlayacak mıyız? Eğer öyleyse neyi kutlayacağız?

- Kendi bayramlarımızı kutlayacağız. Diyelim ki uzun bir yürüyüşe gittik. Yürüyüşümüzü yaptıktan sonra bir ziyafet var, dondurma ve tatlı var. Bu bizim için bayramdır. Burada şarkılar ve belki kamp ateşi de olabilir.

Genel milli veya dini bayramlar olmamalıdır. En azından bu belirgin ve gösterişli bir biçimde olmamalıdır. Bu herkesin dikkatini dağıtır.

En önemli şey bütünsel toplumdur.

- Kamp ateşinden söz ettiniz. Bu insanların bir ateş etrafında bir araya geldikleri olayın önemini açıklayabilir misiniz?

- Bu antik bir insan güdüsüdür. Kişi kendisini ateşten, ateşe bakmaktan ve onun sıcaklığını hissetmekten alamaz. Bazen böyle fırsatları kullanmalıyız. Ama temelde, çocuklar önceden böyle bir akşamı planlamalı ve kendileri yönetmelidirler, buna kendi şarkıları veya daha önceden bizim dostlarımız tarafından özellikle bu tür toplantılar için yapılmış şarkılar da dâhil olmalıdır. Temelde bu dostların kamp ateşi etrafında toplanmasıdır. Ancak bu kamp ateşi olmadan da yapılabilir.

- İnsanlar kamp ateşi etrafında toplandıkları zaman bazen çok sıcak bir hava olur, özel bir durum yaratılır. Bunu kullanabilir miyiz?

- Evet, ama sanırım, insanlar kamp ateşi etrafında ya da başka bir yerde de olsa bunu özellikle farklı hissetmezler. Bu çocuklar aralarında öyle bir beraberlik duygusu hissetmeye başlayacaklardır ki bu dış koşullara bağlı olmayacak diye düşünüyorum.

Kendi Kendinizin Psikoloğu Olmak

- Her bir etkinliği ondan bir tür sonuçlar çıkararak veya örneğin bir film izleyerek mi sonlandırmalıyız yoksa basit bir süreçmiş gibi bu etkinliğin sonuna gelip yeni bir sürece mi geçmeliyiz?

> **Bütünsel Toplumun Psikolojisi** — Dr. Michael Laitman

- Bu bizim günlük sürecimizdir. En önemli anları, en önemli olanları ve en büyük farkına varma anlarını seçeriz ve bunlardan bir film yaparız. Bu film birkaç saat uzunluğunda bile olabilir, çünkü biz birkaç ay orada kalmışızdır.

Her çeşit eğlenceli olayı, özel anları, bunların çözülümlerini vb. bir araya toplarız ve herkes eve dönerken bu filmi yanında götürür.

Bunun yanı sıra her çocuk günlük tutmalıdır. Çocuklara özel günlük defterleri dağıtırız ve her çocuk defterine her gün yazmak zorundadır. Bu defterde özel bir çizelge olmalıdır, benim davranışım, onların davranışı, ben böyleyim ve onlar şöyle farklılar, özel bir şey oldu, bu durumu nasıl çözdük, vb. Bu, kişinin psikolojik olarak kendi kendini izlemesidir ve her gün bunu kayda geçirmelidir. Sonuçta insan doğasını öğreniyoruz.

Amaç yazdıkları şeylerin herkese yüksek sesle okunmasıdır. Ancak bu giderek olur, hemen değil. Bizler psikologlar haline geliyoruz. Bizler kendimize erişmek için çalışıyoruz ve günlük bunu yansıtmalıdır.

Kişi bu süreçten kendi içinde kim vardır, bu kişi dünya ile nasıl ilişki kurmaktadır – kendi içindeki küçük hayvanın görüş açısından ve içindeki gelişmesini istediği insanın görüş açısından - bunların derin bir anlayışı ile çıkıp gelmek zorundadır.

Yazma işi her gün yapılmalı ve 1 veya 2 sayfa uzunluğunda olmalıdır. Bu daha önceden belli şeylerle tanımlanmış olan paragrafları içermelidir.

- Çocuk bu günlüğü gün boyunca mı yoksa günün sonunda yatmaya gitmeden önce mi doldurmalıdır?

- Sanırım bu, uyumaya gitmeden önce yapılmalıdır. Çocuk için her şey çok çabuk değişir. Onlar öyle bir içsel

izlenim patlamaları içindedirler ki bunların tümünü birden gün sonundan önce biriktirmelerini bekleyemeyiz ancak gün sonunda bunu yazıya geçirirler. Onlara küçük miktarlarda yazmaları için de fırsatlar vermeliyiz.

- Etkinlikler ne yoğunlukta olmalıdır? Bazen bir şeyleri gerçekten hissedebilmek için aralar olması gereklidir. Gün etkinliklerle ne kadar yüklenmiş olmalıdır?

- Bu, çevrenin hangi ölçüde bizi heyecanlandırdığına bağlıdır. Ara gerekli olabilir veya daha doğrusu bir etkinlik değişimi gerekli olabilir. Bazı grupların öğle uykusuna veya bir çeşit molaya, örneğin oturup bir program seyretmeye, daha sakin bir etkinliğe ihtiyacı olabilir.

Ancak temelde, her şeyin yalnızca çevreye bağlı oluğunu düşünüyorum. Çocuklar çok büyük miktarda bilgiyi özümseyebilir, her şeye uyum sağlayabilirler. Bundan bıkıp sıkılmazlar. Çocuk günde 24 saat oynayabilir. Her şey oyun biçiminde kurulmalıdır. Böylece onlar bıkmazlar. Yalnızca bu oyunları değiştirmek gereklidir.

Oğlanlar ve Kızlar

- Oğlanlar ve kızları farklı kamplara mı ayırmalıyız yoksa aynı kampta mı olmalılar? Veya oğlanları bir yerde kızları başka bir yerde mi kampa almalıyız?

- En son seçeneğin en iyisi olduğunu düşünüyorum. Temelde, birlik yalnızca erkeklerin arasında olabilir. Kadınlar arasında bu farklı olur. İki cins tamamen farklı temeller üzerinde birlik kurar.

- Yer düzenlemekte bu iki farklı biçim arasındaki temel fark nedir?

| Bütünsel Toplumun Psikolojisi | Dr. Michael Laitman |

- Konuştuğumuz her şeyde genel olarak oğlanlar amaçlanmıştır. Kızlar için özel bir yaklaşım olması gereklidir ve ayrıca tartışılması gereken özel bir yöntem olmalıdır. Bu basit bir konu değildir.

Kendisini ve topluluğu, bağlantı kurmayı "ben" yerine "biz" farkına varışı kızlar için tamamen farklıdır, onlar küçük birer kadındırlar. Ve biz onlar için tamamen farklı bir yaklaşım geliştirmeliyiz.

O ya da bu biçimde farklıyızdır, tamamen zıt bir doğamız vardır. Bu nedenle de kızlar için düzenlenen kamp farklı olmak zorundadır. Genel olarak söz edersek kızlar için kamp oluşturmak çok zordur.

Erkekler birbirlerine çekilirler. Aynı takımda olmak isterler, birbirlerinin yardımına ve bir dost omzuna gerek duyarlar. Onların birbirlerine ve gruba olan çekimleri çocukluktan içlerine aşılanmıştır.

Ancak kadınlarda bu çekim yoktur. Her birine hayatını daha iyi düzenlemesi için yardım eden bir çeşit topluluğun aracılığı olmaksızın birbirleri ile bağ kuramazlar. Bu nedenle de buradaki yaklaşım farklı olmalıdır.

Onların bireysellikleri kalır. Ve bu bastırılmak yerine kendi ifadesini bulmalı ve desteklenmelidir. Biz oğlanlarla çalışırken, toplu olanı bireysel olandan daha yüce olarak görmeye onları heveslendiririz. Bunu kadınlarla yapamayız. Doğa'ya karşı gelmemeli ama onun yanı sıra gitmeliyiz.

Kendisi buna göreceli olarak daha edilgin olarak katılır, kendisine daha çok güven ve kendisini gerçekleştirme olanağı verecek olan yeni topluma olan arzusunu erkeklere ileterek kadın onlara yardım eder ve erkekleri birliğe çeker. Ancak kişisel olarak onu kurmaya katılmaz.

Dr. Anatoly ULIANOV

Bütünsel Toplumun Psikolojisi

Kadın ona yardım ederken, erkek yeni toplumu kurar. Kadının talebi olmaksızın erkek hiçbir şey yapmaz. Erkek kuracak olandır, kadın ise onu kurmaya yöneltecek olan güçtür.

Şimdi bizim için en önemli olan şey doğru erkek türünü yaratmaktır.

- Ebeveynler gününün yanı sıra, oğlanların hazırladığı ve kızların ziyaret ettiği ve beraber bazı etkinliklere katıldıkları bir gün düzenlemek de mümkün müdür?

- Eğer her iki taraf da hazırlanmış ise şüphesiz bu mümkün olur. Ancak bu onların hangi yaşta olduğuna bağlıdır. 11 veya 12 yaşından önce bunu yapmanın bir yararı yoktur çünkü her ikisi buna gerek duymaz. Oğlanlar kendi başlarına iyi hissederler, kızlar da kendi başlarına iyi hissederler.

12 yaş ve yukarısında (bu geldikleri sosyal yapıya ve diğer pek çok değişkene bağlıdır) birbirlerine ilgi duymaya başlarlar. Bu durum, onların tüm hayatlarını, tüm zamanlarını, tüm düşüncelerini ve arzularını karşı cinsin doldurduğu bir noktaya kadar gelir. Bu hızlı hormonsal büyüme dönemidir. Bunu anlamalı ve göz önüne almalıyız.

11 ve 14 ve hatta 15 yaş arasında, oyunlar, karşılıklı tartışmalar ve şarkı söylemek gibi karşılıklı etkinlikler düzenleyebiliriz. Bundan daha fazlasına ihtiyaçları yoktur. Bu iletişimin çoğunlukla sözel ve tamamen dışsal olduğu bir dönemdir.

Daha büyük yaşlarda cinsel ilişkiyi de içeren başka tür iletişimler kuracaklardır. Sonuçlarının neler olabileceğini öngörebilirsek, birbirleri ile ilişkileri olup olmamasına karar verebiliriz.

Bu topluma, geleneklere, ebeveynlerin karşılıklı anlaşmasına bağlıdır ve böylece de bu tür etkinlikleri düzenleyenler için daha sonra sorunlar çıkmaz. Bu çok ciddi ve düşünceli bir yaklaşımı ve önceden anlaşmayı gerektirir.

Ancak biz şimdi onların yalnızca bu dar kapalı çevreleri içindeki beraberliklerini nasıl düzenleyeceğimizi düşünmüyoruz. Biz onların hayata uyumunu sağlamak zorundayız bunun için de giderek (bir aylık bir hazırlık döneminden sonra) gerçek hayata benzer bir çevre yaratmak gereklidir, sokağa, oyun parkına ve okula benzeyen.

Uygulamada onları "savaş alanına" benzeyen bu yapıyı oluşturarak mümkün olduğu kadar gerçek hayata yöneltmeliyiz.

Bu casusların gerçek görevlerini yapacakları yere benzer koşullarda gördükleri eğitime benzer. Örneğin Amerika'da belki Sibirya'daki köyleri kurarlar ve Moskova'da da belki Manhattan'a benzer bir şey kurarlar.

Onlar için doğru koşulları yaratmalıyız. Ve doğal olarak da, gerçek hayata benzeyen bu koşullarda kesinlikle kadınlar da olacaktır.

Dr. Anatoly ULIANOV

Bütünsel Toplumun Psikolojisi

BÜTÜNSEL İNSAN YETİŞTİRME EĞİTMENLERİ

- Eğitimciler İçin Kuram ve Uygulama
- İnsanlığın Hayat Kurtarıcısı
- Eğitimcinin Kişisel Nitelikleri
- Öğrenci kayıtlarına Neler Yazılmalıdır ve Neden
- Meslek Yorgunluğu Sorunu
- Dünya Eğitim Bakanlığı
- Usta Eğitimciler Sınıfı

Eğitimciler İçin Kuram ve Uygulama

-Eğitimciler çocuklar için iyi çevre yaratmada nasıl usta bir uzman haline gelebilirler?

-Eğitimcilerin hazırlanması normal okul öğretmenlerinin hazırlanmasından farklı olmalıdır çünkü burada öğretimden değil ama insan yetiştirmekten söz ediyoruz. Bu genişletilmiş bir öğrenimi gerektirir ve bu, aşağıdaki konuları içermelidir:

- Çocuk psikolojisi ve grup psikolojisi
- Bütünsel bir dünyada bir arada var olma
- Günümüzde açığa çıkan bütünsel Doğa'nın özellikleri
- Özgür irade nedir ve nerede yatar, doğru seçim
- İnsanın bencil ve özverici davranışları
- Toplumsal çevrenin etkisi altında bencil davranıştan özverici davranış biçimine geçme fırsatı
- Kişiyi değiştirebilen bir toplum yaratmak

Bütünsel Toplumun Psikolojisi

Dr. Michael Laitman

- Sosyal etkiler altında, kişinin toplumla tam bir bütünselliğe erişmesi olan son kesin amaca ulaşmak üzere, kişi nasıl değişir.

Daha sonra çocuklarla olan çalışmaları için eğitimciler kuramsal bir hazırlık olarak tüm bu konular üzerinde ciddi bir öğrenimden geçmelidirler.

İki çeşit de uygulamalı çalışma yapmalıdırlar. Önce, Eğitimciler birbirleri ile tartışmalar, açık oturumlar ve birbirlerini sezme çalışmaları yapmalıdırlar ve bu çalışmaları sırasında onların yeni toplumu ne kadar doğru anladıklarını kontrol etmeliyiz.

İkinci olarak farklı durumları taklit etmeli, çocukların ve birbirlerinin kişiliklerine "bürünmelidirler" ve çocukların doğal biçimde davranmasını engellemeyecek biçimde kendi var oluşlarını öne çıkarmadan, bir çocuk grubuna kendilerinin katıldıkları bir durumu hayal etmelidirler. Çocukları gerekli tartışma durumlarına, sezgilere veya incelemelere onlara fark ettirmeden yönlendirebilme yeteneği edinmelidirler, "gizli ajan" gibi.

Bu biçimde, her iki rolü de dışa vurarak, pürüzsüzce çocuk rolünden eğitimci rolüne geçebilirler. Bu onlara işlerini yapmakta yardımcı olacaktır.

Hepsi bu kadardır. Ancak bu hiç de kolay değildir. Öncelikle, bu yeteneğe sahip kişiler bulmak gereklidir. Erkeklerden söz ediyorum çünkü zorluklar temel olarak oğlanlarda ortaya çıkar. Kızlarda daha az sorun vardır ve kızlar için kadın eğitimci ve öğretmen gereklidir.

- İki veya üç dakikada, benim beş sayfaya yazmış olduğum her şeyi neredeyse açıkladınız.

Dr. Anatoly ULIANOV

Bütünsel Toplumun Psikolojisi

- Bunu bir ön tanıtım olarak kabul edelim, temellerin özlü açıklaması olarak. Ve şimdi daha ayrıntılı yanıtlara geçelim.

İnsanlığın Hayat Kurtarıcısı

- Öğretmenlik mesleğinin saygınlığı konusunda sorgulamalar vardır. Günümüzde pek de gözde değil.

- Ben gençken benden daha büyük bir arkadaşım vardı, en iyi derece ile okulu bitirdi. O günkü kurallara göre Moskova Devlet Üniversitesi de dâhil her akademik kuruluşa hiçbir sınava girmeksizin girebilirdi. Ancak o yöredeki pedagoji enstitüsünü seçti.

Pek çok yıldan sonra ona "Neden bunu seçtin! İstediğin her yere girebilirdin! Fizik, kimya, biyoloji – her şey, her meslek sana açıktı" diye sordum. Kırsal bölgeden gelen basit bir gencin en iyi dereceyi almış olan diplomasını göstermesi yeterliydi, kolayca Moskova Devlet Üniversitesi öğrencisi olabilirdi! O bana şu cevabı verdi, "Öğretmenlik mesleği o kadar onur vericiydi ki pedagoji enstitüsüne sınavsız girmeye fırsatım olur olmaz nerede öğrenim görmek istediğimden hiç şüphem kalmamıştı."

Ben ondan 7 veya 8 yaş daha gençtim. O yıllar boyunca öncelikler değişti ve öğretmenlik tamamen değeri bilinmeyen bir meslek haline geldi! Pedagoji bölümüne girenler, yükseköğrenim yapmak isteyen ama başka bir bölüme kabul edilmeyeceklerinden korkan kişiler oldu. Pedagoji bölümünden daha kötü olan tek bölüm insan bilimleri idi. Bu "onur" hiyerarşisini hatırlıyorum.

Ama bugün ancak yeni bir eğitimci nesli yetiştirerek içinden çıkabileceğimiz krizlerle yüz yüzeyiz. Bugün

insanlığın bugünkü ve hayatta kalabilmek için erişmek zorunda olduğu bir sonraki durumunu anlayan bir eğitimciden (öğretmen değil) daha önemli hiç kimse yoktur. Kuramsal ve uygulamalı olarak yeni nesli yaratır ve onlara tüm insanlığın yeni ve olumlu seviyesini gösterir. O günümüzün kurtarıcısıdır.

Her şey hangi ölçüde insanlığa kitle iletişim araçları yolu ile krizin tek bir çözümü olduğunu gösterebileceğimize bağlıdır. Ve yalnızca bu kişiler – eğitimciler bizi gözetecek ve bize liderlik edeceklerdir.

Bunu geniş halk kitlelerine açıklamak için büyük bir ön çalışma gerekecektir. Ancak, eğitim ve öğrenimdeki krizler, ailelerin durumları, büyük ölçülerdeki uyuşturucu kullanımı ve depresyonun yarattığı zeminde doğru insan yetiştirme yönteminin önemini yukarıya yükseltmenin zor olmayacağını düşünüyorum.

-Şimdiki durumda ne yazık ki eğitimcilik ve öğretmenlik saygın bir meslek değildir. Çocuklara ait kurumlarda gerçek bir adama çok seyrek rastlanır, eğitimli ve güçlü ve gerçek bir kişiliğe sahip, gerçekten tam bir insana benzeyen birisini bulmak zordur. Burası bunu gördüğüm ilk yerdir.

- Nasıl başka türlü olabilir? Çocuklarımızı emanet ediyoruz, en kıymetli varlıklarımızı, dünyanın geleceğini bu insanlara emanet ediyoruz! 10 yıl içinde bu çocuklar yetişkin olacaklar ve bizlerin yerini alacaklar. Bugün geleceğin dünyasını - çocuklarımızı ve torunlarımızı – biçimlendiriyoruz. Bir insan için çocuklarının doğru yolda devam edeceği, iyi hissedeceği, rahat ve güvenli bir dünyada olacağından emin olmaktan daha önemli bir şey yoktur!

Hayvanlar bile toplandıkları, sürüler oluşturdukları yerleri ve inlerini tamamen yavrularının güvenliği

gözeterek seçerler. Onlar için bu en önemli şeydir. Tüm hayvanlar âlemi araştırmaları onların davranışlarına yol gösteren şeyin yavrularının güvenliğine verdikleri önem olduğunu göstermektedir.

Biz ne yapıyoruz? En azından hayvanların seviyesinde olalım! Şüphesiz, daha yüksek bir seviyeye de çıkacağız, ama şimdi hiç değilse bu seviyeyi sağlamalıyız.

Bu arada ebeveynler, çocuklarına orada ne yapıldığını bilmedikleri öğrenim kuruluşlarına yerleştirerek, onları kaderin cilvesine bırakmak zorundadırlar. Oğlanlar kadınların etkisinden ancak 18 yaşından sonra çıkmaktadırlar! Ve ondan sonra da, daha önceki deneyimlerinin tam tersi olan bir yere, askere giderler. Çok büyük bir içsel krizden, bir şoktan geçerler. Kadınsı bir tutumdan erkeksi bir tutuma göre düzenlendiği için hayat tamamen farklı görünür onlara. Ve buna hazır olmadıkları için kendilerini koparmak zorunda kalırlar.

Spartalı yiğitler yetiştirmek zorunda değiliz ama onlara birbirleri ile doğru bir etkileşimde bulunmayı öğretmeliyiz. Kadınlar bunu erkeklere iletemezler çünkü onların etkileşimi özeldir, dişidir, her biri kendi içinde var olur. Ancak bunun içinde de gene de ayrı kalmaları durumu ile onlara ortak bir hareket telkin edilebilir.

Erkek için ileri doğru hareket etmek yalnızca işbirliği, dostluk ve birlik içinde olur. Bu nedenle de oğlanlar gelecekteki duruma tamamen hazırlıksızdırlar, burada bütünsel olarak bağlanarak tek bir insanlık oluşturacakları, "ben" yerine "biz" olacakları duruma. Kadınlar onları bu duruma hazırlayamazlar.

Eğitilmiş, güçlü, erkek eğitimcilerin olması zorunludur, onlar bütünsel psikolojiyi iyice anlamış olmalı, çocuğu

Bütünsel Toplumun Psikolojisi

Dr. Michael Laitman

ayrı olarak ve hepsi bir arada olarak dayanışma içinde olmak üzere alıştırmalıdır, bu yoldaki her adımda birlik olmaksızın hiçbir amaca ulaşamayacağımızı, her çözüme aramızdaki daha büyük bir birliktelik ile varılabileceğini onlara gösterirler.

Kişi herhangi bir sorunla yüz yüze geldiği zaman, derhal buna doğru tepkiyi vermelidir. Derhal, "Bunun çözmek için, diğerleri ile birlik olmam gereklidir ve ancak onlarla olan birliğim içinde doğru yolu bulurum," diye düşünebilmelidir.

- Bu durum nasıl geri çevrilebilir ve böylece de iyi yetişmiş insanlar bu çalışmanın ne kadar önemli olduğunu anlar ve bu işe, çocukları yetiştirmeye başlar?

- Krizler gelişmekte ve bize bu mesleğin ne kadar ciddi bir gereksinim olduğunu göstermektedir.

Günümüzde gezegenimizde yedi milyar insan vardır, bunun yarısı kadındır ve kadın eğitmenler haline geleceklerdir.

Ancak nüfusun diğer yarısı, erkek yarısının yaklaşık %30'u çocuktur. Herkesin yetiştirilmesi gereklidir ancak biz en çok ve öncelikle çocuklardan söz ediyoruz. Bunun anlamı dünya nüfusunun %20'si 18 yaşına kadar farklı yaşta olan yetiştirilmesi gereken çocuklardır. Buna göre dünyamızda bir milyara yakın çocuk vardır. Her beş çocuğa bir eğitmen gerektiği göz önüne alınırsa, ne kadar çok eğitimciye ihtiyaç olduğunu hesaplayabilirsiniz! Aşağı yukarı 300 milyon. Ve bu meslek, iyi hazırlanması ve seçilmesi gereken doğru kişileri gerektirir.

İşsizlikten söz ediyoruz, dünya üzerindeki aşırı nüfusu ne yapacağımızı bilemiyoruz? Bu nüfusu yeniden düzenleyelim, tüketimi, bir yerde aşırı bir başka yerde

248

açlık olmayacak biçimde mantıklı bir seviyeye getirelim. Dünyanın gerçek reformcuları olacak olan bu 300 milyon eğitimciyi bulalım. Ve böylece tüm insan uygarlığının tamamen farklı bir düzenleme içinde olacağını göreceğiz! Özlemini duymamız gereken şey işte budur.

Doğal olarak, UNESCO, UN ve tüm uluslararası kuruluşlar bu sürecin içinde yer almalıdır. Tüm kaynaklar insanlar arasındaki ilişkileri yeniden yapılandırmaya ve bunu tamamen farklı bir temel üzerinde yeniden kurmaya doğru yönlendirilmelidir.

En önemli şey, gelecek nesli yetiştirecek olan eğitimci ve öğretmenlerin hazırlanmasıdır. Tarihte ilk defa insan yetiştirmek, kişiyi insanoğlu yapmak için çalışıyor olacağız.

Kişi her şeyden önce bütünsel toplumunun bir birimidir! Bütünsel, bireysel değil ama bütünsel, biz bugün bunu en değerli şey olarak kabul ediyoruz.

Krizler tüm toplumu yeniden kurmak için bizi zorluyor. Geleceğe ve kaderine terk edilmiş olan yeni nesli önemsemek ve itina göstermek için insanlığın düzeltilmesi zorunlu haline gelmiştir. Bu çocukların ebeveynlerini, onları değişmeye zorlayarak, yetiştirmesi durumudur.

Eğitimcinin Kişisel Nitelikleri

- Diğer her meslek gibi, eğitimcilik mesleği de biçim bozulmasına yol açar. Bu, kişinin yaptığı her etkinliğin onu değiştirmesi, kişiliğini bozması ve belli kişilik özelliklerini sivriltmesi durumudur.

- Ancak dünyadaki tüm insanlar hem kendilerinin öğretmenleri hem de kendilerinin öğrencisi haline gelmek zorunda oldukları için bu meslek, bunun dışında kalacaktır. Ve her biri kendisini başkaları ile ilişkisinde aynı konuma yerleştirmek zorundadır. Kişi toplumu, çevreyi ve çevreyi oluşturan herkesi yetiştirir ve böylece de herkes hem öğretmen hem de öğrencidir.

- Yüzyıllar boyunca öğretmenler askeri unvanlar edindiler. Etrafta silah ve diğer erkeklik nitelikleri ile dolaştılar. Sizin kuruluşunuzda da eğitimcilerin yarısı eski ordu subayları. Bunlar ciddi ve atletik yapılı erkekler.

- Pek çoğu orduda hizmet etti ve bazıları yüksek rütbeli subaydı.

- Erkekleri kadınlardan ayıran erkeksi özellikleri erkek topluluğuna geri getirmek, şimdi var olan "üniseks" toplumu değiştirmek uygun olur mu?

- "Üniseks"e yer olmamalıdır! Oğlanlar erkek gibi, bu gezegenin sahibi gibi, ona gerçekten sahip olmaya hazırlanıyor gibi hissetmelidirler. Hatta yalnızca bu gezegenin değil ama tüm evrenin sahibi. Bu gereklidir.

Biz gruplarımız içinde insan doğasını, onun özgür iradesini ve bunu nasıl gerçekleştireceğini ve kişinin dünyayı nasıl etkilediğini öğreniriz. Bunu öğrenerek, Doğa'yı zorla fethedemeyeceğimizi görürüz. Günümüzde insan onu bozup mahvetmekten başka bir şey yapmıyor, kendimize içinde yaşanması mümkün olmayan bir çevre yaratıyoruz. Bu durumda çocukların eğitimcilere ve öğretmenlere saygı duyması pek mümkün değildir.

Oğlanların spora ve oyunlara fiziksel olarak eğilimleri vardır. Bu onlara, gerekli olduğu zaman, fiziksel olarak enerjilerini boşaltma olanağı verir. Ve bunların eğitimini veren eğitmenler vardır. Ancak şüphesiz olarak, çocukları fiziksel güç ile etkilemezler.

Dr. Anatoly ULIANOV

Bütünsel Toplumun Psikolojisi

— Eğitimciler dönüşümlü olmalıdır demiştik ve çocuk eğitimcilerde ifade bulan farklı niteliklere alışmalıdır. Ancak bizim açımızdan bizler yetersiz yetiştirildik ve bu nedenle bunun farkında olmayan bir eğitimci ister istemez çocuğu baskı altına alır. Bunun olmaması için ne yapmalıyız?

— Her şey çocukların kendi kendilerini eğitebilmesi için hedeflenmelidir, böylece her şeyi kendileri düzenleyebilir, kendi açık oturumlarını ve mahkemelerini yapabilirler. Eğitimci onların arasında bu süreci hafifçe yönlendiren "gizli ajan" gibidir.

Ancak durum fazla kızışırsa ve çocuklar kendi kendilerine doğru şeyleri yapamazlarsa, yalnız bu gibi bir durumda eğitimci kendisini düzenleyici ve eğitimci olarak ifade edebilir, otoritesini kullanır ve onları doğru duruma dönmeye zorlar.

— Eğitimcinin otoriter etkisinin ondan korku duyulmasına neden olmasını nasıl engelleyebiliriz?

— Fiziksel güç kullanılması tartışma konusu bile olamaz! Çocuklar eğitimcinin araya girişlerinin yalnızca onları tekrar doğru sınırlar içine koymak için olduğunu görmek zorundadırlar. Ve bunu sağlamak için yalnızca açıklama yapmayı kullanabilir.

Her 10 kişilik çocuk grubu için 2 tane eğitimci olmalıdır. Ve eğer herhangi bir çocuk söz dinlemez ve herkesin öğrenimini engellerse, grup tarafından etki altına alınmalıdır ve de bu derhal yapılmalıdır. Her çocuk devamlı olarak grup tarafından biçimlendirilmelidir. Bu, olması gereken tek şeydir.

Şüphesiz bu bir sanattır! Ancak bu, size çalışmanızın meyvesini derhal görme şansı veren, büyüleyici bir sanattır.

Bu, çocuklarda çok çabuk kendini gösterir ve onlara doğal olarak yerleşir. Derhal uyum gösterir ve derhal unuturlar, çünkü bencillikleri sürekli büyür, özellikle de çocuklukta. Bu patlama yapar, sanki bir dakika önce hiçbir şey yaratılmamış gibi, birdenbire her şeyi siler ve bencilliği önünüzde tekrardan görürsünüz. Peki, her şey nereye gider? Hiçbir yere gitmez. Ancak daha büyük bir bencillik şimdi su yüzüne çıkmıştır. Bencillik sürekli olarak büyür ve eğitimci herkeste bunu özverici ve bütünsel davranışa biçimlendirmek zorundadır.

- Eğitimcinin çocuğa yetişkine davranır gibi davranması çok önemlidir demiştiniz. Ancak çocuk yetişkin değildir.

- Ona yetişkin gibi değil ama bağımsız, sorumluluk sahibi bir kişiye davranılır gibi davranılmalıdır. Ancak bu onu zorlayarak veya baskı altına alarak yapılmamalıdır. Bu, çocuğun yaşına göre olan bir davranış seviyesinde olmalıdır.

- Bunda bir zorluk var. Bir yandan onun bakış açısını ciddiye alıp saygı göstermem ama aynı zamanda da onun hâlâ bir çocuk olduğunu hatırlamam gereklidir. Yoksa bu yanlış mı olur?

- Tüm hayatımız bir oyundur. Bu bizim için ne anlama gelir? Çocuklara onlarla nasıl bir ilişki kurduğumuzu ve onlardan da ne gibi bir davranış beklediğimizi göstermek zorundayız. Onların bu yaklaşımı anlayıp kabul ettiğini gördüğümüz, bunu görmüş olduklarına ikna olduğumuz zaman, onlardan da aynı yaklaşımı daha küçük çocuklara göstermelerini isteriz ve bu bize onların bunu ne kadar anladığını gösterir. Onların bizim karakterimize "yerleştiklerini", bizi anladıklarını ve bunu daha küçük çocuklara gösterebildiklerini böyle kontrol ederiz. Bu

dikkatle ve incelikle yapılmalıdır, farkına vardırmadan onları yoluna koyarız.

Çocuğun içinde yetiştirdiğimiz kimdir? Bir eğitimcidir. Daha küçük bir çocuğun eğitimcisi olmanın ne demek olduğunu anladığı zaman beni de onun eğitimcisi olarak daha iyi anlar. Böylece de eşitler arası bir ilişki kurarız. Ben ona öğrettiğim zaman neden bu şekilde davrandığımı anlar ve o da kendi davranışını buna göre düzenler. Birkaç gün sonra daha genç bir gruba gider ve aynı davranışları sergiler.

Kimin eğitimci olduğuna bağlı olarak, her kişinin içinde onun "kendisini" yaratıyoruz, bir yüksek seviyede eğitimciyi ve bununla aynı anda yan yana duran bir aşağı seviyede öğrenciyi yaratıyoruz. Buradan anlaşılacağı gibi herkes bir üst seviyenin öğrencisi ve bir alt seviyenin de eğitimcisidir.

Bu zincirin bir halkası olduğumuz duygusu onların her biri için doğal hale gelmelidir. Bu bütünsel toplumun temelidir, onun her bir üyesi hem öğrenci hem de öğretmen olarak kendisini baskılar. Bu grup etkileşiminin temelinin bir parçası olarak öğrenilir.

Bütünsel bir topluma erişmek uğruna, kendimi toplumun önünde neredeyse iptal ederek bilinçli olarak çevremin önünde baş eğmek zorundayımdır. Ve diğer yandan da, toplumun bana olan bağımlılığını hissedebilmek için kendimi yükseltmek ve onu amacın önemi ile etkilemek zorundayımdır.

Her kişinin içinde en aşağı seviyeye de en yüksek seviyeye de gerçekleşmek zorundadır. Ve bu ikisi arasındaki fark kişinin içsel yüksekliğini belirler.

- Eğitimci de bu iki seviyede olmalı mıdır? Aynı zamanda kendi içindeki çocukça oyuncu parçasını canlı bir biçimde ifade etmeli midir?

- Şüphesiz.

- Çoğunlukla bu mesleğe giren kişilerin sorunlu bir çocukluğu vardır ve bunu çocuklar aracılığı ile telefi etmek isterler.

- Anlıyorum. Eğitimci olanların çoğunda kendine güven eksikliği vardır. Kendilerini kurtarmak, kendilerine olan inanç ve güvenlerini karşılamak için bir grup çocuğun arasına girerler.

Ancak biz insan yetiştirmek için tamamen farklı kişiler seçmek ve onları biçimlendirmek zorundayız! Ben bu kursu almak isteyen herkesi kabul etmeliyim. En azından kişi bir şeyler öğrenecek ve yeni bütünsel topluma yakınlaşacaktır. Bir şeyler onun içine işleyecek ve o değişecektir. Daha sonra, onların içinden iyi eğitimciler seçilecektir, oynayabilen ve kendisini iyi konumlayabilen kişiler.

Onların "Beni" yerine, amacın önemi yer almalıdır. "Biz" onların içselinde en önemli yeri kaplamalıdır. Böyle birisi "Beni" olmadığı için korkmamalı ve utanç duymamalıdır. O, herkesi yönetmek isteyen horoz gibi biri değildir. Kişi yaptığı iş kamuya yararlı olduğu için ve birlik içindeki yeni var oluş biçimimiz içinde gerçeği ve doğruyu bulduğu için gurur duyar.

- İnsanlarla çalışacak olan kişilerdeki nitelikleri belirlemek için birkaç yol vardır. Bunlardan üç tanesini aşağıda belirteceğim.

1. Birincisi sınavdır. Kişi bunları geçtiği zaman diploma alır ve çalışmaya başlar.

2. İkincisi, eğitimciler topluluğu bu kişinin iş için uygun olup olmadığına karar verir. "Bu kişi bizlerden birisidir," görüşü onun mesleksel olarak yeterli nitelikte olduğunu kabul etmek için yeterli olur. Psikoterapistler de böyle yetkilendirilirler.

3. Üçüncü durumda da çocuklar kendileri bu eğitimcinin onlar için uygun olup olmadığına karar verirler.

Sizin görüşünüze göre, bir eğitimcinin bu işe hazır olduğuna karar vermek için gerekli ölçüt ne olmalıdır? İnsanların ona çocuklarını emanet etmek için güvenmesine yeterli olacak olan kriter nedir?

- Her erkek baba ve her kadın anne gibi olmalıdır. Herkes bütünsel toplumun ne olduğunu ve burada hem yetişkinlerle hem de çocuklarla nasıl etkileşeceğini anlamak zorundadır. Bu nedenle de herkes bu kursları tamamlamalıdır, bunlar herkese açık olacaktır.

Yetişkin birisi bu kursları tamamlarsa, bunun önemini anlarsa ve çocuklarla çalışmaya çekim duyarsa, eğitimci olmak üzere eğitilmek için seçilebilir. Bunun için seçilmeyenler bile daha iyi bir ebeveyn ve toplumun daha iyi bir üyesi haline geleceklerdir, çünkü herkes arasındaki etkileşimin gereğini anlamış olacatır.

Öğrenim sırasında öğrenciler arasında eğitimci olmaya yetenekli ve istekli olan kişileri fark ederiz. Burada seçme işlemi çok basittir çünkü eğitimci olmaya istekli çok sayıda kişi yoktur. Çocuklarla çalışmak kolay değildir. Bu sabır, dikkat ve sürekli çocuklar altında baskı altında olabilme yeteneğini gerektirir.

Bu bir iş değil ama bir yetenektir! Yalnızca sevgi ve sorumluluk duygusu kişiye bunun için gerekli gücü ve sabrı verebilir ve bu seçimi yaptırır. Burada yeni bir insanlık yaratırız.

İş gücü bakımından sorunumuz olmamasını ümit ediyorum. Kişinin bu tür bir iş için uygun olup olmadığını söylemek zor değildir. Belki belli sınavlar hazırlanabilir. Ancak bunlar kâğıt üzerindeki sınavlar veya çoklu seçim sınavları olmayacaktır. Tam tersine, seçim uygulama içinde yapılacaktır.

Yetişkinler ve her yaştaki çocuklar için çok sayıda eğitimciye ve onların farklı seviyelerde hazırlanmasına ihtiyaç olacaktır. Bu alanda pek çok kişiye iş bulunacağını düşünüyorum. Bu, dünyanın her yerinde gittikçe şiddetlenen işsizlik sorununa bir çözüm olabilir, eğer bir yandan gereksiz ürünlerin üretimini de kesersek.

- Eğitimci veya öğretmeni sevip sevmedikleri hakkında çocukların görüşüne önem vermeli miyiz?

- Evet. Çocukların tepkisine önem vermeliyiz ve onlarla berber bir eğitimciyi neden sevdiklerini ve bir diğerini neden sevmediklerini tartışmalıyız. Eğitimciler de neden o biçimde davrandıklarını açıklamalıdırlar. Etkileme yöntemlerini saklamamalı, sırları olmamalı veya gizlice çocukları idare etmemelidirler! Kesinlikle hayır!

Eğitimciler ve çocuklar bu süreçten beraberce geçerler. Yeni bir toplum yaratıyoruz ve beraberce kendi kötülüğümüz, bencilliğimiz üzerinde ona zıt bir nitelik olan karşılıksız verme ve sevgi üzerine çalışıyoruz.

Bu sırlara ve hile ile idare etmeye dayanmaz ve dayanmamak zorundadır. Orada kapalı kapılar ardında toplantılar yapılan veya kısa kahve araları verilen bir öğretmenler odası olmamalıdır. Tam tersine her şeyi çocuklarla kesin ve açık olarak tartışabiliriz. Bu, hayata karşı tamamen farklı bir yaklaşımdır!

Doğa'nın meydan okuması ile karşı karşıyayız. O bizi bencil olarak yarattı ve önümüze bir görev koydu – kendi kendimize meydan okumayı. Bu bizim ortak problemimizdir! Her birimizin, pasif olarak beklemek yerine bunu çözmeye aktif olarak katıldığını hissettiği ölçüsünde, bağımsız olarak kendisini ve çevresini biçimlendirdiği ölçüde, bu yaratıcı bir süreç olacaktır.

Bu herkes için önemli olacaktır. Herkes sorumluluğunu hissedecek ve bundan kaçması mümkün olmayacaktır. Bu bakımdan yetişkinler ve çocuklar eşittir.

Öğrenci Kayıtlarına Neler Yazılmalıdır ve Neden

– Siz kayıt tutmak zorunludur, her öğrenci için ona ait bilgilerin tutulduğu kişisel bir dosya tutulmalıdır, demiştiniz. Bu ne tür bilgiler içermelidir ve bu çocuğun bilgisine ne kadar açık olmalıdır?

– Bu dosyadaki hiçbir şey gizli olmamalıdır, diye düşünüyorum. Eğitimciler kendi gözlemlerini buraya kayıt edecekler, çocukların da hayvandan insana dönüşüm aşamalarına not verdikleri günlükleri olacaktır.

Her ne kadar iki ayağımızın üstünde yürüyor olsak da hâlâ hayvanız çünkü tamamen Doğa'nın gücüne boyun eğmiş durumdayız. Ancak bencilliğimizin ötesine yükselerek ve onun üstünde özverici bir doğa kurarak, Doğa'nın ötesine yükselir ve insan haline geliriz.

"İnsan" seviyesi Doğa içinde mevcut değildir. Bir psikolog olarak siz bunu bilirsiniz. Biyologlar ve genetik

Bütünsel Toplumun Psikolojisi
Dr. Michael Laitman

bilimciler de bunu onaylarlar. İnsanoğlu bizim kendi içimizde yarattığımızdır. Bu yüzden her birimizin içindeki insanoğlunun gelişim evreleri çok ilginçtir.

Ben hocama bu fırsat hakkında soru sorduğum zaman bana, "Evet, kendi içinde bulduklarn hakkında kısa notlar alman değerli olur. Kendini daha iyi tanımanı sağlayacaktır. Daha sonra nelerden geçtiğini göreceksin," diye cevap vermişti. Bugün, içinden geçtiğim aşamaları görmek için, bu günlüğü okuyabilirim veya kendi içsel günlüğüme bakabilirim.

Kendi öğrencilerime baktığımda onların da neredeyse aynı aşamalardan geçtiklerini görürüm. Doğal olarak, herkes kendi tarzında bunlardan geçer çünkü belli şeylerde diğerlerinden farklıdır. Bu dosyalar kendi kendini-incelemesi için her çocuğa yararlı olur, bu yolla kendi kendini öğrenir. Ancak bu yalnızca kendi kendini-incelemek içindir, başka bir şey için değildir.

Bizim ileriye doğru gelişmemiz kendi kendimize-erişmemiz ve kendimiz aracılığı ile tüm dünyaya erişmemizdir. Kendimizi geliştirerek, dünyayı daha gelişkin, daha geniş ve daha zengin olarak görürüz.

Eğitimci için ise öğrencinin dosyası kendi çalışmasının aynasıdır. Bununla çocuğu denetlemez ama kendisini kontrol eder, "Gerçekten de doğru hareket ettim mi? Çocuk doğru yolda ilerliyor mu? Çocuğun sürekli tekrarladığı kısır döngüler var mı?" Öğrenci dosyası öncelikle ve en başta eğitimci hakkında bir dosyadır.

- Eğer çocuk ilgilenirse, bunun için eğitimci ile konuşabilir mi?

- Tabii ki! Burada hepimiz insanız ve burada gizli saklı hiçbir şey yoktur. Ne kadar açık olursak birbirimizi de o kadar çok anlar ve tanır ve kısaca birlik olmamız gerektiğini görürüz.

Dr. Anatoly ULIANOV

Bütünsel Toplumun Psikolojisi

Meslek Yorgunluğu Sorunu

- Önemli sorunlardan biri de insanlar "meslek yorgunluğu" çekiyorlar. Çocuklarla veya yetişkinlerle çalışan pek çok kişi bir veya iki yıl içinde "meslek yorgunu" oluyorlar. İşe gidemez hale geliyorlar. Bunun bir nedeni kişi çocuklarla etkileşirken tüm kişiliğini kullanamıyor. Bunun dar bir alanını kullanıyor. Bu olduğu zaman da kişinin içindeki geri kalan her şey hareketsiz kalıyor ve giderek de işini yapamaz hale gelmesine neden oluyor.

Siz bir eğitimci her şeyden önce tam bir insan olmalıdır diyorsunuz. Bir "yetişkin yarısı" ve bir de "çocuk yarısı" olmalıdır. Eğitimcilerin de bir veya iki yıl sonra meslek yorgunluğuna yakalanmaları mümkün müdür? Eğer öyle ise nasıl bu problemin üstesinden gelebiliriz?

- Siz sizin öğretmenlerinizi bizim eğitimcilerimizin yerine koymak istiyorsunuz, ancak bu işe yaramaz.

- Evet, bunu görüyorum.

- Ve bu işe yarayamaz. Bizim için, eğitimci toplumun en önemli üyesidir. Çocukların anne-babası veya büyük anne-babası ile aynı şekilde yaşar, kitle iletişim araçları ve diğer her şeyle. Bunu yaşar! İçindeki küçük bir parça kendisini ifade edemeyeceği için meslek yorgunluğu çekmez. O dünyadaki en yaratıcı etkinliğe katılır. Hayatın tümü onunla bağlantıdadır, yetiştirdiği çocuklar, onların ebeveynleri ve genel olarak tüm toplum! Yeni bir nesli, bir sonraki seviyeyi ve hatta diyebilirim ki – insanlığın girdiği yeni bir boyutu biçimlendiriyoruz.

Olan her şeyimizi buna vermeliyiz. Kişisel hayatımız, kendimizin veya ailemizin özel hayatı veya kendi arkadaşlarımız yoktur. Her yönden tek bir bütün olarak birleşiriz. Burada yorgunluk veya herhangi bir tek taraflılık olamaz, çünkü ben tamamen bunun içindeyimdir. Bu alan içinde, alışkanlıklarımı ve ilgi alanlarımı, ebeveynlerimle – yetişkin bile olsam – çocuklarımla, ailemle ve etrafımdaki tüm toplum ile olan ilişkimin farkına varmak zorundayımdır.

Ben bu mesleği dünyadan ayrı kalmak olarak görmüyorum. Tam tersine, onun içindeyimdir. Tüm insanlıkla beraber olarak, kendimi dönüştürmek, bize tüm parçalarının birbiri ile evrensel ve bütünsel bağlantısını göstermekte olan doğa ile uyumlu olmak için çalışırım. Bunu başları ile beraberce biçimlendiririm.

Toplantılar, konferanslar yaparız, deneyimlerimizi paylaşırız. Toplum bunun hepsini yaşar, bu yüzden de burada meslek yorgunluğuna yer yoktur! Bu bizim hayatımızdır ve olduğu gibi devam eder.

Gene de eğer kişi meslek yorgunluğuna yakalanırsa, başka göreve verilmelidir, örneğin kuruluşlarda eğitim ve öğretim verebilir. Veya başka tür bir iş alanına transfer edilebilir, üretim alanı gibi. Ancak burada bu tür bir problem çıkacağını sanmıyorum.

Dünya Eğitim Bakanlığı

- Kişilerin, deneyimlerini paylaşmak için başka ülkelere seyahat ederek mesleki bilgilerini geliştirme olanakları olmalı mıdır?

- UNESCO'ya benzer veya onun bir parçası olarak bir Eğitimciler Yüksek Konseyi olması gereklidir diye düşünüyorum. Bu kuruluşun büyük bir otoritesi ve yüksek bir saygınlığı olmalıdır. Görevleri yöntemler ve tavsiyeler geliştirmeyi, tüm dünya ile ilişkiyi sürdürmeyi ve bütünsel

insan yetiştirme yöntemini toplumun farklı kesimleri için düzenlemeyi içermelidir.

Bugünkü insan toplumu, aralarındaki ilişki olumsuz ve çatışmalı olan yedi veya sekiz medeniyetten oluşuyor. Bunların her biri için bir insan yetiştirme yöntemi yaratmalıyız, bununla aralarındaki ilişki düzelecektir ve daha sonra tamamen birbirleri ile bir olacaklardır. Bu, yalnızca büyük sayıda uzmanın yürütebileceği muazzam bir iştir. Ancak merkezi bir beyin olmak zorundadır.

- Bu merkezi beyin nedir? Nasıl yapılandırılır?

- Bu merkez, Doğa'da ve insan toplumunda neler olmakta olduğunu anlayan insanlardan oluşmalıdır ve hata yapmadan, özgür iradetmizi kullanarak içimizdeki hangi niteliklerin ıslah edilebileceğini, hangi niteliklerimizin Doğa'nın uyumlu bir parçası haline gelmemiz için değiştirilebileceğini ayırt edebilme yeteneği olan insanlardan oluşmalıdır.

Bu kişiler bizi Doğa'dan ayıranın neler olduğunu – çelişkileri, ayrılıkları ve düşmanlıkları – hissedebilirler. Doğa'ya olan karşıtlığımızı derinlemesine algılarlar ve böylece neyi değiştirmemiz gerektiğini ve bunu nasıl yapmamız gerektiğini ayırt edebilirler.

Bu insanlar vardır ve öne çıkarılmalıdırlar. Bu kişiler insanlığın eğitim bakanlığının bel kemiğini oluşturacaklardır.

- Bilgelerden oluşmuş olan bir yönetim fikri insanlara her zaman hoş gelmiştir. Tüm tarih boyunca, insanlar bilgeler tarafından yönetilen bir toplum hayal etmişlerdir.

Siz, birkaç tane uygarlık vardır ve bunlar arasındaki çelişkiler bu yetiştirme yöntemi ile düzeltilebilir dediniz.

Bütünsel Toplumun Psikolojisi

Dr. Michael Laitman

En az iki tane uygarlığı örnek verebilir misiniz ve bunlar arasında nasıl bir birlik olacağını görüyorsunuz?

- Bugün, Avrupa, Amerika, Güney Amerika, Afrika ve Asya (Asya içinde de Çin, Hindistan ve Arap Ülkeleri vardır) uygarlıkları aralarında anlaşmazlıklar vardır.

Bu, zorla bağlı ve birbirine karışmış olan ve birbirleri ile sürtüşen uygarlıklardan oluşan çok büyük bir topluluktur. İstemesek de ortak teknolojiler yolu ile bağlandık ve birbirimizle ilişki kurmaya zorlandık.

Daha önceleri ayrıydık. Bu medeniyetlerin her birinin içinde, bencillik doğru olarak çalışıyordu, insanlar birbirlerini anlıyorlardı, çelişkisizce bir arada olmanın şartlarını biliyorlardı ve her şey normaldi. Ancak bugün, bu medeniyetler birbirlerine zıt düşmeye, sürtüşmeye başladılar. Örneğin Avrupa ve Müslüman ülkeler arasında olanlara bakın.

Çin yükselmekte ve tüm dünya üzerindeki Çinli göçmenler vasıtası ile anlaşılmaz bir varlık haline geliyor. Yalnızca birkaç on yıl önce tamamen kapalı bir ülkeydi! Ancak bugün tam tersi oldu. Bugün herkese açıklar ve dünyadaki her ülkeye gidiyorlar.

Bizim yetiştirilme biçimimiz bu değişikliklere ayak uyduramazken, dünya hızla değişiyor. Biz birbirimizle iletişim kurmakta isteksizken, Doğa bizi bir araya getiriyor. Bu özellikle, diğer kültürlerin onun içine girdiği Avrupa'da çok belirgindir. Onlar orada ayrı alanlarda yaşarlar, kendi kültürlerini taşırlar ve kendi bildikleri gibi yaşamak isterler. Ancak Avrupa onları bu şekilde içine alamaz, sonuçta sürtüşmeler çıkar. Bu durum patlama yaptığı zaman çok şiddetli olacaktır ve tüm dünyaya yansıyacaktır çünkü bu uyumsuz karışımlar dünyanın her yerinde mevcuttur.

- Siz bütünsel yetiştirme farklı kültürden gelen çocukları birbirine benzer yapacak mı diyorsunuz?

- Onlar arasında hiçbir fark kalmayacak! Biz bunu kendi gruplarımızda yapıyoruz ve çocuklar arasında hiçbir fark yok. Ancak bu tür yetiştirme yöntemi zorla yerleştirilemez. İnsanlar bunu istemelidirler.

Her şey ortak "bize," Doğa'nın bize örnek olduğu birliğe sunulmalıdır. Bundan başka seçenek yoktur. Buna karşı olan Doğa'nın düşmanıdır, benim değil ama bizim veya sizin şahsi düşmanınızdır. Kısaca bu biçimde var olmaya hakkı yoktur, kendisini değiştirmek zorundadır!

- Şu sıralar biz bu yöntemi farklı kültürlere sergiliyor ve sunuyoruz. Bunu kendi yetiştirilmeleri için kabul edecekler mi?

- Doğa'ya karşı gelemeyiz, çünkü onun içinde yaşıyoruz. Eğer yerçekimi kanunu, enerjinin sakınımı kanunu, bilişim varsa kendi kanunlarımızı icat edemeyiz.

Bütünsel toplum içindeki doğru kişiler arası etkileşim kanunlarını açıkça ayırt etmek gereklidir. Ve eğer birisi bu kanunları öğrenmek ve onlara uymak istemezse, biz bu kişileri kendi sistemimize kabul etmeyiz. Bu durumda, onlar ya Doğa'ya karşı gelmenin imkânsız olduğunu anlayacaklar ya da onları tamamen bu anlayışa getirecek olan acılar ve kayıplardan görüp geçeceklerdir.

Gelecek bütünsel olmak zorundadır. Bugün keşfettiğimiz işte budur.

- Bu kadar açık ve belli midir?

- Google'da binlerce yazılı bilgi bulabilirsiniz, çeşitli bilim dallarında yapılan araştırmalar dünyanın ne hale gelmekte olduğunu açıklamaktadır. Onların hepsi de dünya yuvarlak ve

bütünseldir, tüm parçaları birbiri ile bağlantılıdır ve iç içe geçmiştir ancak bir tek insanoğlu bencildir, Doğa'ya zıt durumdadır, diyorlar. Yalnız eğer kendimizi Doğa ile dengeleyerek doğru düzenlersek hayatta kalacağız.

Bunlar benim kişisel kuramlarım değildir. Bu problem hakkında, farklı yönlerden ve bakış açısından araştırmalar yapmış olan yüzlerce ciddi bilim adamının yazdıklarını okudum. Bunların içinde farklı kültürleri temsil edenler vardır ve bunlar fanatik kişiler değildirler. Bu bilim adamları, inatla direnmek yerine Doğa'yı izlememiz gerektiğini anlamışlardır.

Usta Eğitimciler Sınıfı

- Siz bir eğitimcinin çocuklarla çalışmasını tanımladığınızda bunun sizin kendi öğrencilerinizle çalışmanıza çok benzediğini gördüm. Bunun sırf kuramsal değil ama tam tersine tamamen uygulamalı bir bilim olduğunu anladım. Yalnız size bir sorum var: Bu nasıl mümkün olan en geniş şekilde herkese uyarlanabilir ve yayılabilir? İlk başlayan gruplar için sürekli olarak acaba sanal bir temel kurs verebilir misiniz?

- Şüphesiz. Gruplarda ortaya çıkan sorunlar video kaydına alınmalıdır. Böylece bu videoları seyredebilir ve akıl verebilirim. Yetişkin ve çocuklarla uygulamalı çalışmalar yapmaktan da mutluluk duyacağım.

Çocuklar doğru davrandıkları ve birbirleri ile iyi bir şekilde ilişki kurdukları zaman grup içinde çok güzel çalışırlar. Ancak birdenbire bir kırılma, kocaman bir bencillik patlaması olur ve bu yalnızca bir veya iki çocukta olmaz, ama aynı anda herkeste olur. Sanki aynı anda tüm

Dr. Anatoly ULIANOV

Bütünsel Toplumun Psikolojisi

gruba bir virüs bulaşmış gibidir. Böyle durumlarda ne yapmalıdırlar?

Derhal videoya kaydetmeli, bunun üzerinde araştırma yapmalı ve başkalarına göstermelidirler! Hayatın kendisi ile uğraşıyoruz, düzeltilmek, tatmin edilmek ve şifa bulmak isteyen bir konu ile uğraşıyoruz. Bu kritik, dramatik durumlara katılmayı isterim. Bu çok ilginç olur.

- Halen çocuklarla çalışmakta olan ileri derecedeki eğitimcilerin de pek çok soruları var. Onlar için de uygulamalı bir ustalar sınıfı düzenlemek mümkün olur mu?

- Evet. Eğitimciler için uygulama çok önemlidir. Öğrenimlerinin ilk başlarında kuramsal temelleri alırlar ancak daha sonra kuramsal ve uygulamalı çalışma aynı anda olmalıdır. Pek çok yıl boyunca, düzenli olarak kendi çalışmaları için bir araya gelmeli ve çalıştıkları grup içinde olup bitenleri tartışmalıdırlar. Bu zorunludur.

Şüphesiz, bunlara da katılabilirim. Onlarla, çocukların gruplarında olup biteni bilmek amacı ile dönüşümlü bir bağlantı kurmak zorundayım.

Sanırım, internet üzerinden bizim dünya çapındaki eğitim kuruluşumuz için dersler verebiliriz. Bu, gerçekte yaptığımız bir şeydir. Tüm malzemeyi, yazılı veya görsel olarak dağıtabiliriz. Eğer bu yeterli olmazsa, karşılıklı olarak onların bize sorular sorduğu ve bizim cevapladığımız etkileşimli tartışmalar yapabiliriz.

- Video kaydına alınan özel durumları tartışırsanız daha çok açıklığa kavuşur diye düşünüyorum.

- Burada size bir örnek vereyim. Birkaç gün önce bizim eğitim merkezimizdeki kıdemli eğitimcilerden birisi bana geldi ve 10 ile 11 yaş çocuklarının sınıfında olan bir durumu

anlattı. Birdenbire nereden geldiği belli olmadan kocaman bir bencillik patlaması oluşuyor ve derhal çocuklar arasında kurulmuş olan iyi ilişkileri yıkıyor.

O ve ben bu durumu incelemek, mümkün olan en büyük ölçüde ayrıntıları ayırt etmek, bunları herkesle tartışmak ve sonra ne yapacağımıza karar vermek üzerinde anlaştık. Ve bu kesinlikle onların arkasından değil ama çocuklarla beraberce yapılmak zorundadır!

Bu dakikaları video kaydına alınca bunları çocuklara göstermek mümkün olur. Böylece onlardan yer değiştirmelerini isteyebiliriz, böylece her biri rakibinin rolünü oynar ve ona ne olduğunu, başka biri olmanın ne olduğunu görür. Sonra ondan eğitimcinin rolünü oynamasını isteriz ve bu durum karşısında nasıl davranmamız gerektiği konusunda ondan akıl sorarız, ona etkileyici olarak, "Haydi öne geç, bu problemi çöz, biz senin bununla nasıl başa çıkacağını görmek istiyoruz. Sen erkek adamsın, haydi yap bakalım bunu," deriz.

Siz gerçek anlamı ile herkes için bütünsel yetiştirme yöntemi yaratmak gereklidir, dediniz; böylece herkes ortak bir seviyeye yükselecektir. Anne-baba ve büyük anne-babaların da çocuğun yanı sıra buna katılımı mümkün müdür?

- Örnek olarak üç neslin bir arada yaşadığı bir aileyi ele alalım; çocuklar, anne-baba ve büyük anne-baba. Onlar birbirleri ile ve toplumun geri kalanı ile bağlantıdadırlar, çünkü her biri kendi yaşıtları ile bağlantıdadır. Birbirimiz ile bağlantılarımızı bir aile vasıtası ile keşfetmek çok ilginçtir.

Dr. Anatoly ULIANOV

BÜTÜNSEL İNSAN YETİŞTIRMENİN TEMELLERİ

- Bencilliğin Boyu
- İnsanlığın Kurtuluşu Doğa Kanunlarını Öğrenmektedir
- Evrensel Etkileşim Kanunu
- Hayatta Kalmaktan Söz Ediyoruz
- Bütünsel "Tsunami"den Bizi Sığınaklar Kurtaramaz
- "Ben"den "Biz"e
- Küresel Bir Kuruluş Yaratmak Zorunludur
- Yaş İçin İndirim Yoktur
- İçsel İlişkinin Dili
- Yaratıcı Sanatlar İçin Bütünsel Düşünceler
- Kadının Arzusu Her Şeyi Düzeltecektir
- Birlik Olalım

- Bütünsel yetiştirmenin ne olduğunu ve herkesin çoğunlukla bildiği eğitim ve öğrenimden ne farkı olduğunu açıklar mısınız?

Bencilliğin Boyu

- Bizim dünyamızda, bir nesnenin onu çevreleyen koşullara olan benzerliği ve yakınlığı bu nesnenin rahatını belirler. Doğa bir nesneyi, içinde geliştiği çevre ile dengede (sıcaklık, basınç ve başka pek çok değişken bakımından) olmaya özendirir. İnsan toplumu için de aynı şey söylenebilir. Her zaman çevremize göre kendimizi uyarlarız, çevre bizi bunu yapmaya zorlar.

Ancak Doğa'ya karşı daha az duyarlıyızdır. Ona yakın olmak istemeyiz, bunun yerine kendimizi yapay bir çevre ile sarmayı tercih ederiz. Evler inşa ederiz, ısıtma soğutma sistemleri ve pek çok yapay şeyler yaparız.

Benzer bir sorun toplumda da vardır. Kademeli olarak gitgide biçimlenerek gelişiriz. Ancak bugün yeni bir duruma eriştik, burada bizi mağaralarımızdan çıkıp gelmeye zorlayan Doğa, şimdi bizi gezegenimizde bütünsel bir toplum hayatı kurmaya zorluyor.

Bencilliğe dayalı gelişmenin tüm evrelerinden geçtik tamamladık. Bencillik, defalarca bizi dönüştürerek ve çevremize uyum sağlamak zorunda bırakarak sürekli olarak içimizde büyüdü.

Şimdi bencilliğimiz en tepe noktadadır. Amacını kaybetmiş gibi görünür, gelişecek hiçbir yer yoktur. Bunun sonucu olarak insanlığın yarısı depresyondadır ve belki daha da fazlası gizli depresyon çekmektedir. Buna ek olarak uluslararası terör, aile içi şiddet, ekonomik problemler, dünyadaki doğal kaynakların tükenmesi, hiperaktif çocuklar vb. vardır.

Sosyologlar ve diğer bilim adamları tarafından altı çizilen belli bir sınır çizgisine erişmiş bulunuyoruz. Hekimler psikolojik dengesi bozuk olanların nüfusunun önemli ölçülerde arttığının farkındadırlar.

Son birkaç on yılın içinde, Doğa bütünselliğini açıkça göstermektedir. Biz bunu istesek de istemesek de hayatta kalmak ve az çok rahat etmek için bireyler ve toplum bir bütün olarak bu yeni durumu öğrenmek zorundadır. Dışarımızdan bizi tamamen saran çevre ile tamamen sarmalandık ve onun biçimini üstümüze almak zorundayız.

Dr. Anatoly ULIANOV

Bütünsel Toplumun Psikolojisi

İnsanlığın "bütünsel durumu" ne anlama gelmektedir? Bu bütün insanların birbiri ile bağlantılı olma durumudur. O ya da bu biçimde tüm insanların, kendi iradeleri ile olmasa bile, bu karşılıklı olarak bağlı olma durumuna geleceğini görüyoruz. Doğa onları zorladıkça onlar direnç gösterirler. Bu nedenle de, politik, ekonomik ve yönetimsel alandaki problemleri içeren krizler baş gösterir. Bizim Doğa'ya benzer hale gelmeye karşı olan isteksizliğimiz, bizi tehdit eden çevre ile ilgili afetlere, doğal felaketlere yol açar.

Pek çok araştırmacıya göre, dönüşü olmayan yola girdik, artık geri dönüş yok. Nereye gidiyoruz? Ne yapmalıyız?

İnsanlığın Kurtuluşu Doğa Kanunlarını Öğrenmektedir

Benim ilk mesleğim yaşamsal sibernetik bilimi idi, burada sistemleri öğrendim. Kapalı bir sistem, bütünsel, analog bir sistem tüm parçalarının bir diğeri ile tam bir iletişim içinde olmasını gerektirir. Bu sistem ancak, tüm elemanları birbiri ile uyum sağlayacak bir biçimde etkileştiği zaman en iyi şekilde çalışabilir.

Bir sistem dıştaki bir unsur tarafından etkilendiği zaman, bir salınım süreci başlar ve kademeli olarak sistemi tekrar dengeye getirir. Sistemin dengesi yerine gelir gelmez derhal dış etkiye tepki gösterir.

Bizim işimiz kendimizi Doğa'nın her seviyesinden gelen işaretlerine doğru tepki vererek kendimizi istikrarlı bir duruma getirmektir. Kapalı bir sistemde dış etkiler direnç ile karşılanır. Bu sistemleri kontrol eden kişiler genellikle bu dış etkiyi istemli olarak dengelerler. O halde biz kendimizle ne yapmalıyız? Kendimizi birbirine doğru bir şekilde kenetlenmiş ve birlikte dönmekte olan bir dişli çark sistemi haline nasıl getirebiliriz?

Bütünsel Toplumun Psikolojisi

Dr. Michael Laitman

İnsanlığın tüm sorunu budur. Ve bunu çözmek zorundayız. Pek çok uzman kişi de bunun hakkında gayet ikna edici bir biçimde yazılar yazdı, ancak bunun çözümü nedir?

Araştırma merkezimizde biz bu problem üzerinde çalışıyoruz, bunu kuramsal olarak ve kısmen de uygulamalı olarak çözmeye çalışıyoruz, küçük deney grupları çocuk, yetişkin, erkek, kadın ve karışık gruplar içinde. Belli eğilimleri, çözüm olanakları ve insanlığın çok fazla vakti yok gibi gözüktüğü için kısa yolları sezmeye, anlamaya çalışıyoruz.

Bir deney grubu ile çalışmak gerçek hayatta karşılaştığımız ve bu yöntemli yaklaşım hakkında bir şey öğrenmek istemeyen, bunu anlamayan ve buna karşı olan insanlarla çalışmaktan çok uzaktadır. Ancak gene de bir biçimde onlarla ilişki kurmak zorundayız. Bu çok ciddi olarak hasta olan birisine tedavi edilmesi, hayatını daha önceki gibi sürdürebileceğini veya ona hiçbir şey olmayacağını düşünmemesi gerektiğini açıklamaya çalışmak gibi bir şeydir.

Bu sorunu çözmeye çalışıyoruz, ancak temelde bu tüm dünyanın geleceğini, bütünsel bir durumu ilgilendiren bir problemdir.

Bu durumu insanları yetiştirerek çözebilecek miyiz? Diyelim ki 10-20 yılımız kaldı. Topluma kitle iletişim araçları, hükümetler, UNESCO ve UN vasıtası ile sesleneceğiz.

Kendimizi bugünün çocuklarına, bugün 5 yaş civarında olanlara yöneltmeliyiz. Bugün bizim etkimiz altında olan genç nesli yetiştirmeye çalışmalıyız. Genç insanların hayatın içine 15-20 yaşında girecekleri göz önüne alındığında onlarla çalışmak için 15-20 yılımız vardır.

Bu 10-15 yıl içinde onları gelecek neslin insanlarına dönüştürebiliriz, bu artık çok uzakta olmayan bir gelecektir çünkü doğal etkenler üzerimize kapanıyor ve biz geride kalıyoruz.

Bu, tamamen çalışmamızda hangi yetiştirme yöntem veya programını uygulayacağımıza ve bunun yanı sıra uzman ve eğitimcileri hazırlamamıza, kitle iletişim araçlarını, hükümetleri ve uluslararası kuruluşları cezp etmemize bağlıdır. Her şeyin tam hızla dönmeye başlaması için herkesin bu işin zorunluluğunu anlaması gereklidir. Böylece 10-15 yıl içinde gerçekten de, Doğa'nın yeni koşullarına uyum sağlamış olan yeni bir nesle sahip olabiliriz. Uygulamak istediğimiz bütünsel yetiştirme yöntemi ile ilgili üstesinden gelmemiz gereken zorluklar bunlardır.

Evrensel Etkileşim Kanunu

- "Doğa kanunları" dediğiniz zaman neyi kast ediyorsunuz?

- Bugün Doğa'nın bize açıkça göstermekte olduğu Doğa kanunlarını kast ediyorum, çünkü Doğa'daki tüm unsurlar içinde insan en gelişmiş olanıdır. Doğa'nın üstünde değil ama onun içinde yer aldığımızı anlamak gerekir. Doğa'ya boyun eğeriz. Bu nedenle de Doğa kanunlarını öğrenmeli ve onlara uymalıyız. Eğer bunu yaparsak her zaman rahat ve iyi hissedeceğimiz bir durumda olacağız.

Bu koskocaman sistem farklı güçlerle üzerimize siner. Tüm düşüncelerimiz ve isteklerimiz ondan gelir. "Doğa" ile biz tüm madde, enerji ve bilgiyi kontrol eden bu güçler sistemine – atomdan küçük parçacıklardan, kocaman takımyıldızlara ve ötesine kadar - ve daha henüz erişmediğimiz ve gelecekte bir gün keşfetmeyi umduğumuz Doğa katmanlarına kadar her şeye işaret ediyoruz.

Doğa'yı ne kadar çok araştırırsak onun bütünselliğini, tek bir bütün olduğunu da o kadar çok ortaya açığa çıkarmış oluruz. Ve bu nedenle de dünyaya bütünsel olarak yaklaşmak gerçekten de aranır bir şey olacaktır.

- Doğa kanununa bir örnek verebilir misiniz?

- Doğa'daki tüm güçlerin, tüm kanunların ve tüm unsurların evrensel etkileşimi kanunu. Bunlar Doğa'da her zaman tamamen karşılıklı iletişimleri içinde mevcutturlar.

Bu sistem sayılamayacak kadar çok değişkeni olan sonsuz sayıda eşitlikler içerir ve bunların hepsi birbirleri ile birlik içine, tek bir bütünsel öze getirilmek zorundadır.

Bu eşitlik tek bir ana bilinmeyeni, tek bir değişkeni – insanı – içerir, ona serbest irade verilmiş olan, isteyerek veya zorla, var olan her şeyi ortak bütünsel bir öze getirme hareketine katılması gereken insanı.

Bugün, insanlık hâlâ, Doğa'nın bu bütünsel birleşmesine, katılıp katılmamak konusunda düşünüp taşınıyor, ancak Doğa bunu bizim neslimizin zamanımızda gerçekleştirmeye başladı bile. Doğa'nın sistemine, bilinçli, gönüllü, bağımsız olarak, onunla beraber hareket ederek katılmak zorundayız. Doğa'dan böyle öğreneceğiz. Bu birleşmeye beraberce ve eşgüdümlü olarak katılacağız. Bunu anlayarak, aramızda farklı ilişkiler olan farklı bir toplum yaratacağız.

Bütünsel Doğa'nın ne olduğunu ve nasıl çalıştığını anlayacağız. Tüm sistemi göreceğiz ve onun bizi etkileyen ama bugün için bilmediğimiz gizli unsurlarını keşfedeceğiz. Küçük gezegenimizdeki ve evrendeki her şeyin derin, gizli var oluş nedenini hissedebileceğiz. İçsel durumlarımızın

nedenlerini fark ederek mutlak rahata erişeceğiz – yaşam ve ölümün, Doğa'da sürmekte olan evrimin tümünü ve Yaradılışın genel planını keşfedeceğiz.

Astrofizikçiler evrenin düşünce gibi olduğunu hissederler. Ve eğer biz gönüllü olarak "onunla beraber gidersek" yani ona karşı çıkmadan ve yeryüzündeki küçük, zavallı hayvanlar olarak kalmadan gidersek bunu keşfedebileceğiz. Eğer kendimizi değiştirmek amacı ile çalışırsak, evrenin tüm sistemini gerçekten anlayacak ve tüm bu eşitsizlikleri çözeceğiz. Bu harika ve heyecan verici düşünce bizi ve tüm insanlığı insan seviyesine yükseltecektir.

Ancak eğer buna direnç gösterirsek, Doğa gene de bizi oraya götürecektir, ama bunu bize baskı yaparak büyük acılar yolu ile yapacaktır, bunların başlangıcını zaten sezmeye başladık bile. Böylece bencilliğimizi azaltmaya zorlanacak, gruplar oluşturmaya başlayacak ve bir arada yaşamayı öğreneceğiz. Acı çekmenin insanları yakınlaştırdığı iyi bilinir. Böylece Doğa'nın farklı seviyelerinde depolanmış olan pek çok olumsuz etkiler yolu ile de olsa biz gene de bencilliğimizin ötesine yükselme durumuna getirileceğiz ve doğru bütünsel etkileşime erişeceğiz.

Ancak bunun bedeli çok yüksek olacak; savaşlar, acılar ve kayıplar. Ve sonuçta insanlıktan arta kalanlar, hayatta kalanlar gene Doğa ile benzer duruma gelmek zorunda olacaklardır.

Bütünsel Toplumun Psikolojisi   Dr. Michael Laitman

Hayatta Kalmaktan Söz Ediyoruz

- Pek çok kişinin pratik dünyasal bir aklı vardır. Bu tür insanlar "Bu beni kişisel olarak nasıl etkileyebilir?" diye soracaklardır.

- Biz burada her bir kişinin hayatta kalmasından söz ediyoruz. Çevre bilimciler, siyaset bilimciler ve doğa bilimciler hepsi de fazla ısınmış olan bir gezegende yaşadığımızdan söz ediyorlar. Kaynakların hemen hepsini tükettik ve gelecek 10-15 yıl içinde doğal zenginliklerden geriye hiçbir şey kalmayacaktır. Doğa'da artık zenginlik diye bir şey bile yoktur. Bunların hepsi geçmişte kaldı. Yeryüzünün altında işlenecek altın ve gümüş yoktur, kıymetli taşların varlığı bile söz konusu değildir. Petrol, doğal gaz veya nadir bulunan metaller yoktur, içme suyu kıtlığı vardır. Ortalama bir insanın hayatta kalmasından söz ediyoruz, kişi bunun hakkında düşünmek istemese bile.

Kişi dünyanın ve insanlığın kaderini umursayıp önemsemek üzere gereğince gelişmemiştir ve bunu anlayışla karşılarım. İnsanları suçlayamayız. Ancak kendimizi suçlamak ve bu gibi kişilerle erişmenin nasıl mümkün olacağını tartışmak zorundayız.

Bu mekanizmaya o da katılmak zorunda kalıncaya kadar kişiyi ikna etmeli, ona öğretmeli ve onu yetiştirmeliyiz ve böylece, herkes için zorunlu olan kadar katılabilir ve anlayabilir ve bununla da gerçekten önemli bir iş yaparak kendini kurtarır.

Hiç kimseyi korkutmak zorunda değiliz ancak insanlara olup bitenler hakkında gerçeği söylemek zorundayız. Bunu gizleyemeyiz veya buna gözlerimizi kapayamayız. "Ye, iç, gününü gün et" tavrını sürdüremeyiz. Dünyaya mantıklı bir gözle bakmak zorundayız. Eğer buna hiçbir çare olmasa

idi, geriye kalan her şeyle, sonuna kadar kendimize "şölen" verirdik. Ancak buna bir çare olduğuna göre ve başka bir yöne gitmek mümkün olduğuna göre neden acı çekmeye doğru gitmeye devam edelim? Bu bize hiçbir şeye bile mal olmaz. Tek yapmamız gereken aramızdaki etkileşime dikkat edip önem vermektir.

Her dinde ortak olan ve herkesçe kabul gören "Komşunu kendin gibi sev," çağrısına kulak vermek zorunda olacağız. Hiç kimse gerçekte bunu yapmıyor. Ancak Doğa bizi buna zorluyor.

- Hangi biçimde ve kim bu bilgiyi ortalama bir kişiye, onu korkutmadan götürebilir?

- Psikologlar, sosyologlar, siyaset bilimciler ve topluma nasıl davranılacağını bilen kişiler tarafından yönlendirilerek, kitle iletişim araçları bu bilgiyi uygun bir biçimde kademeli olarak yayınlamaya başlamalıdırlar. İnsanlara incelikle ve paniğe neden olmadan – ki bu hiçbir işe yaramaz – yaklaşmak gereklidir.

Bu sorunun çözümü her birimize ve hepimize hep beraberce bağlıdır. Bu sorun tamamen toplumsaldır, bu nedenle de devlet zor kullanarak bunu çözemez ancak açıklayıp ikna ederek ve insanları yetiştirerek çözmek mümkün olur. Bu nedenle de, tüm sorumluluk sosyologlar psikologlar ve kitle iletişim araçlarının üzerine düşüyor.

Çok büyük bir tsunami dalgasının üzerimize doğru geldiğini görüyor olsak bile, biz hiç kimseyi korkutmuyor veya hiç kimseye bağırmıyoruz. Temiz içme suyu kıtlığı, yiyecek kıtlığı sorunları, çocuklarla ve aile ile ilgili sorunlar ve genel olarak insanın var oluşu ile ilgili her alandaki sorunlar. Bu sorunlar daha da çok artacak ve bunların hepsi de birbirimizle olan doğru olmayan etkileşimin sonuçlarıdır.

Bu sorunlar uzun bir süredir patlamaya hazırdı ancak ortalama insanlar için o kadar açıkça görünürde değildiler. 1960'larda Roma Kulübü bu konuda uyarıda bulunmuştu bile. Ve bugün pek çok uluslararası kuruluş uyarılarda bulunuyorlar ancak bunlar henüz kitlelere ulaşmadı. Ve en önemlisi de durum için gerekli çareler henüz uygulanmaya başlanmadı. Bunları, hiç kimseyi korkutmadan, bir an önce işlerliğe koymaya başlamak zorundayız.

Bütünsel "Tsunami"den Bizi Sığınaklar Kurtaramaz

- Bugün çok büyük bir ölçülerde olmakta olan yeni bir oluşumu gözlemekteyiz; zengin insanlar İsviçre dağlarında mülk almaya, tundra içinde evler almaya başladılar. Gerçekten de bir şeyler olacağını hissetmeye başladılar ve "çabucak uzaklaşır kaçarım ve dağlarda beklerim," diye düşünüyorlar.

- Bu her bencil kişinin doğal içgüdüsüdür; gerekli her şeyi bir yerlerdeki bir sığınakta depola ve savaş dünyayı sardığında orada bekle. Orada yeryüzünde savaş her şeyi yok edecektir ve sona erdiği zaman ben yukarıda açığa çıkacağım. Yeni bir dünya üzerinde yeni kuşlar cıvıldayarak yeni ağaçlara gelecekler ve her şey yoluna girecek.

Ancak bu mümkün olamaz çünkü söz konusu olan tehlike tüm insan toplumu için, onun içsel durumu ve insanların birbirleri ile olan ilişkisi içinde her şeyin kökten değişimi ile ilgilidir. Her birimiz Doğa'nın bizden bütünleşmemizi talep eden ortak alanına karşılık vermek zorundayız.

Eğer ben her şeyi önceden hazırlayıp sığınağımda bu aşağıdaki yapay ortamımda bin yıl (kişi ölümsüz olduğunu sanır) bile otursam, ona benzemek üzere değişmediğim için, bu tek bütünsel alana olan zıtlığımı gene de hissederim.

Hiçbir sığınak bana yardım etmeyecektir. Benim hayvansal bedenim gene de acı çekecektir. Beni yok edecek olan yeni koşullar ortaya çıkacaktır ve benim herhangi bir kuvöz veya herhangi bir kabuk içinde hayatta kalmama izin vermeyecektir çünkü içselliğimde, karakteristik özelliklerimde, özlemlerimde ve niteliklerimde bugünün bana doğru ilerlemekte olan bütünsel "tsunamisi" ile benzer değilimdir. Bu, mutlaka karşılık vermem gerekecek olan bir dalgadır. Eğer bunu yaparsak keyifle onun üstüne bineriz, bu Doğa'nın kucağıdır. Eğer yapmazsak, o bizi yeryüzünden silip atacaktır.

İlk defa Doğa ile farklılığımızla fiziksel olmayan ama içsel olan, psikolojik, zihinsel ve ahlaksal olan bir seviyede yüz yüze geliyoruz ve bu seviyeye erişmek zorundayız. Bu fiziksel değil ama içsel bir kurtuluş olacaktır.

Doğa ile fiziksel karakteristik özellikler için değil ama içselliğimizde, aramızdaki bütünsel bağlantının ağlarında benzer hale gelmek zorundayız, bu aşağıya iniyor ve bizim dünyamıza baskı yapıyor. Eğer onun yapısına uyum sağlamazsak, o bizi tamamen yok edecektir.

"Ben"den "Biz"e

- Eğer ona uyum sağlarsam, sırf hayatta kalmak adına sefil bir hayat mı sürdürüyor olacağım yoksa bizi beklemekte olan iyi bir şey, bugün var olandan daha iyi bir şey var mıdır?

- Erişeceğimiz durum kişinin başka hiçbir şeyle aşamayacağı bir şeydir. Bu durum orada tüm sorunların, çelişkilerin çözüldüğü oranda insanın Doğa'nın ve kendisinin en derin seviyelerine eriştiği bir durumdur.

Bu, kişinin aklının, duygularının, niteliklerinin ve algısının Doğa'nın sonsuz sınırları ile genişlemesidir, orada bugün anlamadığımız ve hissetmediğimiz tüm dünyaları ve boyutları içine almasıdır. Aramızdaki bütünsel bağlantı bizi bu duruma getirmek zorundadır.

Ve en önemlisi Doğa'nın genel niteliğinin içine bir kere dâhil olduğumuz zaman, sonsuzluk ve mükemmelliği hissetmeye başlayacağız ve bu his bizim yaşamımız olacaktır. "Ben" seviyesinden sonsuz, ölümsüz ve mükemmel olan "biz" seviyesine yükselmek zorundayız. Bu durumda kendi bireyselliğimiz değil ama kendimizi diğerlerinin içine katılmış olarak algılayacağız.

Bu sanki kişi yaşam ve ölüm sorunlarının ötesine yükselmiş ve daha yüksek bir seviyeyi hissedermiş gibidir. Kişi, bedenle bu hayvansal durumla değil ama bizi de içine alan bu tek enerji veya bilgi alanıyla etkileşimde olur.

Gerçekten de tek bir enerji alanına, düşünceye, zihne ve amaca katılırız. Ve bu alan bizim bedenimizin içinde değildir; ama bu aramızda olan, bizi birbirimize bağlayan bir şeydir.

Bu alanın içinde benim hissettiğimi hissedersin, başka birisi benim düşündüğüm şeyi düşünür, vb.

Bilim insanları bu konu üzerine araştırma yaptılar ve bizim gerçekte tek bir bilgi bedeni içinde olduğumuzu öğrendiler. Bu seviyedeki bir bağlantıya girdiğimiz zaman kendimizi hayvansal bir hayat (bedenimiz içindeki hayatı) yaşıyor olarak değil ama bu bilginin hayatını, tek bir

iletişimi yaşıyor olarak algılamaya başlarız. Ve böylece de kişi kendini hayvansal hayatı ile değil ama sonsuz ve mükemmel olan hayatla etkileşimde hisseder.

Burada Doğa'nın programı yatar; bizi hayvansal seviyeden farklı kılan "insan" diye adlandırılan içsel bileşenimizi dışarı çıkarmak, gerçek ve doğru biçimi ile – tüm Doğa'nın mükemmelliği ve sonsuzluğu algısı içinde - etkileşime getirmek.

Küresel Bir Kuruluş Yaratmak Zorunludur

- Bu bilgi alanı bizim içimizdeki bir yabancı mıdır yoksa zaten içimize işlenmiş olanı mı ortaya çıkarırız?

- İçimize işlenmiştir. Bu yetenek farklı zamanlarda belli kişilerde kendini açığa vurmuştur. Bu insanlar bu duruma özlem duymuş, onu araştırmak istemiş, onu yaymış ve bir şekilde de gerçekleştirmiş olan kişilerdir.

Geçmişin filozofları, ütopyacıları ve kısmen sosyalistleridirler. Onlar bilim adamları, araştırmacılar, siyasetçiler ve iş adamlarıdır. Bilindiği gibi Roma Kulübü'nün çekirdeği başarılı iş adamları ve siyasetçilerden oluşmuştur. Bu insanlar birbirinden tamamen farklıdır, ancak kural olarak hepsi de eğitimli ve günün ötesinde düşünen kişilerdir. Geniş bir görüş açısına sahip olan, kendi kişisel çıkarlarının ötesine çıkabilen ve belli bir içsel baskıyı hisseden kişilerdir. Bugün dünyada böyle pek çok insan vardır.

Nereden olduğuna, siyasi ve sosyal görüşlerine bakılmaksızın tüm bu insanları içine alan evrensel bir örgüt kurmak gereklidir, böylece bu kişiler bir araya gelebilir ve tek bir insan yetiştirme yöntemi geliştirebilirler ve bunu dünyaya sunabilirler.

Bizim kuruluşumuz bunun üzerinde çalışıyor ve biz bu düşünceyi destekleyen herkesle işbirliği yapmaya hazırız. Hiçbir önkoşul ve şart koşmuyoruz.

- Siz, "bütünsellik ilkelerini gelecek 10 yıl içinde gerçekleştirmek zorundayız," dediniz. Özellikle ne yapmamız gerekli ve bu anlattıklarınızı gerçekleştirmeye nasıl başlayabiliriz?

- Bunun gerçekleşmesi birkaç kanaldan olmak zorundadır. Nüfus içindeki farklı grupların düşünce tarzını göz önüne almalı ve onların etkinliklerinin türüne ve yaşlarına göre her bir gruba farklı yaklaşmalıyız. Tüm kitle iletişim yöntemlerini giderek geliştirerek kullanmalı, insanların iş yerlerinde günlük seminerler vermeliyiz. Çalışmayan insanlar belli etkinlikleri veya orada öğrenim görecekleri dernekleri ziyaret edebilirler. Bu evrensel bir üniversite gibi olmalıdır, burada yeryüzündeki herkes "yeni bir insanoğlu" haline gelmek için, ona basit bir anlatımla burada konuştuklarımızı anlatan bu kursu alır. Aynı zamanda her çeşit uygulamalı çalışmaya katılmak da gereklidir.

Öğrenim saatlerimizin yarısı böyle çalışmalara ayrılmalıdır. Bu, toplum içindeki en önemli şey haline gelmek zorundadır. Her yöndeki iletişimi, bağlantıyı, etkileşimi ve karşılıklı yardımı kullanarak, bu düşünce, bu amaç herkesin içine sinmelidir. Ancak öncelikle kişi içsel olarak buna ikna olup bunu istemelidir. Tüm yöntemi kademeli olarak yeni baştan kurmak zorundayız.

Endüstri ve üretim de yeniden düzenlenmek zorundadır, çünkü biz yalnızca düşüncelerimizde değil ama maddesel seviyede de Doğa'dan tamamen farklıyız. Topraktan yalnızca var olmak için gerektiği kadar almak yolu ile akla yatkın bir tüketime geçmeliyiz. Kısıtlı bir biçimde değil ama normal bir insan seviyesindeki bir tüketime ama daha fazlasına değil. "Toprak anaya" merhamet göstermek böyle olacaktır.

İnsanlara öğretmek zorundayız. Kademeli olarak, okulda, işte, TV ve internette, herkes bütünselliğin ne anlama geldiğini anlamaya başlayacaktır. Her şey amaca – hayatta kalmaya – yönelik çalışmalıdır.

Yaş İçin İndirim Yoktur

- Bu kursun içeriği ne olmalıdır? Ve bunu kim öğretmelidir?

- Pek çok sayıda eğitimci ve öğretmen yetiştirmeliyiz ama bugünün koşulları içinde dersler sanal olarak da verilebilir.

Bir kuruluşta ekran açılır ve insanlar odaya girer oturur ve filmleri izlemeye başlarlar, oyunlara ve tartışmalara katılırlar. Ve internet yolu ile tüm gezegene yayın yapılabilir.

Ancak bunun yanı sıra insanları hazırlamak da gereklidir. Bugün eğitimcilik en çok talep edilen meslektir.

Her zaman eğitim üzerinde çalıştık, ancak bugün eğitime başka türlü bakıyoruz ve insan yetiştirmek, ahlaksal olarak kişiyi "insan" seviyesine çıkarmak yönünde çalışıyoruz. Bu, birleşmiş bir çabayı gerektirir.

Kişiye bugün gidecek başka bir yön olmadığını ve bunun bugünün zorunluluğu olduğunu açıkladığınız zaman, kişi bunu anlamaya başlar, ancak doğal olarak bu hemen birdenbire olmaz. Böylece bizim kuruluşumuz ve

Bütünsel Toplumun Psikolojisi

Dr. Michael Laitman

pek çok başka kuruluşların aynı yöndeki ortak çabası ile bunu yapmaya gücümüz olacaktır. Bundan başka seçimimiz yoktur.

- Bir bütünsel eğitim uzmanı ile diyelim ki bununla ilgilenen bir kuruluşun yönetim kurulu üyesi arasında yapılacak bir toplantı nasıl olmalıdır?

- Bunun yönetim kurulunun isteğine bağlı olacağını düşünmüyorum. Her şey, devlet yönetimlerine bu konuda politikalar ve tavsiyeler verecek olan UN ve UNESCO'nun himayesi altında olmalıdır. Ve her hükümet de çalışma günü ile ilgili, okullardaki öğrenim vb. ile ilgili yeni düzenlemeleri yapan kanunları yapacaktır.

Hiç kimse bu sisteme girmekten muaf tutulmaz. Emekli defter kayıtlarında bu kursu aldıkları yazmazsa eğer emekliler emekli maaşı alamazlar. Yaş için indirim yoktur!

Bugün yaşlılar da yapabildikleri ölçüye göre bu sürecin içine çekilmelidirler, birbirimizle olan bağlantımızın doğru olması için duyduğumuz istek ile buna katıldığımız için yaşın bir önemi yoktur. Herkes bu sistemin içine uyar.

Bu gezegende yaşayan herkes bu duruma özlem duymalıdır. Bu yolla Doğa'nın sempatisini, olumlu tepkisini kazanırız. Bu nedenle de insanlığın tümünden söz ediyoruz.

Buna uygun bir bilgi bankası kurmak zorunludur; ön tanıtımlar, dersler, açık oturumlar ve konuşmalar için kullanılan her çeşit film, klip vb. Bu bilgi denetimli olarak, kademeli olarak uygulamaya konularak kitlelere sunulmalıdır.

Kurumları ziyaret eden çok geniş bir eğitimci ordusu gerekli olacaktır. Eğitim kuruluşlarında eğitimciler sürekli olarak öğretmenlerle çalışmak zorundadırlar.

Dernekler, halk evleri gibi ücretsiz danışmanlık verilen ve ilginç akşam toplantıları, oyunlar, toplantılar, konserler düzenlenen yerler gereklidir. Her şey birlik ruhu ile yapılmalı, herkese nasıl bu bütünsel sisteme katılabileceği, bunu nasıl hissetmeye başlayabileceği ve de en önemlisi aramızda yer alan bu bilgisel, duyumsal, mantıksal iletişim ağını hissetmeye nasıl yaklaşabileceği öğretilmelidir.

En sonunda, hepimiz tek bir insan simgesiyiz. Bunu hissetmeye nasıl başlayabilirim? Bunun için henüz gelişmemiş olan içsel niteliklerimiz vardır ancak bunları geliştirmek zorundayız.

İnsanlar bunu hissetmeye başlar başlamaz, içgüdüsel olarak beraberce davranmaya başlayacaklarıdır. Bu iletişim ağı onları denetimine alarak onların içinde yaşamaya başlayacaktır ve gönüllü olarak mutlulukla bu ortak doğrultuda hareket edeceklerdir. Böylece birbiriyle tek bir bütün olarak bağlantılı, sağlıklı bir organizma olan bir insanlık ortaya çıkacaktır.

İçsel İlişkinin Dili

- Bu bağlantı kendini nasıl gösterecek?

- İnsanlar aralarındaki içsel bağlantıyı henüz hissetmiyorlar, bu nedenle de onlara hangi davranışların buna en uygun davranışlar olduğunu göstermek zorundayız. Onlara doğru içsel davranışları gösteremeyiz ancak bir biçimde bunlar dışsal olarak kendilerini belli ederler.

Örneğin, birisine bir hediye veririm ve bu benim içsel duygularımın dışsal bir ifadesidir. Bir psikolog olarak siz içsellik ve dışsallığın birbirine uyup uymadığını çok iyi anlarsınız. Bu çocukları yetiştirmede onların sizi doğru

olarak anlayabilmesi için çok önemlidir. Böylece konuşma ve beden dilini kullanarak, aramızdaki içsel bağın dilini geliştireceğiz.

Gerçekten de bu bağlantıyı kurduğumuz zaman bilgisayarlara ve internete artık gerek duymayacağız. Aramızda bilgisel, duyumsal ve mantıksal bir ilişki alanı var olacak, düşünce ve isteklerimizin sürekli bağlantıda olduğu bir seviyeye yükseleceğiz. Burası bizim "yeni insanlık" diye adlandırdığımız ortaklığı yaratmak zorunda olduğumuz yerdir.

Kişi bu duruma çeşitli dışsal çalışmalar, açık oturumlar, oyunlar, tartışmalar, açık hava etkinlikleri, film, konser ve tiyatro gösterileri ile getirilebilir.

İnsanların içsel durumlarını anlatmak için yarattığı her dışsal form kullanılabilir. Biz yalnızca bu yeni içsel arzunun, dürtünün ifadesini bu formlara eklemeliyiz.

Sonuçta, yazarlar, senaryo yazarları, oyun yazarları üretken fikirler ve yaratıcı olmak için sonsuz olanaklar bulacaklardır.

Yaratıcı Sanatlar İçin Bütünsel Düşünceler

- Senaryo yazarı ve film yapımcısı olan bir arkadaşım var. Ona ne öneride bulunmalıyım? Senaryo ne hakkında olmalı ve bütünsel fikirler içermek için nasıl kurgulanmalı?

- Bütünsel Doğa'nın ne olduğunu gerçekten anlamak isteyen, bir kişi hakkında, onun psikolojisi, kendisi ile ilişkisindeki içsel problemleri hakkında yazılması gerekir. Etrafındaki insanlarla olan sorunlarını anlatmalı, onun bir şeyler yapmak istediğini ama etrafındakilerin nasıl onu anlamadığını, kendisinin neden öyle davrandığını

anlatmalıdır. Bu sisteme girmek için yaptığı atılımları, başarmanın olanaksızlığı ve bunun nasıl kendini belli ettiğinden söz edebilir. Ama temel olarak kişinin kendisi ve çevresindekilerle olan ilişkisi hakkında olmalıdır. Kültür ve sanatın tüm bölümleri bu ilişkiler üzerine kuruludur.

Yaratıcılığı olan insanlara, kendilerini ancak dünya vatandaşı olarak algılamaya başlayarak, bu yeni-dünya üzerindeki durumumuzu ifade edebilecek olan sanat eserleri yaratabilecekleri düşüncesini veriyoruz.

Buna benzer pek çok düşüncemiz var. Ancak her zamanki gibi kaynak ve bunları gerçekleştirecek kişilerden yoksunuz. Ancak yaratıcılığı olan insanlara açığız ve bu yeni durumu, algıyı ve bu dünya görüşünü farklı seviyelerde sunmanın nasıl mümkün olacağı hakkındaki fikirlerimizi onlarla paylaşmaktan mutluluk duyacağız.

Tüm evrensel konular aşk, nefret, insanlar arasındaki anlaşmazlıklar ve diğerleri bu tarzda resmedilebilir ve bu herkese gerçekten de yarar sağlayacaktır.

- Bu, biz dramatik bir durum sunarız ve sonunda bu duruma giren kişiler bir anlaşmaya varmak zorundalar mı demektir?

- Hayır, bu zorunlu değildir. Ancak bütünsel topluma ait unsurların ayırdına varmak zorundadırlar. "Mutlu son" olmak zorunda değildir. Biz gerçekçiyiz ve insanları gerçekçi olmayan aldatmacalarla doldurmak istemeyiz.

Hayatın kendisine çok benzer bir durum olmalıdır, bizim acil sorunlarımızın ve olası çözümlerin bir gösterimi. Ancak temel olarak, bu onların kararları hakkında değil ama anlaşmaları veya anlaşamamaları üzerinedir ve bunun farklı insanlar için nasıl olduğu, onların çeşitli anlaşmazlık durumlarında başkaları ile ilişkisi üzerinedir.

Bütünsel Toplumun Psikolojisi   Dr. Michael Laitman

- Çocuklar üzerine konuştuğumuzda, çocuğun yaptığı her hareketin çevresindeki insanlara yansıdığını anlamasının çok önemli olduğunu kaydetmiştik. Kastettiğiniz bu mudur?

- Evet. Sonuçta insan topluluğu benim düşünce ve hislerimin çok güçlü bir amplifikatörüdür. Düşüncelerim ve hislerim ile toplum üzerinde yaptığım her etkiyi bu sistem otomatik olarak bana geri gönderir.

İnsan topluluğu her birimiz ile olan ilişkisinde mutlak ve mükemmeldir. Tek kusurlu kişi benimdir çünkü onun içindeki var oluşum bütünsel değildir.

Ben elektronik ağ yapısının veya şemasının, bazı bakımlardan yanlış çalışan bir parçası gibiyimdir. Böyle yaratılmışımdır. Ve bu sistemin içine konulmuşumdur, ancak onunla uyumlu biçimde işlemem. Onu engellediğim ölçüde sistem benim engellemelerimi çoğaltır. Çünkü bu onu kışkırtır ve dengesini bozar, bu kusurlar bana geri yansır. Benim suçlarımın nasıl çoğaldığını tahmin ve hayal edebilir misiniz? Milyarlarca kere fazla!

Bunlar bana hastalıklar, aile sorunları, çocuklarımın sorunları, iş sorunları olarak kendini gösterirler. Birdenbire bankam iflas eder veya işyerime bir şey olur.

Ben bu sistemdeki küçücük bir böcek gibiyimdir. Tüm sistem benim gibi pek çok sayıda küçük böcekten oluşur ve biz hepimiz insanlığın tümüne mutlak olarak her seviyede bağlıyızdır. Bu doğru etkileşimi görmek zorundayız.

Kişi bunu gördüğü zaman, kendisini kaçamayacağı bu olumsuz ters etkiden korumak için tamamen bencil olarak duyduğu bir istek yaşar. Bunun içindesiniz, bunun içine takılısınız ve hiçbir yere gidemezsiniz. Eğer 1 voltluk bir hata yaparsanız bu size 1000 volt olarak geri dönecektir.

Gerçekte yaklaşmakta olduğumuz durum budur. Ilımlı bir dille söz edersek Doğa bizim önümüze çok zorlu bir görev koymaktadır.

- Sisteme bir engel sokarım ve ancak her şey sakinleştikten sonra bir tepki alırım. Böylece de etki ve tepki arasındaki ilişkiyi görmem. Sorun bu mudur?

- Ancak bunun için hiç kimseyi veya hiçbir şeyi suçlayamazsınız. Kusursuz bir sistemin içindesiniz. Bu sistem sizinle ve diğer herkesle olan ilişkisinde kusursuz ve mükemmeldir. Ondan olumsuz bir tepki aldınız, bu size kendi içinize bakmanız için baskı yapar ve böylece bu şemanın içine doğru biçimde katılırsınız.

Doğa'dan gelen bu tepki sizi acıtmak için değil ama düzeltmek, size henüz bu sistem ile uyuşma içinde olmadığınızı göstermek içindir.

Kadının Arzusu Her Şeyi Düzeltecektir

- Sizi duyan ve anlayan bir kadın özellikle ne yapabilir ve ne yapmalıdır? Genellikle bir kadın derhal harekete geçer ve kocasını "düzene sokar".

- Psikolog olarak doğru etki noktasını gördünüz – kadını. Gerçekten de bu doğrudur çünkü bizim öğrenim sistemimizde eğer biz bir kadına insanlığın parlak geleceğinden söz edersek, gerekeni o kendisi düzenleyecektir. Kadının arzusu ve baskısı her şeyi düzeltecektir. Bu bakımdan erkek çok daha pasiftir. Ancak kadının çocukları ve kocası üzerindeki etkisi, onları kendi kendilerini düzeltmeleri için zorlayacaktır.

Böylece en önce gezegenin kadın nüfusunu eğitmeliyiz, çünkü onlar buna çok daha açıktırlar. Kadınlar için doğru

Bütünsel Toplumun Psikolojisi
Dr. Michael Laitman

olan yaklaşımı, onlarla doğru bağlantıyı bulmak, ilgilerini uyandırmak gereklidir. Bu bizim eğitim programına girişimizi sağlayacaktır.

Burada hiç kimse nüfusun diğer bölümlerini hafife almıyor. Ancak gördüğümüz üzere eğer kadın bir şeyi isterse, onun etrafında olan diğerleri giderek onun etkisine girerler.

- Diyelim ki bizim programımızı seyretmeyi yeni bitirmiş olan bir kadın akşam kocası ile buluşsun. Ne yapacaktır? Bu fikri işlemeye nasıl başlayacaktır?

- Kocasını genel olarak nasıl etkisi altına alır? Eninde sonunda istese de istemese de bir erkeğin kadınına teslim olduğunu biliyoruz. Bu Doğa'dır ve bundan dolayı utanç duymamalıyız!

Her erkek, yetişkin bir erkek ve hatta bunun da ötesinde bile olsa, bazı konularda, sanki bir oğlan çocuğu gibi karısını anne olarak görür ve ondan korkar. Bu Doğa'dan gelir. Kadın hayatı verir. Sizi o besler, yönlendirir, yetiştirir. Sonunda bugün var olan her şeyiniz onun vermiş olduklarından oluşur. Çocuk için babanın rolünün önemi hakkında konuşurken bile baba hâlâ annenin arkasındadır. Anne çocuk için her şeydir.

- Kadın erkeği bir şekilde bu "bütünsel davranışları" yapması için harekete geçirmeli midir? İlk adım nedir?

- İlk adım kadının bunu istemesidir. Onun arzusu tek bir kelime söylemese bile yeterli olur. Kadınların bunu nasıl yaptığını bilmez misiniz?

- Evet tabii.

- Kadın erkekte bu yolla duygular uyandırır. Ve çocuklarlarıyla konuşur ve onlar bu yeni bütünsel

yetiştirmeyi okuldan alırlar. Kocası da bunu işyerinde veya olabilecek başka bir yerde alır. Ancak kadının sessiz sorgulaması, ailenin erkeğinin içine işler, kadın bunun önemli olduğu algısını kesinlikle yükseltir ve keskinleştirir.

Erkekte bu önem verme algısı yoktur. Özellikle kadın gerçekten de geleceğe önem verir ve gelecek için endişe duyar.

Eğer kadın gelecek için endişe etmeye başlarsa, kadının etrafındaki herkes de bu konu üzerinde dolaşmaya başlar. Erkek kadının istediğini gerçekleştirir. Hayatta bunu nasılsa yapmaktadır, bencil bir biçimde de olsa. Ve burada ise doğru arzular gerçekleşecektir.

Birlik Olalım

- Bu sistemin bir parçası olmayı zaten isteyen kişilere ne söylemek istersiniz?

- İzleyicilerimizin hepsine hayatımızı ne kadar iyileştirebileceğimizi anlamaya çalışmalarını öneririm.

Büyük krizler dönemine çoktan girmiş bulunuyoruz. Ancak gerçek bizden gizlenmekte ve bize bunların geçeceği söylenmektedir. Ama bu alanlarda çalışan insanlar hiçbir şeyin geçmediğini biliyorlar. Bunu gizlemek, sanki radyoaktif atık biriktirmek gibidir; içeride yanmaya başlar, patlamaya hazırdır.

Gizlemek zorunda değiliz. Bunu açalım ve bu bencil sistemi temizlemeye başlayalım! Bu bizi mahvediyor ve gerçekte bize normal bir hayat yaşama olanağı bırakmıyor. İçsel olarak her an birbirimize karşı savunma durumundayız, kavgacı ve düşmanca tavırlarla birbirimizi uzağa itmekteyiz. Hiç kimse geleceğin çocuklarımız için neler sakladığını bilmiyor. Gelin birleşelim ve Doğa'nın bizim için neler sakladığını görelim!

Dr. Michael Laitman

Gerçekte Doğa Annedir ve Bize Özenle Bakar

Bugün Doğa ile olan aykırılığımızın ilk uyarılarına tanık oluyoruz. Bunlar görülmekte olan krizlerdir. Her sıradan sistem böyle işler: Ben onda ufak bir rahatsızlığa neden olduğum zaman, onda oluşan bu rahatsızlık, olumsuz geri besleme ilkesine göre, çok katlı büyümüş olarak bana geri döner. Ancak bu kasıtlı olarak ve beni doğru yola yönlendirmek için yapılır.

Bizim erişecek belli bir amacımız var. Doğa'nın olumsuz yankısından doğru yönü görmek zorundayız. Onun dilini öğrenelim ve böylelikle onun yolunu, bizi yönlendirmekte olduğu programı görebiliriz. Doğa bizi çeşitli acılarla geri besleyerek tekrar doğru yola koymaya çalışırken sapmalara biz neden oluyoruz. Doğa'nın tarafından bakınca tüm bu acılar doğru ve zorunludur. Ancak, Doğa'nın içsel çalışmalarını anlamaya başladığımız zaman sonsuzluğa ve mükemmelliğe erişeceğiz.

Herkes gerçekten de çok güzel bir geleceğimiz olduğuna ikna olsun, çünkü bu var ve haydi çocuklarımızı oraya götürelim!

Yazar Hakkında

Ontoloji ve Bilgi Teorisi Profesörü, Felsefe Doktorası yanında Medikal Sibernetik dalında Master diplomasına sahip, Dr. Laitman, Kuzey Amerika, Orta ve Güney Amerika'nın yanı sıra Asya, Afrika ve Doğu ve Batı Avrupa'da şubeleri olan ARI Enstitüsünün kurucusudur.

Dr. Laitman yenilikçi fikirler yoluyla eğitim politikalarında ve uygulamalarında pozitif değişimlerin geliştirilmesine ve günümüzün en baskıcı eğitimsel problemlerine çözümler bulmaya kendini adamıştır. Eğitime karşılıklı bağımlı ve bütünleşmiş dünyanın kanunlarını uygulayarak yeni bir yaklaşım sunmuştur.

Küreselleşmiş Dünyada Yaşamak İçin Bir Rehber

Dr. Laitman teknolojik olarak birbirine bağlanmış yeni küresel köyde nasıl yaşanacağına dair belirli esaslar sunar. Yeni bakış açısı insan yaşamındaki her alana dokunur: sosyal, ekonomik ve eğitime özel bir vurgu yaparak. Su yüzüne çıkan birbiriyle daha sıkı bağlantılı realitenin içinde birbirine bağlı bir toplum yaratmak için evrensel değerler üzerine inşa edilmiş yeni küresel bir eğitim sisteminin altını çizmektedir.

UNESCO Genel Müdürü Irına Bokova ve Birleşmiş Milletler Genel Sekreter Yardımcısı Dr. Asha - Rose Migiro ile olan toplantılarında, dünya çapındaki güncel eğitim problemlerini ve çözüm için görüşlerini tartıştı. Bu kritik, küresel konu büyük değişimin tam ortasındadır. Dr. Laitman günümüz gençliğinin kendine has tutkularını göz önüne tutarken ve onları çok dinamik, küresel bir dünyaya hazırlarken mevcut yeni komünikasyon araçlarından yararlanmanın önemini vurgular.

Dr. Laitman son zamanlarda uluslararası enstitülerle çok yakın çalışmalarda bulunmuş ve Tokyo'da (Goi Barış Kuruluşuyla), Arosa'da (İsviçre) ve Düseldof'da (Almanya) ve Kültürlerin Uluslararası Forumu'yla birlikte Monterey'de (Meksika) birçok uluslararası organizasyonlara katılmıştır. Bu organizasyonlar UNESCO tarafından desteklenmiştir. Bu küresel forumlarda, dünya krizi hakkında hayati önem taşıyan tartışmalara katkıda bulunmuş ve gelişmiş bir küresel farkındalık yoluyla pozitif bir değişim için gereken adımların altını çizmiştir.

Dr. Laitman aralarında Corriere Della Sera, The Chicago Tribune, The Miami Herald, The Jerusalem Post, The Globe, RAI TV ve Bloomberg TV olan birçok yayında yer almıştır.

Dr. Laitman tüm yaşamını modern dünyamızdaki hayatın anlamına cevaplar arayarak insan ve toplum doğasını araştırmakla geçirmiştir. Akademik geçmişi ve engin bilgisi onu dünya çapında takip edilen bir dünya düşünürü ve sözcüsü yapmıştır.

Dr. Laitman'ın bilimsel yaklaşımı tüm milliyetlerden, inançlardan olan insanların farklılıklarının üzerine çıkmasına ve karşılıklı güvence ve işbirliği küresel mesajı etrafında birleşmesine olanak sağlamıştır.

Bütünsel Toplumun Psikolojisi

Bu kitapta, Profesör Michael Laitman ve Profesör Anatoly Ulianov bir seri karşılıklı konuşma ile eğitime ufuk açıcı bir yaklaşımla ışık tutmaktalar. Rekabet içinde olmamak, sosyal bir çevre içinde yetiştirilmek, akranların eşitliği, karşılıksız verenlerin ödüllendirilmesi, sürekli değişen grup ve öğretmen yapısı, bu kitap içindeki yeni kavramlardan sadece birkaç tanesidir. 21. inci yüzyılda daha iyi bir anne-baba, daha iyi bir öğretmen ve daha iyi bir insan olmak isteyen herkesin bu kitabı okuması mutlaka gerekli."

Doğanın Kanunlarıyla Bütünleşmek

Ve Yaşam Tek Bir Kişinin Tecrübesi Olmayacak. Tam Tersine, Sanki Tüm İnsanlıkla Beraber Nefes Alıp Yaşıyor Gibi Olacağız

Doğanın Kanunlarıyla Bütünleşmek toplumsal bilinç üzerine yaratıcı yaklaşımı olan bir kitap. İnsanoğlunun geçirdiği süreç ve realiteye kapsamlı bir bakış sunmaktadır. Kitap geçirdiğimiz kişisel ve sosyal değişim akımları için araçlar sunmaktadır.

Michael Laitman küresel bir düşünür olup, Ontoloji Profesörüdür ve doktorasını Felsefe ve Kabala üzerine tamamlamış, Tıbbi Bio sibernetik konusunda MS diploması vardır. Doğanın Kanunlarıyla Bütünleşmek - Dr. Laitman'ın önde gelen düşünür ve bilim adamları ile yaptığı sohbetlerden hazırlanmıştır.

Dönüş Noktası

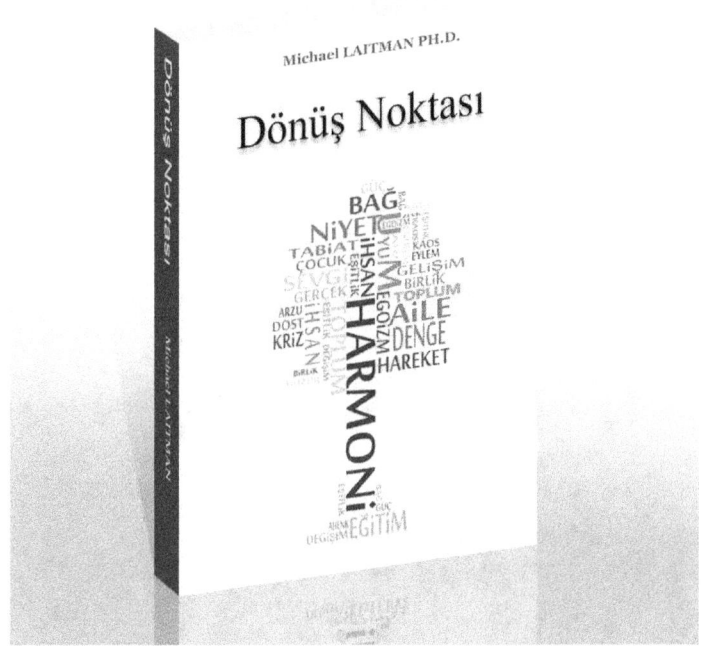

Gelişimin tüm önceki aşamalarındaki egoyu terk etmeliyim. Dönüş noktası, çatallaşma noktası, ayrılma, kriz, bugün üzerlerine gideceklerimiz bizleri gerçekten, egomuzu "kıracağımız" ve aşağıda bırakacağımız gerçeğine yönlendirirler. İnsanlık, büyük bir problem ile yüzleşiyor: Ulaştığımız o çok büyük egoyu hissediyor, onunla hayal kırıklığına uğruyor ve onu terk ediyor çünkü buna mecbur bırakıldık. Bu, "kötülüğün tanınması" safhası olarak adlandırılır. Bunun üzerine gitmeliyiz.

Karşılıklı Sorumluluk

Neden dünya nüfusunun %1'i dünya zenginliginin %40'ına sahip? Neden dünyada egitim sistemleri mutsuzluk ve zayıf egitimli çocuklar üretiyor? Neden açlık var? Neden yiyecek fiyatları herkes için yeterli olandan fazla yiyecek varken artıyor? Neden halen insan onuru ve sosyal adaletin olmadıgı ülkeler var? Ve bu yanlışlar ne zaman ve nasıl düzeltilecek?

Ortak sorumluluk: Küresel Krizler Çagında Milletlerin Üstündeki Isık, küresellesmenin köklerine, nasıl evrimlendigine, bunun faydalarından nasıl haz alacagımıza ve zararlarından da kaçınacagımıza deginir.

Kendinizi Kurtarın

Dünya Krizinden Nasıl Güçlü Çıkabilirsiniz

Dr. Laitman Ontoloji ve Bilgi Kuramı Profesörüdür, Rusya Bilimler Akademisi, Moskova Felsefe Enstitüsü Felsefe ve Kabala doktora derecesi ve ayrıca St. Petersburg Politeknik Üniversitesi Medical Sibernetik mastır derecesi vardır. Laitman bizi bekleyen inanılmaz mücadeleyi işaret edecek şekilde bu üç uzmanlık alanının tümünü birleştiriyor.

Yeni Dünya Rehberi

Neden Karşılıklı Sorumluluk Küresel Krizi Aşmanın Anahtarı

Neden dünya nüfusunun %1'i zenginliğin %40'ı na sahip? Neden tüm dünyada eğitim sistemleri mutsuz, kötü eğitilmiş çocuklar üretiyor? Neden açlık var? Neden dünyada herkese yetecek kadar yiyecek varken gıda fiyatları artıyor? Neden dünyada hala insan onuru ve sosyal adeletin olmadığı ülkeler var? Bu yanlışlar ne zaman ve nasıl düzeltilecek?

Yeni Ekonominin Faydaları

Ekonomik krizlerin dünyanın en iyi ekonomistlerinin tüm çabalarına rağmen neden sona ermediğini hiç merak ettiğiniz oldu mu? Bunun cevabı bizde, hepimizde yatar. Ekonomi aramızdaki ilişkilerin bir yansımasıdır. Doğal gelişim sonucu, dünya hepimizin birbirine bağımlı olduğu bütünleşmiş ve küreselleşmiş bir köy halini aldı.

Karşılıklı bağımlılık ve küreselleşme dünyanın bir parçasında olan bir şeyin diğer tüm parçalarını da etkileyeceği anlamına gelir. Bunun sonucu olarak, başka parçalar hala hastayken bir parçanın iyileştirilmesi bu parçayı da tekrar hasta edeceği için, küresel krizlerin çözümü tüm dünyayı kapsamak zorundadır.

NOTLARIM

www.ingramcontent.com/pod-product-compliance
Lightning Source LLC
Chambersburg PA
CBHW071221080526
44587CB00013BA/1455